快 樂 有 理 ， 自 私 無 罪 ！ 別 再 讓「**過 度 妥 協**」控 制 你 的 餘 生

自 私 的 藝 術

THE ART OF SELFISHNESS

David Seabury 大衛・西伯里

李祐寧 譯

拋開內疚，享受人生！

當別人製造出所謂的「義務」，並將此種義務強加在我們身上時，我們該怎麼做？本書的目的，就是協助讀者應對這樣的情況。

我們該如何抵抗壓力，或避免因他人對於「禮貌」及「責任感」的錯誤認知而受到剝削？

透過本書，我們將學到當他人對於你的時間、精力與情緒提出不合理的要求時，我們該如何說「不」，並讓長久以來受到壓抑的真實本性，得以自由抒展並獲得滿足。

閱讀本書後，你將與無數名驗證過此書效果的讀者一樣，對於人生面貌有新的一番體悟，並感受到前所未有的自由。

目次 CONTENTS

III 不再內疚

IV 人際關係

V 人生低潮

VI 人生財富

VII 成功法則

引言

時間的挑戰

如若世上能有一種生活方式讓人遠離驚惶不安的紛擾，我們多數人絕對會趨之若鶩。神祕主義者或許會與你談論死後另一個世界的回報，專家學者則或許會和你廣述充滿拉丁文衍生的術語和第四維度（時間）。然而，在每日生活中載浮載沉的我們，卻希望有人能為此刻眼前所遭遇到的苦難，提出最即時的解決辦法。

我們離快樂到底有多近？我們離痛苦又有多遠？這是個難題。忍受命運狂暴矢石的攻擊或許比較高尚，但這並不符合我們真實的期待。而且說真的，這些足以奪走人命的武器，在日常生活中也根本見不太到了。

在人性之中，應該有某些事物能像機關槍一般，給予我們銅牆鐵壁般的保護，讓我們遠離來自職場、家庭和街上激湧不息的煩惱。我們已經被壓迫得太久了。我們需要一種方法，讓我們有機會贏過這貪婪的世界。

這種辦法存在嗎？「不存在」——悲觀主義者這樣告訴我們。「容忍肩上的重擔」——道德至上者向你高聲疾呼。「這個世界就是如此」——久經世故者會這樣對你說。

然而，我卻怎麼樣也無法被這些說法說服，我們擁有智慧知道如何分裂原子、或是將人類送上外太空，卻居然找不出一種能讓自己活得更輕鬆的辦法。

假使我們的社會型態能如同物質建設那樣，經歷劇烈的改變，所有的問題或許就能迎刃而解。然而，現況卻是：所有的科學與技術都活在當下，金錢與社會道德卻停留在過去。在文化與政治上，我們早已與人類需求脫離了長達一千多年。我們無法繼續活在這種頭重腳輕的環境下。我們只有兩個選擇：放棄所有的文明技術，或改善人類共識。

我很好奇，你是如何與自己的問題相處。在與親戚相處上，你的表現是否超越了前人？現在的孩子比以前更容易管教嗎？你的工作是否比替獵物剝皮來得簡單？稅金的繳納比「進貢」來得單純？

人們說，我們因為文明的奢侈品而墮落成一個軟弱的國家。對於此種看法，我深深抱持懷疑。我並不認為我們是文明的。我們建造了結構方正的辦公大樓與地鐵，讓野蠻人可以蜂擁朝城市前進。我們創建了一套法律和一套偽善的道德觀，要求我們假裝成聖人羅耀拉[1]，在我們並不想成為美德的奴隸時，要求我們如他一般，否定自己的一切需求。

倘若我們的野蠻是發自內在的，那麼以天使般的行為來裝飾表象、用翅膀來遮掩掠奪的本質，也不過是白費力氣。唯有誠實和一套更符合當前社會制度的道德觀，才能讓我們走得更長更遠。

現實生活必須面臨的極為嚴重問題，就在於當我們試著去克服某些困境時，某些盲從的觀點卻以過去幾世紀來、不斷阻止人類進步的方式，同等地阻礙我們。假使有個男人為了治癒痛風，決定用頭著地，讓自己的眼睛被挖出來，你聽了會作何感想？在此方法蔚為流行的那個時代，當你出現問題時，就必須追隨既定社會風俗的腳步來解決問題。

曾經有那麼一段時期，人類為了取悅上帝，會執行奇怪的儀式，並生活在繁雜的禁忌陰影中。現在，「別人會怎麼想？」已經成為如上帝一般的存在，對我們造成同等的傷害。在某些視蒼蠅具有神聖性的國家裡，撲殺蒼蠅是一種罪。而此種觀念導致細菌被肆無忌憚地散播。疾病的肆虐，讓那些發著高燒的孩子們，只能痛苦不堪地掙扎。在美國，許多問題之所以難以解決，也全肇因於相似的禁忌之畏。我們無法跟病菌和平共處，更無法接受侵略成性的至親們。多愁善感的情緒，阻礙了道路。

很久很久以前，基於對上帝的崇敬，你所身處的社會可能會要求你在祭壇上，獻出自己的孩子。現在，你則用著相似的無私精神，將孩子拱手獻上。儘管你知道，他們柔嫩的心靈或許會因此受到傷害，你還是讓某些致命的影響力，深入家中。因為在當代社會裡，人們對「勇於為自己權利伸張」一事的態度，就如同過去恐懼被貼上「異教徒」標籤般，毫無道理。而這種駭人的毀滅力量，也傷我們最深。

人類演化的下一步，就是拋棄掉那些被人們錯誤地稱作「道德價值觀」、而且往往被神格化的愚行，並懂得擁抱自然的法則。在科技與科學領域上，人類已經做到了。我們不會天真地認為在華爾街的底下，會有一條冥河或地獄，正等著那些貪得無厭之輩。我們也不認為走到地球的邊緣就會摔下去。

在物理領域上，我們已經放棄迷信了。但如果你把這種拋棄道德束縛的想法，向一個身處在黑暗時代[2]、且被恐懼所占據的人分享，你只會讓對方瞠目結舌。他會以最悲傷的眼神看著你，並搖搖頭。

---

1 羅耀拉（Loyala），耶穌會的創辦者、羅馬公教聖人之一。

2 黑暗時代（Dark Ages），是個揭開生命奧祕被視為一種罪孽的時代。

人類最卑劣的本能，或許就是此種傲慢的「以我為尊」態度。此種態度殺死了無數名勇於對此等愚劣提出挑戰的先知。此種態度讓我們更傾向於接受那些足以傷害數個世代的愚行——唯有自己的規則，才是對的。

這也曾經是人們面對科學事物所抱持的態度。就連如今的經濟和法律，也未能擺脫。

只有當事實能凌駕於這種無知之上，問題才能獲得解決。一日不擺脫過時的思想與作為，我們就不可能走得長遠。無論是用一塊木頭來犁田，或乘著木頭橫渡湍流，這些確實曾經是過去最有效的方法。奴隸制也曾有值得嘉許之處。流通長達數世紀的近親亂倫，或許在無意間拯救了人類。而對著一塊木頭神膜拜，也或許比沒有信仰來得好。

那麼，我們應該因為一項習俗被留存下來，就選擇繼續相信嗎？這是一個屬於道德範疇的態度問題。

許多在各方面看來都符合理性思考者的人，卻依舊否定著自我的權利，甚至明顯錯誤地看待問題的本質。他們認為人性本惡，因此必須受到壓抑。他們認為所謂的厄運，是因為做錯事而遭到懲罰，也是高高在上的天神對難以教化子民所施予的警告。

這種思源流派，本身就是一種不幸。橫越沙漠以抵達肥沃的原野、披荊斬棘以開拓農田，都不是簡單的事。但這些困難，並不是因為有人故意要懲罰我們。生命乃是根據宇宙法則所建構。人類所遇到的難題，在於該如何克服大自然那嚴苛的本質，以及人類本性中所具有的同等原始之力。挖掘並教化人的意識，才是走向成功、科學與藝術的辦法。在勝利展開雙翅前，其必然站立於地面。

在凶險的時間長河裡，如果我們不能憑藉著人類在掌握物質方面所展現出來的出色能力，去理解人類思維的癥結，我們勢必無法取得任何成就。要想重建並掌握人類所蘊藏的力量，我們必須懷抱那股使人類駕馭自然的同等企圖心。唯有如此，人性才能免於自我毀滅。

這意味著我們必須精通並遵從兩大原則，並將其應用在日常生活中。第一條法則，我稱為「**存在基本法則**」（Basic Law of Being），第二法則是「**人際關係的神奇公式**」（Magic Formula of Human Relations）。你會發現、也不得不承認生活最大的目標，就是取得內心的滿足，以及與他人的和平共存。

我們可以用一句話來解釋「存在基本法則」：**永不妥協**。無論處境如何，無論問題是多麼地沉重，永遠不要放棄自己人格的完整性。當你放棄時，只會換得更多的懊悔，最終還會傷害周遭所有人。

「神奇公式」也可以用一句話來解釋：**不要自我滿足**。絕對不要自滿，更不要用那被張狂情緒所占據的思緒、膨脹的驕傲來對抗生命。唯有順從自然，我們才能成為贏家。大自然的意志——而非我們的意志，是無所不能的。

這並不意味著臣服在缺陷之下，也不意味著重拾古老的價值觀。這既是基於科學，也與科學一致。為了快樂，我們必須發現生命的本質與運作的原理。持續探究可餵養主觀意識的真理，就跟反射行為一樣有存在的必要。力量是宇宙法則中的一環；在正確的時候，道德和自然現象就能和平共存。

為了將這個結論從猜測層面，轉移到具實測性質的日常試驗中，讓我們先假設你正在思考一項重大的人生決策：上大學、選擇職業、娶老婆，或試著解決罷工問題。換作是在過去，你該如何解決這些難題？

如果我們將時間推回到中世紀，那麼，接受教育難道不是一件很反常、且與現實沒有太大關聯的事嗎？至於工作，你必須根據家族模板來決定職業：騎士、隨從、工匠學徒或農奴。個人的能力或特質並沒有納入考量。妻子？不過是個「累贅」。結婚的外在理由百百種——從家庭壓力到私通。如果你出身貴族，你的婚事自有人安排；如果你是農民，婚事則是出於強制。在這件人生大事上，愛情無關輕重。沒有人會安撫民眾的情緒，或考量到他們的意願。對於反抗者，冰冷的劍就是你的答案。

在某些地方，這些作法依舊存在。把婚姻作為以物易物的交易、職業任由父母決定的情況，更未曾滅絕。即便是現在的大學，也彌漫著迷信的迂腐氣息。但改變的力量就握在我們手裡。我們所能目睹的最大改變正在發生。知識正在驅逐傳統。人格特質成為職業是否適任的參考。愛也漸漸成為發生性行為與為人父母的動機。初露微光的社會正義、君主專制的捨棄，都正在發生。

難道我們不該在自己的人生中，邁出這神聖的一步，脫離無知的混沌，沐浴在大自然的光明之下？我們難道不該擺脫足以毀滅人生的偏狹成見，臣服在宇宙法則與生態原則（純粹自然且透過科學框架所發現的生命法則）之下？每一個人都必須自己做出決定。

在戰爭與國際問題的背後，往往關乎著人能否活得健全：不受干擾、不受宰制、得以實踐自我的權利。在這之內與其之上，則蘊藏了一個更為宏觀的問題：無論是來自何種階級的人們，在生活與工作上不受干擾、不受奴役的權利。我們正身處在此一重大議題的戰場上。

當然，眼前世界所面臨的問題，並非只是關於作為個人、階級或全體人類的我們，能否實踐健全的法則——永不妥協。在當前的危機下，無論是建構起人際關係的互助與合作，或神奇公式賦予我們的滿足感，都同樣備受考驗。它們挑戰了至今依舊掌控著貿易與傳統的貪婪人性。生存的權利，愛的權利：這些仍處在隆隆作響的砲火聲中。

在我們的個人生活裡，我們應該遵循新法，還是舊法？我們應該繼續受頹敗舊俗所奴役，還是成為這個地球上懂得自重自愛的人？

對於追逐利益而導致的苦難與困境，我們是否該用互助來取代，在自己周圍、與他人的互動及社會舉措中，開創合作的藝術？還是繼續保留那些至今仍舊主宰著我們命運的嫉妒與恐懼？這些都是挑戰著你、我，以及這個紛擾亂世的問題。

I

生活重量

1

生活的壓力

在生活中，日復一日單調乏味的付出，足以吞噬一個人的心。——狄佛夫婦的難題

你很明白，當一個人必須面對大量的問題、並飽受問題壓迫時，會有什麼感受，尤其在經歷了一整天無趣的例行公事後，他對人生會有一番最嚴苛的體悟。單調乏味的付出是一種足以吞噬人心的強大力量。

六月，一個潮濕而悶熱的夏日。河流在牆壁的邊緣，硬是被一分為二。暗紅色、爬滿裂痕而被煙霧燻黑的磚頭，占據了霍爾．狄佛視線的一角。在他的左側有一條映射著陽光的水流，而艷陽灑在遠處的山丘上。右側，陰鬱而晦暗。

「我的人生就像如此。」霍爾尋思著，除去之中有超過半數是文明化所帶來的乏味。在他的視線一角，還留著些許大自然的蹤影——幾棵樹和一點點的藍天，而

其餘之處，盡是千篇一律的單調與鋼筋水泥。

讓他痛苦的地方，不在於日常事務的煩悶。無論工作是多麼地枯燥乏味，他都可以忍。但永無止盡的壓力、背負全家生計的重擔，則又是另外一回事。這麼多年來，他總是以無比的耐心來面對，而這些耐心只是讓他的負擔逐月加重。

如果奈莉（他的女兒）和媽媽吵架了，她會在前門等他，準備拉攏他這個足以用來對抗母系仇敵的盟友。如果傑克在學校遇到問題，霍爾身為他的父親，就必須指導他。霍爾的弟弟開車來到辦公室外頭，搶著第一個接受他的幫助。儘管如此，他們的母親卻以另一種方式來看待自己的優先地位。霍爾曾經是她體內的一部分、是她的骨肉，所以他應該為她而活。

他調緊領帶，把椅子收進辦公桌下。是時候該離開了；光盯著那片景緻是無濟於事的。今晚，他的家人必須等他了；他還需要幾個小時才能完成所有工作。他抓起自己的文件：零星幾份廣告，一份是關於專利藥物，另外還有沐浴皂及香菸客戶的排版。他已經從事這些工作多年。

因眼眶中所泛起的淚光而感到難為情的霍爾，腳步匆忙地走向電梯。打從他還是小男孩起，他的人生就陷入問題之中。無論他怎麼努力，就是無法擺脫這緊繃的關係。他盡自己所能來幫助他人，但大家卻總是不滿足。於其他人而言，他就像是奴隸，從來不是對等、更不是朋友般的存在。

在霍爾還是小男孩時，他就夢想能成為一名畫家，把無邊無際的天空和靜止的樹放在畫布上。他熱情地忙著用他的筆刷，留下那令人驚嘆的美景。他的腦袋裡，總有另一個對等的動態思維流淌著。他將自己的畫布視為一個誘惑人們遠離乏味無趣日常生活的契機。

—

許多年過去了，當初那名對他微笑的女孩，和他邁入了禮堂。為了房租、杯碗瓢盆、食物、新帽子和每一個即將誕生的嬰兒，他不得不成為商人，兜售著那殘缺的畫作。而他心中的那個畫家，早已漸漸消失。壓力讓他不斷奔波、擔心各種生活情況，並歷經了早已數不清的人生矛盾與衝突。

他那曾經無比明確與清晰的思維，如今卻變得隱晦而朦朧。有些時候躺在床上的他，思緒總會忍不住纏繞著那些他無法解決的問題打轉。對於自我、事業和婚姻，他究竟扮演了什麼樣的角色；所有的一切都像是糾纏不清。然而，這一切還不是真正讓他靈魂為之枯竭的事。另一種更陰沉、足以迫使人發狂的痛苦，讓他的大腦陷入癱瘓。對於生命必須浪費在這些毫無意義的事情上，他打從心裡感到憤怒。

即便活到八十歲，他仍舊必須背負著一模一樣的重擔。

在這一團揮散不去的痛苦中，與生俱來的創作本性並不是唯一的受苦者。儘管，生活的爪牙從未只鎖定理想主義加以摧毀，但「社會」在摧毀這方面，總是毫不留情。而此種垂死掙扎並不是只發生在男性身上。命運女神就連女人也不願輕易放過——即便是那些有男性可作為經濟依賴對象的女性。女人太清楚自己的煩惱是些什麼。而這些煩惱，絕不僅限於依賴一名男性來獲得安穩生活而已；在某些時刻裡，親密關係確實能帶來一點額外的緊密感，但其餘時候，要讓彼此的心靈維持在同一步調上，必須付出極高的心力。而這也是霍爾妻子所遇到的瓶頸。

除了要同時應付各種問題外，梅格還需要化身成《威尼斯商人》（*The Merchant of Venice*）中的夏洛克[1]，以出神入化的技巧將每分錢都花在刀口上，並做著堆積如山的家事，同時還不能疏忽自己的丈夫與孩子們。她所面臨的問題就跟《人類之戰》《*We Are At War*》中的那五個人一樣，只不過身處在一個沒那麼混亂的世界而已。

霍爾很少會想到，梅格所背負的重擔或許比自己還要沉重。難道不是他，讓她

---

1 夏洛克，莎士比亞的喜劇《威尼斯商人》的主角之一。他是個冷酷無情的高利貸者，猶太富商，為人刻薄貪婪。

衣食無缺？她不正是婚姻中那個可以待在家中備受保護、還能隨心所欲「打發時光」的人？

只有那些能同時與夫妻雙方進行溝通的人，才能真正了解情況。假使霍爾和你非常熟，熟到他想要跟你分享自己的事。那麼你認為他會花時間來描述妻子因為種種壓力所陷入的悲慘處境，還是只顧著談論自己？又假設梅格是你的朋友，而她因為反覆出現的情緒絕望，一次次地向你訴說她那永無止盡的難題。在這種情況下，你還能去猜想霍爾所經歷的重重困難嗎？他們講的永遠都是關於自己被誤解的委屈。人們對他們的要求太多了。他們是多麼地不自由。一點點橋牌、跳舞、電影，不過是這樣而已。兩人之間的溝通變得如此稀少。責任壓著他們喘不過氣。

認為自己淪為工作奴隸的霍爾，或許會跟你談論，他的妻子是如何地揮霍、她的家人是如何勢利眼，而她又是如何縱容孩子不懂得順從，而且總是操控他的一舉一動。她就是不願意讓他獨自一人，然而他自己卻忍受不了某次爭吵後，她開始對他所表現出來的忽視。他很篤定她一定不愛自己了。這段婚姻就算繼續下去，也沒什麼意義。

梅格則說著那數不盡的過量家事內容、生活的不便是如何困擾著她，以及她對這個街區真的是完全無法容忍了。她被徒勞無功的無助感包圍。她對人、生活，以及宗教曾經抱持的信念，早已被消磨殆盡。

——

這樣的描述是否過於誇大？一點也不，你心知肚明。你完全可以將這套陳述套用到鄰居、好友，甚至是自己身上。這就是典型的美國生活，至少絕大多數人都是如此；這並不如多愁善感者所想，也不如漫不經心的觀察者所理解，而是這一切就像那些觸及事物核心者所發現的真相。

你問這一切的起因？**恐懼**！對於自私的恐懼。對於展現、或實踐人性本能的恐懼。對於活出自我感到恐懼。於是只能讓自己、讓愛、讓生活妥協。

憤世嫉俗主義提出了最迫切的質問。面對自己的懷疑，我們該如何處置？我們該如何避免徒勞無功，逃開那啃噬著青春骨肉的頹朽？

倘若霍爾認為自己多數的辛勤勞苦都是「無用的」，那麼梅格就會醒悟到兩人所做出的犧牲，其實都是白費。霍爾的弟弟儘管得到了哥哥的各種幫助，卻也沒有因此適應得更好；而夫妻兩人的犧牲，也沒有因此影響奈莉，使她變得更堅強、或脆弱。除此之外，儘管梅格長久以來必須承受霍爾的母親因嫉妒而萌生的敵意，她卻從未採取具體行動來化解困境，只是一味地容忍。夫妻兩人一直以來所依靠著的基石，已經化為烏有。

依循著受人推崇的生活模式，卻讓生活陷入失敗；因為虛偽的道德，而陷入深不見底的絕望，這些就是蔓延在多數家庭間的不快樂。基於無私精神所必須承擔的責任重擔，正在摧毀這個世界。

「無私」精神的滲透，讓人們：

- 要接受一個到頭來自己根本無法接受的相對現實。
- 住在一個讓自己感到不自在的地方。
- 從事一份有違自己本性的工作。
- 因為害怕傷害對方，而和自己已經不愛的對象結婚。
- 容忍一段難以忍受的關係，只因為抽身離開，顯得太冷酷無情。
- 承擔那些會侷限自身能力、且阻礙未來發展的責任。
- 為了讓其他人能過上好日子，而工作過度。
- 將那些其實能照顧好自己的人，當成自己應扛起的重擔。
- 否定個人天賦的發展，只因為那些天賦看上去過於「不切實際」。
- 為了維持和平，而放任親密伴侶的糾纏不休或壓迫。

- 做出有違個人意願的事，只因為他人認為自己應該這麼做。
- 為了依循慣常的傳統，而否認自己的渴望。

當我們因為臣服在恐懼之下，而捨棄內心所嚮往的道路時，到頭來往往只會換來更多的悔恨。對於本性所抱持的恐懼，可說是恐懼之冠，盤據在一切憂慮的最深處，更是世上最常見的錯誤。失敗往往根源於此。因為它的存在，生活淪為一場可笑的徒勞。在其之上，只會衍生出絕望。

對於我們的幸福而言，世界上沒有任何事物、利益或憂慮所帶來的影響，能出其右。為了打破命運的囹圄，我們必須拿出勇氣。但我們也需要理解他人。此種嶄新的解放，並不意味著打破一切秩序。這並不是鼓勵人們釋放內心的貪婪、色欲或放蕩。我們也無意替同世代者的瘋狂正名。

至於當代年輕一輩身上所帶有的顯而易見的粗莽無禮，我們也不打算做辯解：毫不在乎的自私，讓他們肆無忌憚地踏過你家花園的鮮花、把你的車子開進水溝、嘲笑你的多愁善感，或是將你對上帝的信念視作笑話。

當代所盛行的自我主義，並不是基於更好的道德觀所誕生的產物。其源自於管制手段的缺乏。年輕世代抵抗著來自上一代那正逐漸凋零的價值觀。這經常導致過分放縱、性生活糜爛，或極端的冷漠。過於奔放的自大和過分具侵略性的反抗，並不是一種有益的自私——而只是一種荒唐。

01

Keep in mind

對於自私的恐懼。對於展現、或實踐人性本能的恐懼。對於活出自我感到恐懼。於是只能讓自己、讓愛、讓生活妥協。

2 自身問題的根源

就連耶穌，也不會順服所有人的意見。他懂得自我主宰。——你所面臨的世界

我們每一個人或多或少，在現實生活中，都會被問題追著跑。無論我們的財富多少或地位高低，疲憊感的萌生總是無可避免。家庭與工作的瑣事、貪得無厭的親戚、調皮搗蛋的孩子等，都會使我們感到無力。沒有人能擺脫這一切。

那麼，這些困擾是可以避免的嗎？生活難道不能輕鬆點嗎？又或者這些麻煩正是構成生活所不可或缺的配角；或者該說這是劇本的一部分，並作為獨立個體之間互相影響的途徑？我想要這樣做，你想要那樣做。某些時候，我們的目標會出現抵觸。我們不希望傷害到彼此的感情，但在抉擇時刻上，欲望依舊是行動的依據。正

如同大自然中總是存在著難題，或許個體的欲望就是會衍生出各種麻煩。

這麼多年來，我總是反覆提出一個問題來討論此論點。——一名年輕的男孩和父母一同旅行時，和父母分開了，並長達數天沒有任何音訊。父母心焦如焚地尋找他。好不容易找到人之後，這名年輕男孩對於這場「失蹤」所造成的任何麻煩，沒有做太多的表示。他的行為屬於自私、還是不自私？

「如果那是我的孩子，我一定會好好訓斥他一番。」許多人這樣告訴我。

在我向朋友指出耶穌在年輕的時候，為了與聖人及智者交談，是如何在各個寺廟間遊蕩後，朋友們突然間都語塞了。有時候，我會使用另外一個故事：一名未婚男性拋下一切，沒留下隻字片語解釋自己去了哪裡，就離開了家。當他發現自己的母親和家人到處找他時，他反而對他們的行為提出了質疑。他的行為自私嗎？「誰是我的母親，誰是我的弟兄？」是這名男子可能給出的答案。

這名年輕男子開始被當時的統治者通緝。他們認為此人的行為具有反叛意圖。逮捕行動導致了該名男子的死亡。而這名男子從未因為顧慮到至親至愛，而改變自己的行為。

人們總被教導應該要追尋耶穌基督的腳步；以祂的行為作為自己的行為準則。道德領袖在信徒們面前總是憑著自己的理解，將自我奉獻給宗教視為一種義務。至今我仍未遇見任何一個人，能周全地去思考此事的全貌。祂與家人的關係被忽視了。

而此種忽視的原因，其實不難理解。沒有人可以同時追尋祂的腳步，並同時兼顧道德義務。這兩者是不相容的。

總有一天，當我們在企圖解決某個問題時，會發現無私的那部分正是阻礙我們的絆腳石：而此種無私，正是這個時代所大力鼓吹的。我們應該視無私為致使精神崩潰的洪水猛獸，察覺無私對婚姻所帶來的毀滅性影響。我們必須知道它是如何迫使人們成為罪犯，又如何讓人走上自戕這條路。就連最糟糕的貪婪與嫉妒，也無法造成這麼嚴重的後果。

—

成功應對日常問題是一件極為困難的事——直到我們理解這背後的謎團，以及該如何在面對問題之餘，睿智地引導自己。多數解決問題的辦法，並不存在於問題本身，而是存在於我們和該問題的關係中。

除此之外，我們必須將自己的思緒納入考量；我們必須憑藉自己的身軀，找出一個好的結果。忽視自我的後果，只會帶來徒勞無功的下場。不僅如此，許多看上去顯然相當無私的舉動（當我們以宏觀的角度來看時），也只是讓那些做出犧牲者感到痛苦而已。

在抉擇當下，善良或邪惡並不重要。唯有時間的長度，才能讓我們看出一個決定是睿智或愚蠢。而一個舉動是聰明或愚笨，則只要看該行為所導致的結果。

在實踐層面上，自私或無私，與你和他人的關係是毫不相關的。它們只和生活有關。在我們明白這點後，就能了解自私與無私的美好和善良。

如果你不認為自己是不可或缺的存在，那麼你也無法對自己所身處的世界帶來貢獻。你只會成為一個累贅。身為人類的第一要務，就是抱持著積極的自我保護意識。一旦缺乏此覺悟，生活將讓我們淪為寄生蟲般的存在。

每一樣活著的事物，打從出現在這世上的第一秒鐘起，就開始尋求養分，並長久持續的需求著。如同我們生理上對食物的需求，情感與精神上也同樣渴求營養。那些不試著尋求養分、甚至斷絕需求的人，他們獲得心靈特殊養分的權利將枯萎，而否定自身存在價值的他／她，只能淪為一個累贅。不參雜任何一絲基本自利心態的無私，是非常不智的，世上沒有永恆的良善之力，尤其是當有能力實踐良善的我們受到壓抑或傷害時。**你的義務就是面對自己**。

透過檢驗，我們可以得知適當的道德架構與每一種宗教力量，都是構築在這個直接了當的原則之上。皮耶・賈內（Pierre Janet）醫生曾經說過，任何不愛自己的人，都非正常之人。因為這些人往往無法讓自己成為有用的市民。而在這點上，並非只有人類是如此。一顆卷心菜的價值，視其能否實踐自身初為種子所許下的承諾而定。一頭牛的價值，則視牠的健康與成長狀況而定。每種生物的能力，都是基於自私此一觀點出發。

當「自我否定」成為生命體實踐自我的阻礙時，我們可以說，這種否定是對生命的阻礙，並因此成為一種惡。

即便捨棄最微小部分的原始權利，都會導致生命某種程度上的崩壞。唯有當我們能實踐自我、並使自身發光發熱之時，我們才能達成自己對於他人的義務。

這也是為什麼賈內醫生認為自愛（self-love）可以保護並促進個人特質的成長。此種較高程度的自私與宗教敬畏是非常相似的，而厭惡自身則等同於怨恨造物主所創造出來的事物本質。譴責自我就跟譴責神是一樣的。因自我的本質而心懷感激，接受生命所給予的義務，是敬愛神明的最單純形式。

在理解困境時，思考此一原則是必須的。此點為觸及問題核心的關鍵。否則，我們將難以逃脫過時的自我觀點所帶來的影響。人們並不知道真正有益的無私，不是出於犧牲，而是在合乎宇宙法則下，恰當地運用自我之力。

願意臣服在宇宙原則之下、遵守那些經科學證明且反覆驗證法則的人，是真正的無私。而那些從社會上汲取超過於自身付出價值、憑藉著那份他誤以為屬於自己的收入而活的人，是貪婪的。如果一個人能持之以恆地依循大自然賦予他的本能而活，實踐自身積極的可能，那麼他就是做到真正的無私。如果一個人拒絕克服自我放縱的態度、走向生命要他踏上的艱難道路，那麼這樣的自私是錯誤的。如果一個人在出於自我主宰的態度而違背家人、朋友，和所有因為他實踐自我而受傷的人的意願，此人依舊有可能是利他的。

——

許多年前，我決定為了穩固自己的事業飄洋過海。當時，我的母親六十二歲。她的八名友人寫信提醒我，這麼多年來她含辛茹苦地養大我，並懇求我在她過世之前，不要離開。九十三歲那年，母親過世了。寄給我那些信的朋友們，因為我的離開而指責我是一個自私的人。母親因為內心的願望被忽視而感到難過，但就在她過世的幾個禮拜前，她對我說，我這一生為她做過最棒的事，就是在那個時候離開了她。

倘若我當時留下了，那麼我的職業訓練就只能等到五十歲之時再開始。而我內心將因此埋藏著深深的怨恨，這份恨意對我倆關係的傷害，絕對遠大於我的缺席。而缺乏專業技能的我，也自然無法成為經濟與精神的支柱。

02

Keep in mind

多數解決問題的辦法，並不存在於問題本身，而是存在於我們和該問題的關係中。你的義務就是面對自己。

3

永遠不要委屈求全

不願妥協，與妥協太多，兩者之間你只能擇一前進。——面臨事業危機，也不被妻子支持的約翰

約翰．康斯塔伯陷入了人生的絕境。在同一天裡，他經歷了兩段激烈的談話：其中一段的對象是他的雇主，另一段則發生在他與妻子間。這兩段談話都極其悲慘地結束了。此刻的約翰正走在某個車站的月台上，並準備上車。他並沒有逃跑，更不打算把「拋下一切」作為選項。沒有任何事情是他可以做的。他或許有機會得到一份在中東的新工作。大學時代的好友父親是一家企業的總裁，而他或許願意雇用他。在聽了艾絲兒的話後，他對於離開她的情況，已經不帶有任何一絲悲傷。在她的眼裡，他就是一個失敗者。

「你就是不願意做別人期望你做的事。」她這樣說道。

他真的無法，至少就目前的狀況而言。照要求製造史加納&史奈爾公司所需的配方，是絕對不行的。他擔任該公司的化學工程師長達十二年。他也曾經做過飽受質疑的行為：製造無法耐久用的東西，並協助公司累積龐大的財富。然而，此刻對方要求他調配的東西，本質上就跟謀殺沒兩樣。

「你總是拒絕照遊戲規則來。」指控丈夫的艾絲兒，眼神閃爍著憤怒，「而下場就是我們只能在原地打轉。過去七年中，你公司裡有五名地位比你還低的職員，爬到了你的上頭。生意就是生意，你明知如此。而你在家裡所展現的，也不過是同樣的愚蠢跟自私而已。如果你不願意跟其他男人一樣，和我去貝菲爾德鄉村俱樂部跳舞、用餐和參加牌局，我們又怎麼可能加入得了俱樂部。太可悲了。你那討人厭的不一樣，毀了所有事情。」

是的，這就是他的處境。他總是試著適應周圍。他願意出席，而且還跟妻子去了好幾次。約翰苦澀地回想著在那幾次裡，他是如何傾盡全力，只為了讓自己完美地符合貝菲爾德的社交典範。

——

度過了兩年昏天暗地的熬夜加班期後，約翰．康斯塔伯這才重新站穩自己的腳步，並準備邀請太太和孩子過來和他同住。他總是定期匯錢給他們；在新公司裡，他的工作能力受到眾人認可，而且發展得相當不錯。事實上，在他剛跟這間公司接洽時，他不過是想將自己的發明賣給對方而已（因為史加納&史奈爾認為該產品的製造成本過於高昂，拒絕採納）。而新公司使用他的發明，也讓他憑著專利獲得一筆豐厚的收入。

然而，並不是因為經濟上的獨立自主，改變了約翰在寫信給妻子時所使用的語氣。如今的他，已經脫胎換骨了。此外，他甚至告訴她，根據他個人的觀點，他期望日後的團聚能建立在一個過去他們從未享有的基礎之上。

無論是在工作或親密關係上，我終於發現會導致事情**失敗的主因**了。導火線就源自於下面兩大錯誤中的其中一項。一方要不是不願意妥協，就是妥協太多。任何一個想要成功的人，必須先替自己決定該走哪一條路。兩年前的我，失去了自己，只因為我不願意為了得到自己想要的，而成為一個自私的人。我無法為了獲得財富而成為冷酷無情的人。在多數時候裡，我以毫無熱情的態度向現實妥協。我從來就不敢做真正的自己，或為了自己的利益挺身而出。如今，我選擇了後者。我超越、也終於超越了妥協。我發現這間新公司是少數願意真心包容、並肯定真實自我的地方。除了想要借用我的智慧外，他們從來不會給我任何其他壓力。在他們眼中，我的主要價值就是一名科學家，負責協助他們讓自家產品變得更加有用。

我也認識了一群朋友，一群願意接納真實的我的朋友。如果妳願意站在這樣的基礎上，請帶著孩子來找我，我真心期盼與妳相聚。但如果妳不願接受，我尊重妳。

艾絲兒決定與丈夫團聚，希望在剝除虛偽的社會偽裝後，能找到彼此間依舊殘存的些許火花。她適應了那裡的生活，並享受著在這趟冒險刺激下，那被遺忘許久的女性魅力，又再次回到自己身上。

——

或遲或緩，我們都可能遇到約翰與艾絲兒所必須面臨的抉擇。我們所身處的文化背景，並沒有要求我們照著他們的作法去做。而在解決此類問題上，某些被稱之為成功的作法，就是要我們接受妥協或拋棄完整的自己。這些做法或許能在一段時間內，讓我們克服他人的傲慢或不合理，以超人的精明來打敗對方，並憑藉計謀去勝過巧詐的世界。如果約翰繼續待在史加納&史奈爾公司，他或許還是可以賺到一大筆錢、贏得社會的認同，並發明那些可以用來欺騙大眾的產品。他確實可以這麼做——**如果他想成為那樣的人**。

克服困難的關鍵點，與道德並無關係，而是關乎於我們的人格特質和一致性。當我們找到自己所愛之事、並決定以符合自身特質的方式來生活時，我們便能克服困難。但當我們以委屈求全的態度生活並行動時，挫折只會如影隨形。

03

Keep in mind

當我們以委屈求全的態度生活並行動時，挫折只會如影隨形。

4

失敗者養成計畫

倘若我們做了任何違背自我的事，也只會招致麻煩。——媽寶彼得的領悟

許多年前，我和一名男子坐著交談，讓我們姑且稱呼他彼得．科伊。洛磯山脈的山稜線在我們眼前向著遠處蔓延。蔚藍色的晴空上漂浮著一絲絲的卷雲。

「奇怪的是，我覺得自己就像是被調教成一名失敗者般。我認為自己的故事應該不算太奇特，除了我的結局還算不錯。」彼得打趣地說道。

「你是怎麼樣被教育成一名失敗者的？」我問。

「被教養成一名懂得自我懷疑的人，而且甚至要畏懼自我。一切就始於我的童年。我的父母很寵愛哥哥。他就是那種有著一頭討人喜歡的捲髮，為了得到自己想要的東西就會不顧一切的人。在各種情況下，我總是那個必須為他做出犧牲的人。

每次都是伯希這個、伯希那個。我認為我的義務就是去滿足這些要求。當他去念大學的時候，我在家工作。當有個女孩出現在我生命中時，我非常的害羞且猶豫不決。我墜入了愛河，但母親並不喜歡海倫。而母親說服了我，讓我覺得跟她住在一起，是我的義務。至於父親的狀況則不是太好，很快就去世了。」他這樣回答。

「幾年之後，母親改變了想法，她認為我應該要結婚。她看中了她最年長朋友的女兒。一開始，我拒絕了。她的年紀非常適合，但我並不愛她。母親流著淚，試圖說服我。『你們倆是如此相配，她也會很開心的。』她是這麼說的。除此之外，艾格尼斯的母親握有部分我父親的生意，而當時我正在掌管那些生意，因此如果我願意跟對方結婚，我們就可以將更多錢留在家裡了。最終，一如既往地，我讓步了。因為不這麼做的話，會讓我感覺自己太自私。」

「但至少你的太太愛你吧，不是嗎？」我問。

「愛我！她根本沒有選擇。她就跟我一樣，只能任自己的母親擺布。而且，我的老天，我恨死她了。」

「你的太太？」

「不是，是我的岳母。過去，她每天都對著艾格尼斯說，生下她讓她受了多少的苦。這明明是個謊言，她自己清楚。每個孩子都是男歡女愛下的產物，才不是什麼令人作嘔的高貴情懷。總而言之，可憐的孩子並沒有發言的任何權利。在如我岳母這般虔誠的女性身上，可以找到一個非常可怕的特徵。你知道我的意思。她們會抱持著一種自我否定的態度，認為自己什麼事都辦不到。」

「貝絲太太總是不斷地將自我犧牲掛在嘴邊，但她自己才是徹頭徹尾的自私鬼。她親手摧毀了自己最大的孩子；她利用自己的占有欲癱瘓孩子的心智，直到其中一名孩子因為肺炎過世，剩下的孩子則變成幾乎什麼都不會的廢人，就像是別人的應聲蟲。總而言之，她要求艾格尼斯為她犧牲，而艾格尼斯的作法，就是**讓我去做這件事**。女人統治了我的家。」

「命運三女神。」我嘟囔道。

「不對，先生。那是她們自己以為且試圖變成的，但命運愚弄了她們。在人類的天性之中，帶有某種反彈與抵抗的本能，而命運女神總在我們認為她很殘忍的時候對我們釋出善意。總而言之，我有一個我欣賞但不愛的太太，一個我崇敬但不喜歡的家，兩個我尊敬但暗地裡恨透了的母親。我的工作是繼承而來的，但我一點都不適合做那一行。而這一切都是基於「義務」而發生的。我的老天，這是一個多麼邪惡的世界。**義務**！多數的義務都是對那些本該美麗事物的褻瀆。」

「這些根本不是義務，而是無知的迷信。」我贊同附和。

「只要我們繼續相信這些，它們就能繼續發揮毀滅性的效果。但命運對我很好。我們家的生意在我不善管理的治理下終於倒閉。這讓我們一貧如洗。我因為肺結核而倒下，並幾乎踏入鬼門關。一名遠親將他位於科羅拉多州農莊裡的農舍，借給了我，於是我去了——獨自一人。我花了五年的時間，才逐漸康復。在這段期間內，我的妻子和母親們只能去工作。而她們也因此得到救贖：走入世界，認識新的朋友，其中還有兩人戀愛了。」

「哪兩個人？」我問。

「我太太跟我母親。」他輕輕地笑了，「沒錯，先生，是我的太太和母親。首先是艾格尼絲，我先是離開了三年，而且康復的狀況並不理想。她寫信來，表示自己想要離婚。收到這封信後，我的狀況突然開始好轉。隔年，母親也寫了封信來，說她遇到真命天子。令人驚訝的是，在此之後，我迅速地康復了。對我而言，我沒有任何理由再回到那裡，因此我決定讓地理距離橫亙在我們彼此之間。」

「我這個故事的重點是這樣的：倘若要不是命運打斷了我，讓我因為自己的不適應而把家裡的事業搞砸、又接著讓我患上重病，我肯定會繼續以為那就是我應盡的義務，並在那個打從一開始就是個錯誤的處境之下，動彈不得。無私的態度並沒有為我帶來任何一點好處，只帶來了悲慘。而我們對於哥哥的溺愛，也只是毀了他。他和一群運動健將混在一起，並開始酗酒，最後甚至嗑藥。他從來就不需要壓抑自己。看看在我和艾格尼絲結婚後，為我們兩個家庭帶來了何等悲慘的處境。是的，先生，倘若我們做了任何違背自我的事，也只會招致麻煩。」

「那麼，過去的你該怎麼做呢？」我又問。

「首先，在每一次父母試圖使我成為哥哥的奴隸時，起身抵抗。第二，拒絕插手父親的事業，因為我很討厭。第三，遠離家裡並尋求我所需要的教育。現在，我是名商業設計師了，如果當初我能去藝術學校，或許現在還能更出色。第四，無論讓母親生多大的氣，我都不應該和艾格尼絲結婚；第五，我應該娶海倫，那個在我年少時就深深著迷的女人。話說，你何不來我們家見見她？她現在是我的妻子了。」

我去了，抱持著想見證一段幸福美滿婚姻的心情；在極其漫長的旅途後，終於來到了幸福的終點。

04

Keep in mind

「被教養成一名懂得自我懷疑的人，而且甚至要畏懼自我。因為不這麼做的話，會讓我感覺自己太自私。」——只要我們繼續相信這些，它們就能繼續發揮毀滅性的效果。

5

愛與義務

她腦中浮現了一幅景象，覺得自己變成了一個會行走、沒有任何思想的巨型子宮。——音樂家珍懷孕了，但她還沒準備好

她懷孕了。這是毫無疑問的事。惴惴不安的恐懼籠罩了珍。感覺黑暗之中似乎有某個東西，正在逼近她。她可以感覺到那個東西的魔爪就要勒住她的喉嚨。她不能呼吸。一股反胃的噁心衝了上來，她接著打了個冷顫。她必須想辦法讓自己振作起來。

在整整一個小時裡，她呆若木雞地坐著，內心不斷憂愁。史維菲（她的貓）跳了上來，大大地伸了個懶腰。雪花輕輕拍打著窗戶。有人將暖爐關小了。她懷孕了——懷孕——她該怎麼辦？

她並不是不想要孩子。在她和湯姆結婚的頭三年裡，他們總是談著這個話題。

但眼前的問題是如此多，而她的事業也會因此面臨巨大的挑戰。講白點，這可是最實際的問題。十二年的準備、十二年不辭勞苦地工作，而她的母親肯定會要求她立刻放棄，唉，就是這樣，跟過去一樣。

如果是湯姆的工作，她才不會這樣說呢！他應該要將至少三分之一的時間，投注在生命中更值得去做的事情上。湯姆——噢，湯姆必須繼續工作。湯姆必須排除任何可能阻擋他成功的障礙。湯姆是個男人。

「妳真的是一個很奇怪、很自私的女人。」她的母親曾經這麼說過，「一個很奇怪又很自私的女人，在妳明明都已經結婚、而且即將有小孩的時刻，卻只想著繼續唱歌。」

「我真是如此嗎？」珍想著。心底深處有個聲音向她保證：「不是的。」母親的想法似乎有些讓人厭惡。她腦中浮現了一幅景象，覺得自己變成了一個會行走、沒有任何思想的巨型子宮。這個念頭讓她不寒而慄。這會導致什麼樣的後果？痛苦的她一一細數自己所認識的女性，有多少人無私地踏上跟她母親同樣的道路。

像是費里頓太太。大學時期的她是一個多麼有趣、又多麼聰明的女孩。而你根本無法想像她現在的處境。尿布、碗盤、口水巾——就是如此。瑪貝爾．索特的情況則稍微好一點，但你感覺好像總有層絕望的假皮覆蓋在她的軀殼之上，某種勇敢而又絕望、試圖保留在身上的企圖心，以冀還能留有對事物有所悸動的感受。她可以跟你侃侃而談政治局勢，也能談論最尖端的科學新知，但就是有某些事發生了。而她不再是往日那個瑪貝爾。

珍並不是認為每個女人都該有份事業，這不是她的論點。只是在她準備了這麼多年、而且就快要熬出頭的時刻，她真的不想放棄這一切。放棄工作，舉辦一場風風光光的婚禮，然後讓自己浸淫在使人麻木的日常家務中。這才是真正讓她感到痛苦之處。這就像把一件禮物的美好之處全部給掏出來，並在上頭堆滿殘酷的美德。在那些鼓吹著樣板人生的布道者口中，他們遺忘了這件事最美好、最自然而不該受汙染的地方。

此外，難道我們不能將生孩子與繼續工作這兩個選項，同時進行？舒曼・海因克[1]、路易絲・霍莫爾[2]等，許多人都辦到了。她——珍——並不算標新立異。門被打開了。湯姆衝了進來，滿臉怒氣。

「嗨，女孩。我的女孩。真高興看到妳。我快要遲到了，都是因為妳父親拉著我講話，講了一大堆——」他頓了一下，不希望自己差點脫口而出，一些非常適用於描述妻子家人言論的名詞，那會傷害到妻子的心。「那個男人要我盡快說服妳，放棄妳的事業。他似乎超級排斥這個想法，不斷講著妳應該盡的義務。妳明白嗎，他們這種態度真的非常可怕。」

珍被如釋重負的狂喜淹沒。她從半個房間外衝進湯姆的懷抱。

「噢，湯姆，聽到你這麼說真的令我太開心了。這不僅僅是關於音樂，儘管我確實不想放棄，畢竟我努力了這麼久。重點是他們的態度太冷酷無情了，總是一副頭頭是道的樣子。我真的不是自私。我不自私。」

「妳當然沒有，親愛的。」他忍不住喊了起來，並輕輕拍著她。「我們可不是活在他們的時代，那個在他們口中愛和義務勢必會起衝突的時代。那只是一隻盲從的野獸。任何女性都有繼續工作並保有自己事業的權利，就算只是在賣著廉價商品的商店裡工作。」

「但就算她妥協了，也不代表她就是不好的。她並不是非得要走出家庭，或作任何特殊的事才行。我所爭取的，是一種態度。我要的是做我自己，而不是成為傳統一部分的權利。我不想要只是成為你的太太、孩子的母親、家庭主婦或任何角色——除了做我自己。真正重要的不是事業；我確實可以放棄。但我無法放棄成為

1 舒曼・海因克（Schumann Heink，1861-1936），奧地利女低音家。
2 路易絲・霍莫爾（Louise Homer，1871-1947），美國女低音家。

珍，而這正是他們要求我去做的。我現在看清楚了。我見到那些被所謂的義務淹沒的女性，究竟經歷了什麼。她們妥協了，放棄作為女性的吸引力，以不完整的樣貌活著。我永遠都不要成為那樣，絕不。」珍抬頭望著丈夫。

湯姆抱緊了妻子，「我支持你，寶貝。我自己也想過了。而我得出了一個想法。你知道在美國最容易導致離婚的原因是什麼嗎？」

「不知道，是什麼？」

「無私，無私的價值觀被一群像你父母的人擁護。女人常常消失在這些『無私』之下。那些男人所娶到的女孩消失了。他只剩下了人們所稱的——」

「母親。」珍脫口而出，「管家、一個空殼。就是這樣。男人會離開一個空殼——不能怪他們。」

05

Keep in mind

難道我們不能將生孩子與繼續工作這兩個選項，同時進行？許多人都辦到了。任何女性都有繼續工作並保有自己事業的權利。

6 何處才是通往快樂的道路？

有時生活的困境在於，大家根本無意解決問題。他們只想照自己的意思來。——賽瑟斯博士的無力感

賽瑟斯博士臉上掛著心滿意足的興奮，離開了自己的實驗室。他在生化方面的研究大有進展。應該要不了多久，他就能製作出另一款控制疾病的藥了。

在他大步邁向冷冽而令人清醒的秋意中時，他回想著自己這一路上的種種。生活太美好了，他如此想，看著一艘渡輪在哈德遜河上前進。人類前方的道路是何等的光明燦爛。他已經可以預見，人類對生命的奧祕將有更多的了解，克服一個又一個難關。此刻的他，滿心只有對科學那近乎崇敬的興奮。

一個小時後，賽瑟斯走進家門。爭吵聲傳進了他的耳朵。他聽到哥哥的聲音，語氣聽上去非常堅決而嚴厲。接著傳來伊莉莎阿姨那愛抱怨的聲音，「其中一個孩

子必須……」賽瑟斯博士沒有繼續聽下去。他的妻子出現在走廊的末端，眼裡滿是憤怒。帶著指責意味的雙眼，望向了他。

賽瑟斯讓自己振作起來。他的靈魂從他那存放著夢想的聖殿之中抽離。他什麼也沒做，但憑著長久以來的經驗，他知道自己在某種程度上，又要為樓上的爭執負責。

「怎麼了？」他開口問，試圖摸清狀況。

「卡爾打算娶那個卡洛威家的女人。」賽瑟斯太太語氣苛薄地說。

「他為什麼不可以？」這名父親溫和地反問，「他愛她啊。」

「而且他準備接下那份在南美洲的工作。」

「他為什麼不應該？」這名博士又問了，「那份工作很適合他啊。」

「他打算讓卡洛威家幫他付船票的費用。」

「為什麼他們不應該幫他出？這筆錢對他們來說根本不算什麼。」

「約翰．賽瑟斯，我真的要被你氣死了。她比他大啊，而且還離過婚。卡爾現在正幫舅舅工作，所以他應該對舅舅負責，還有談到接受別人家的錢——我真的不懂你。你讓你的孩子變成了一個自私、狂妄傲慢的人，就因為你那些科學思維。」

「可能吧。」約翰．賽瑟斯嘟囔著，急著鑽進自己的書房。

對於這樣的情況，他又能有什麼說法去改變太太呢？對於這樣一個根本不打算以和平為前提的方式來過日子、或解決自己娘家問題的人。**大家根本無意解決問題。他們只想照自己的意思來**。他們不覺得生命的法則應該要被遵守並努力探索，也不認為自己應該用近似於現代科學的方式，去理解生命。

換句話說，工程師所遵循的秩序法則，也應該被應用在我們的個人生活上，正如同愛因斯坦、偉大的作曲家、出色的設計師，或了不起的藝術家般，去擁抱它們。唯有如此的活著，生命才能成為一場充滿創造力的體驗。即便是處理那些最終不會獲得善意回報的事情時，我們也不該變得醜惡。

我認為，這個世界上的人可分為四種：①冷酷無情的自我主義者，選擇貪婪這條路；②堅守道德的墨守成規者，以教條為依歸；③盲從的反叛者，不願意因為任何規矩而妥協；④奉科學為圭臬的人，努力依循自然法則。

在面對生命的種種問題上，舊觀點與新觀點之間失去了交集。我們面前有兩條路。那些嚮往「美好往日時光」的人，選擇追隨戒律與傳統的腳步。而那些試圖透過科學突破、尋求自然秩序者，則選擇擁抱另一套價值觀。

如果你詢問一個嚴守教規的人該如何克服自己的困難，他的答案自然與其道德觀相符。如果你諮詢的對象是一名科學狂熱者，他則會依據自己的觀察，告訴你一個結論。而後者的答案在前者眼中，往往是自私的。

妥協者認為捨棄自己的人格，並沒有什麼不對，正如同野蠻人也認為傷害自己的身體並沒什麼大不了。但對於那些深信「此種捨棄是錯誤」的人來說，**不妥協**是他們最基本的誠信原則。而**成為一名病態而不健全的人，是不可原諒的**。

這種在態度上的分裂，使得「過上好日子」已經不是一個關於智慧的問題，而是一個關於膽量的問題。你或許聰明到足以找到一個可行的解決之道。但你有那個勇氣去實踐嗎？如果沒有，那麼你其實跟愚者沒什麼差別。

因此，對你而言，處理問題的方法並沒有對錯——直到你決定了自己的立場：你要嚴守社會上的刻板印象？還是遵循宇宙法則？因此，當我們在討論該如何解決人生困境時，首先該做的第一步，就是釐清各種可能做法的後果，並依此判定自己的立場到底是什麼。

信念本身就存在力量。當你相信真理的力量是站在你這邊時，你就像是擁有了

十個人的力量。如果你對自己的決定抱持懷疑，即便是最偉大的智者，也會變得毫無用武之地。而這也是市面上大量關於人生的書籍中，長期忽略的一點。這些作者貪圖方便地給了你一些獲得快樂的公式，而照著這些公式去做的你，卻感到無比痛苦，因為你的心靈和思緒完全不同步。即便是最棒的方法，只要違背了賽瑟斯太太的價值觀，你便無法想像，她怎麼用那些方法來解決自己在為人父母與婚姻上的問題。

正是基於這個原因，多數建議根本無法發揮效果，因為建議必須完全貼合聽者的信念，才有用。

信念是必要的。一旦缺乏信念，衝突就會從現實轉移到心理層面。他的靈魂將被兩股相反的力量拉扯，使他對兩種力量皆無法肯定。

——

倘若我在協助讀者解決日常困擾上，有某些重要的觀念想要傳遞給讀者，那麼第一點就是：「不要接受任何建議，無論這個建議聽上去是多麼理想，直到你能打從心底、能在思想上完全接受、並肯定這個建議是好的為止。」

而第二條注意事項則是：「不要只是因為一項規則的存在，就認為那些既存的人類行為準則就是真理或完美的。它們也很有可能跟那些被當代鄙斥的傳統一樣，毫無道理。」

06

Keep in mind

「過上好日子」已經不是一個關於智慧的問題，而是一個關於膽量的問題。你或許聰明到足以找到一個可行的解決之道。但你有那個勇氣去實踐嗎？如果沒有，那麼你其實跟愚者沒什麼差別。

7

偷懶的藝術

只要你使用的方法不對，或許永遠都不會得到適當的回報。——如何更好地管理工作與生活

隨著計程車快速地駛離車站，艾爾伍德．溫特斯感傷地笑了。很快地，他就會回到那個他付出多年努力的熟悉場景，並重拾那份他將所有青春都投注其中的工作。

他看到新來的經理法恩斯沃斯，一臉愜意地坐在辦公室裡，一邊抽著菸一邊沉思。他總是可以留給自己些許時間，法恩斯沃斯解釋道。然而同樣的工作量，過去卻總是讓艾爾伍德從早忙到晚。

「你是怎麼辦到的？」艾爾伍德詢問。

「我從來不去做那些可以找其他人替我做的事，我也從來不去碰那些我找不到

好方法或工具來解決的任務。我們可是活在一個機械時代。我們不用划槳來橫渡汪洋，更不用徒手挖出溝壕。我們懂得使用工具。而我製造智能工具，來替我工作。」

「你是用什麼樣的工具和方法來管理公司的？」溫特斯好奇地追問，想起那些導致他失敗的困境與挫敗。

「總共有三個。」法恩斯沃斯露出微笑，「一種方法加兩樣工具。首先，我發現，你必須提升人們的士氣。因此我組織了一個升職委員會，並將升職的問題交到他們手中。接著，我引進了我們在學校都經歷過的會議方法。你也去過學校。學校裡不是有一個負責掌管校園紀律的學生會嗎？」

「什麼，對，沒錯。」

「就是這樣，我把同樣的方法搬到這裡，而這個方法非常管用。他們的態度遠比我還要嚴苛，但他們認同彼此的做法。第三，在商業發展上，我有一整個實驗部門。該部門會關注公司的每一項業務。每名員工每個月，都必須花一天在這裡。而他有機會能在這裡理解到與自己業務相關、也與公司相關的大問題。只要他能提出解決辦法，每個辦法就可以為他賺到一筆獎金。而他也能憑著自己想出來的發明，得到相應的報酬，方案、銷售和廣告也不例外。」

「人們很喜歡此種研究所具備的創新精神，而且爭相想要獲得這個具競爭性的機會。我們的銷售獲得改善，還有源源不絕的好點子。但這麼做的最大好處，就是讓員工理解，我們公司到底在生產並銷售些什麼。現在，我幾乎不太需要發號施令。他們自己就能管好自己。事實上，與一開始相比，我決定減少出現在工廠的次數。嶄新的觀點就跟努力同等重要。而且說到底，總會有新的辦法出現。不妨說說看，你還記得我在學校時候的樣子嗎？」

溫特斯點點頭。他以為不要提起這件事會比較好，畢竟在那個時候，那個現在被他如此認同的學生會，法恩斯沃斯可是被視為麻煩人物的存在。

「我知道你沉默的原因。」法恩斯沃斯笑了，「在那個年代，我自然是個大麻煩。不知道你還記不記得我們的英文老師，薩德伯里。他曾經是我在學生榮譽法庭上的辯護者。而他拯救我免於被開除的行為，一直被我深深記在腦海裡。」

「我被指控的罪名都是真的，而面對那冷酷無情的法庭，我根本毫無勝算。那是一個非常舒適的春日，是那種我們會跑去南邊玩的好天氣，我環顧校園中的其他軍校學生，心裡思忖著，要是父親知道了這件事，等我回家了不知道要受到怎麼樣的對付。儘管如此，對於我的案子，薩德伯里看上去無比鎮定，信心滿滿地說著我應該繼續待在學校裡。『孩子，我們總能找出贏的方法。』他笑著對我說，『而且我希望你繼續待在這所學校。我還有很多事想要教你。』」

「我確實留下來了。而他使用的方法真的非常簡單。他完全不做任何辯解，所有人都為此感到震驚。我是自己行為的唯一目擊者。所以他讓我站上了證人席，要我承認每一項被指控的罪。我的案子完全沒有涉及到其他人，但我還是全招了。接著，薩德伯里起身說：『各位先生們，站在你們眼前的，是一個坦白、正直且善良的光明磊落表率。』他以最溫和的語氣說著，『我們的被告以正直的行為，證明了自己是一個純真且誠實的美國男孩，只不過犯下在學校裡極為常見的小胡鬧而已。這所學校總是告訴大眾：我們願意接受任何個性的孩子，並將這些男孩變成真正的男人。倘若庭上真的要將這個男孩逐出學校，那麼我們勢必欠他的家長一個道歉，更必須撤回我們對美國大眾所許下的承諾。』」

「聽了這番話後，他們自然無法將我趕出學校。薩德伯里不過就是照字面的意思去解釋學校拿來吹捧自己的話，並用學校自己的話來作為我的辯護詞。他們根本不敢將學生榮譽法庭上的紀錄寄給我父親。我的父親是律師，你知道的，他看一眼就能理解薩德伯里的邏輯。」

「在此之後，我在學校學到了許多，但最重要的一件事就是：無論面對什麼問題，總有合適的方法或工具能幫助你解決問題。」

在他搭車前往車站的路途上，溫特斯回想起最近幾個月待在療養院的時光，以及這件事的代價。他想著在這段期間內他原本可以得到的薪水。而這一切都是因為他過分努力。有人認為任勞任怨的努力，是不會得到回報的。而事實確實如此，因為他就是這樣努力過來的。但這並不是事情的真貌。他現在明白了。**問題出在他努力的方式失敗了**。耗盡心血的勞動可以無止盡地延續下去，而只要你使用的方法不對，或許永遠都不會得到適當的回報。他學到了教訓。面對新的工作，他打算以完全不同的方式去應對——感謝法恩斯沃斯。

——

在很長一段時間裡，橫越大陸是一條極其艱險的旅途。沒有人能成功做到。但在科學的幫助下，人類克服了距離的難題。利用滿園的棉花製作衣服，也曾經是一件極其繁瑣的工作。而這項工作在人類發明了自動化機械後，變成一件再簡單不過的事。

想成功地解決問題，我們必須借用機械化的態度，並設法取得自身利益與社會需求間的平衡，唯有如此，我們才能長久地克服人生難題。

我們努力的方向，應該是找出更好的方法。

試圖舉起沃野上的一塊大石頭，只會讓巨人的背拉傷。但利用鐵撬鬆弛巨石底部的土壤，卻一點都不困難。過去，在大地上挖掘洞口以獲取水源或原油，是一件必須耗費數年才可完成的大工程。現在，我們可以利用鑽機，輕輕鬆鬆取得所需。

透過使用方法或工具，我們得已攻克大自然擺在人類眼前的障礙。就客觀的角度而言，我們視此為最理所當然的事實。但一旦將視線轉到個人問題或主觀的擔憂上，我們就忘了這個原則。我們不僅忘了去尋找相似的解決之道，甚至開始質疑這些解決之道是否真的可得。正如同我們的先祖曾無比抗拒一切機械化、嘲笑那些認為「人生困境」是可以被克服的人般，我們拒絕相信掌控情勢的辦法，其實就埋藏在我們看待情勢的態度中。

無論是你在愛情上的挫折、我的金錢焦慮，或甚至食衣住行的困境，問題的內容並不重要。我們如何去面對這些問題，才是真正重要的。內心懷抱著種種不確定、為經驗而感到困惑的人，就是我們；而試圖理解困境，並試著找出克服方法的人，也是我們。比起禱告自己能獲得償還債務的金錢，我們更應該懇求讓自己獲得足以提升個人財富創造力的遠見。

頭腦清明的人，才會是財富的收穫者。當我們的感覺受到束縛，並導致心智不得不妥協時，眼前的權力、富足、地位，甚至是快樂，都不會是長久的。

沒有方法且不懂得尋求方法的人、明顯缺乏獨立性與自主性的人，必須試著利用自身的經驗與智慧，來贏得人生的富足。如果我們總是因為思緒上的偏頗而讓機會付諸流水，那麼即便我們瘋狂地將一切心力投注在目標身上，也無法為自己帶來任何財富。

——

人生的其中一部分，就是要想辦法克服問題，並一而再、再而三去征服那些阻礙我們的困境。當我們改變，命運也會跟著改變。那些能讓自己依循此規則的人，將以極其關鍵的方式，改變自己與人生的關係，賦予事件新的面貌。然而，在我們做出這樣的改變之前，我們往往喜歡把自己視作命運的受害者，因為一切總像不斷在摧毀我們所付出的心血。

這也是為什麼對於「聰明的活著」這件事而言，**永遠不要讓自己妥協**這個信念至關重要。當你讓自己受到壓迫時，你的能力將因此受限，而你用來解決問題的動力也會因此受損。

面對困境，你該怎麼做？

在面對問題時，你的注意力集中在何處，將決定你的問題能多完美地被解決，以及你是否會成為情勢下的受害者。

你表現得如何？當工作過量時，你會抱怨還是試著減少過勞的情況？當不方便的情況出現時，你會停下來試著找出更好的辦法，還是滿心怨懟地忍耐這樣的不便？當生活因為工作而受到壓迫時，你會試著透過計畫來解決，並找到更健康的工作方式以擺脫困境，還是讓自己的內心被怒火填滿？比起不斷想著問題，試著找出自己該把注意力放在何處，更加重要。

對危險抱持恐懼是一條無止盡的路，除非你能找出保護自己的方法。

如果害怕傳染病，你就必須消滅細菌。

你無法避免因他人的疏失而使自己受到損傷，你能做的，是控制自己和他人的關係。

如果人們不願意讓你獨處，是因為你沒有學會該如何讓他們這樣做。

不公平的事情將不斷發生在你身上，直到你想出方法征服它們。

一切的磨難都是為了激起你的勇氣，學取教訓，並迫使你利用智慧來面對生活的困境。你把專注力放在何處、能否以冷靜的態度持續並謹慎引導，將決定你所能獲得的快樂。做到此點，**成功將開始與你同行。**

07

Keep in mind

無論面對什麼問題，總有合適的方法或工具能幫助你解決問題。

II

面對挫折

8

打一手好牌的智慧

帕梅拉體認到，只有她，能為自己贏得尊敬與成功。——永不妥協的帕梅拉

生活中最奇怪的一件事，就是人們不太追求效率。從人們總是熱衷於如何成功的態度來看，你可能會以為我們對此很感興趣。是的，我們確實感興趣，只不過是在理論上。

帕梅拉．斯特德曼發現，她的姊姊伯妮絲總能輕易成為全家關注的焦點，無論是在哪些事情上。如果家裡決定花點錢買些新衣服，第一個被想到的，就是伯妮絲。如果孩子需要上聲樂課，那麼獲得上課機會的，也是伯妮絲。如果家裡可以出錢安排一趟歐洲之旅，去的人也肯定是伯妮絲。

站在聚光燈下的，永遠是伯妮絲。臣服在姊姊魅力之下的，並不是只有父親。

就連母親也會花數個小時和姊姊一起購物；再用好幾個禮拜的時間，為姊姊縫製、修改服裝。

帕梅拉曾經偷偷地想過父母如此偏心的原因。這件事最讓人奇怪的地方，就在於所有人都將這個情況視為理所當然。最終，帕梅拉獲得了啟發。這份啟發來自她所閱讀的一本通俗小說，在該小說裡，最終發現自己人生使命的女主角，也經歷了和她一模一樣的遭遇。作者以極其優雅的文字，不僅描述了身為老二的帕梅拉是何等地不幸，更生動地分析了姊姊所使用的方法。她在威脅利誘間，不斷切換著。在那本小說中，居於主導地位的壞心眼者，會以甜言蜜語來感謝父母親的好意，並因為他們的付出而討好他們。對母親而言，和姊姊購物的活動太有吸引力了，母親能藉由給予禮物的行為，感受到身為提供者所握有的權力。他／她永遠都不會忘記自己是多麼的偉大和善良。

而當她發現自己圓滑的手段無法得到想要的回報時，她會以歇斯底里的憤怒來取代機靈的討好行為。「這跟國際局勢的運作是何等相似啊。層出不窮的祕密計畫和『友好協議』，當一切詭計都行不通時，就以戰爭為要脅。」作者如此評論。永遠都有事情需要調整、永遠都有事務需要決定，而討好和發怒的策略顯然極為有效。

自此之後，帕梅拉突然開竅了。她觀察著姊姊的技巧。但身為一個有血有肉的孩子，她該怎麼做呢？她無法這樣對待父親，因為她敬愛他。她也無法刻意奉承母親，因為這麼做就像是在踐踏兩人之間的感情。是的，這些聰明而狡猾的表面功夫，是她所不擅長的。但她知道與伯妮絲相比，自己願意做出的犧牲更多。

帕梅拉認真且耐心地思考了自己的問題。在這些問題之中，絕對有一個規律等著她去發現。在她終於找到後，她忍不住笑著過去吃盡苦頭的自己，怎麼會如此傻。她必須給予父母回報。為什麼？你可能會這麼問。人們——即便是深愛你的人，在沒有獲得回報的情況下，是不會滿足的。說穿了，我們骨子裡都是自私的。她必須找到一件能獲得父母親信賴、並展現出自己犧牲奉獻精神的事物。而那件事物還必須如同伯妮絲的怒火般，明顯且肯定地改變父母的態度。

而就在她發覺自己很想加入父親的公司、分擔父親肩頭的重擔時，她突然找到了符合此兩個需求的目標。

「我要成為父親的左右手。」她對自己說，「大家之所以尊重他，就是因為他是最稱職的父親。」

事後，帕梅拉對於她如此輕鬆地贏得了這場仗，忍不住笑了。事情變成全都繞著帕梅拉轉。在她證明了自己身為女性採購者的角色對公司格外具重要性後，她成為被安排旅行的那個人。母親替她做這個。父親替她做那個。她絕對不能被雜事累壞了。她必須穿得比其他人都體面，畢竟她需要跟客人談生意。

帕梅拉發現要為自己得到的快樂、父母所給予的溫暖關懷，展現出無比欣喜的感激之情，實在太容易了。在克服問題上，至少她找到了一個訣竅。

—

在帕梅拉結婚後，新的問題又出現了。幾年過去了，她的先生漸漸變得很喜歡吹毛求疵。而他也開始用這種態度，來指責帕梅拉管教孩子的方式。不管她怎麼做，先生就是不滿意。為此，她總是悶悶不樂。最後她下定決心，找出像當初讓自己贏得家庭地位的有效方法，來解決當前的困境。難道她的付出就真的如此無用？她想著。

為了找出事實的真相，帕梅拉採用了從商多年所獲得的方法，來處理婚姻困境。她在日記中記錄下每天發生的事，交代情況，並描述先生為此對她發的脾氣。接著，再以看似無意而溫和的態度，從每一件先生批評她無能勝任的職責中，抽離她所扮演的角色。

「你來負責這件事吧。」她對先生說，「我想我真的做不好這些。」

當康拉德表現得也不盡理想時（而且常常還比她差），她會在那些節錄著問題的頁面上，記錄後續發展。很快地，先生的不滿爆發了。他不能為這些瑣事煩心，他對她抱怨。他又不擅長這些事。

「我同意你所說的，康拉德。它們不適合你去做。那你為何不將這些事交給我？」

「我原本就是這樣做的啊，是妳後來要求我去做的。」他爭辯道。

「是嗎，親愛的？你能不能看看這篇日記？這裡有之前和最近的紀錄。不會花你太多時間的。」

這件事確實沒花什麼時間，因為康拉德很快就意識到情況是怎麼一回事，當他看著自己過去所發的牢騷時。

「我必須讓你看這些，康。」帕梅拉溫柔地解釋，「人們之所以會失敗，是因為他們不知道如何捍衛事實。」康沒有答話。他只是張開雙臂緊緊環抱著妻子。

——

每個人的生活中都存在著這麼一些轉捩點，一個小小的動作就能讓我們的人生從此踏上康莊大道，或從此每況愈下。我們不斷地實踐這些動作。而這些動作無可避免地都會伴隨著喜悅或痛苦。而堅信**永遠不該讓自己妥協**的帕梅拉，面對那些最終有可能壓垮自己的困境時，她擁有拿出勇氣和魄力去行動的能力。她沒有讓自己淪為那個許多女性在婚姻中不得不成為的殘缺者。

08

Keep in mind

人們之所以會失敗，是因為他們不知道如何捍衛事實。

9

不要被自我滿足

蒙蔽

沒有任何一個自我，願意臣服在他人的驕傲之下。你必須將當前情況的需求，放在最高位，同時堅持你的夥伴也必須這麼做。——為什麼何瑞斯總是失去工作和朋友？

何瑞斯．海帝森再看了一遍這封信。在那彬彬有禮的文字間，明確而肯定地要求他提出辭呈。這對何瑞斯來說，不是什麼新鮮事兒了。他總會招惹許多麻煩。而這個情況也不限於他的教育事業。說他是一名出色的老師，沒有人會反對。事實上，他確實極為出色，因此儘管他過去已經和不知道多少間學校的高層起過衝突，還是有大把學校排著隊，爭相聘請他。

「即便是在我們朋友間，情況也好不到哪裡去——你心知肚明，何瑞斯，你和艾斯伯里吵翻了，又惹怒了威瑟比他們一家。在你上次那樣說話後，母親現在也不願意來找我們了。我已經厭倦了被批評和責怪了。你總是替自己犯的每一個錯找藉口，然後再將責任推到我身上。」他的太太這麼對他說。
海倫說得對嗎？何瑞斯想著。他覺得自己的行為都有道理，只是沒有人願意去理解罷了。他覺得自己的人生從求學時代開始，就很令人厭煩。他經歷了一連串的爭執。但他可是都為了很好的理由而戰！多數時候他都是對的，而在聽到自己離開後，那些他所提倡的想法被付諸實踐時，他也總是感到無比得意。而朋友與岳母的關係之中，他依舊是對的。他只是實事求是，將必須說的話說出來罷了。
事情真是如此嗎？何瑞斯繼續想著。如果別人用著和他一樣直率的語氣說話，他能接受嗎？對方的傲慢難道不會讓他覺得自己受到侮辱？多數時候，這種人在乎的不過是講出自己的想法，而不是議題本身，不是嗎？有些人能一輩子都擺著這樣的姿態。他父親就是如此。這麼多年來，他總是對所有人尖酸刻薄，愛說什麼就說什麼，總是照自己的方式去做。
何瑞斯鬱悶地回想著老先生的粗暴。他是一個紀律嚴苛的人。然而，海倫現在就跟嫁給這樣的男人沒兩樣！但假設她真是如此，那麼她至少應該知道該抱著什麼樣的期待。因為老何瑞斯．海帝森可從來沒讓其他人懷疑過自己的立場。
一個微弱的念頭，閃過了這名年輕男子的腦中。他的父親始終如一地占據著支配的角色。他傾盡全部的力量，讓自己成為一名有效的自我主義者。他的話語、他的想法，就是鐵一般的法則。他認為世界就該如此運作。而他也用著同樣的態度去經營公司，底下的人因為恐懼而臣服。就算在家裡，他的態度也是一樣，沒有任何一個孩子敢忤逆他的話。

在那個家裡，沒有所謂的夫妻爭吵。海帝森太太完全順從丈夫的意思。原來這就是維持婚姻的祕訣，何瑞斯想著。只要你讓自己成為一個無往不利的暴君，你就能隨心所欲，想說什麼就說什麼。他一直都是一個**不完整的人**，他這一生。

但除此之外，就沒有了嗎？在這位教育家的腦中，一些想法正在凝聚成形。他想起裴斯泰洛齊[1]曾說過，告訴別人該怎麼做，並不會讓對方學到任何事；我們不應該宣稱真理是怎麼樣的，而應該幫助對方去**發現真理**。而這也是他犯下的錯誤。如果他願意為他在乎的目標，捨棄傲慢，並在衝突中放下自大，就不會引發這麼多不快樂了。

他回想著過去那些他表達了自己的想法，卻因此輸掉的爭執。是的，造成失敗的，並不是他的坦誠。他試著透過意志的力量，將想法傳遞出去。但成效不佳。但難道他只能成為他人的附屬品或智囊團，對結果置身事外？還是他可以為了更遠大的目標，放下自己的個性？沒錯，他必須這麼做，畢竟他可不是徹頭徹尾的暴君。想到這裡，何瑞斯露出微笑。

對我們每個人而言，事情就是如此。如果你不希望成為家中或公司的暴君，如果你沒有殘忍到足以當一個稱職的獨裁者，卻也不希望成為別人的附屬品，那麼你就必須學會**不要追求自我滿足**，讓自己的傲慢臣服在對理智抉擇與合作行為的熱情探究下。在互助的行為中，埋藏著開啟快樂的鑰匙。權力能獲得他人的屈從，但愛才能贏得勝利。無論你面對的爭執是多麼微小，在尋常家中、辦公室或社交場合中又是多麼地常見，這都是不變的真理。

解開親密關係中此一死結的辦法，並不困難，事實上還很容易理解並實踐——只要你願意去實踐（這是一個極為重要的前提）。順從自然法則，就是我們的答案。那些將自我膨脹放在自我實踐地位之上的人，並不在乎人生的成功與否。

正如同**自我基本法則（永不妥協）**決定了我們日常行為的成功與否，**神奇公式（不要追求自我滿足）**能替我們撥開籠罩在人際關係上的迷霧。永遠不要讓情緒化的偶發事件影響了你的專注力，或因為神經質作祟而鑽牛角尖。確保看待問題的客

1 裴斯泰洛齊（Johann Pestalozzi，1746-1827），瑞士的教育家與教育改革者。

觀性。不要將自己帶入問題之中。不要對號入座，要做到對事不對人。將問題視為一個有趣的經驗，並在每一場新的冒險中盡自己所能。

讓我們假設此刻的你，正面臨一個極為嚴重的問題。假設你從老闆那裡收到了一封毫無轉圜餘地的信。這件事讓你氣壞了。你很想告訴對方，你對於他這麼做的看法。你覺得自己的下場是什麼？就是丟了這份工作。

你希望丟了工作嗎？或許不想。倘若你的目標是挽回這份工作，那麼你必須先釐清狀況。你必須設法在不激怒老闆的情況下，保全這份工作機會。當你抱持著這樣的期望去和老闆溝通自己的想法時，你會避開憤怒的語氣。

或者，你是一名女子，而你的丈夫離開了你。離婚已經勢在必行。但你們還有一些家務事必須處理。儘管你在很久之前就覺得自己嫁錯了人，但你還是希望背棄你的對方，受到些許懲罰。你希望透過這場談話，來達到哪些目的？你希望讓對方感受到這淒涼結局的痛苦，甚至覺得這是一段骯髒且醜惡的婚姻？如果這是你的希望，你會將自己的憤怒全部發洩出來。

但如果你想到了孩子和雙方的家庭、如果你還想和這個曾經與你親密無間的男子保持友好的關係，顧全彼此的顏面，你會避免犯下那令人退避三舍的「潑婦罵街」行為，選擇表現出自己的得體。

不要追求自我滿足的原則，適用於生活的每個面向，尤其在你企圖採取冷酷無情的舉動之時。假設你因為兒子的行為感到生氣。你希望對方做出什麼改變？你應該用懲罰的手段讓他與你為敵？用歇斯底里的咒罵失去他對你的尊敬？因為斥責、貶低他而使他暗地裡恨你？或甚至使用高壓強制的手段，導致他的行為變本加厲？還是，你可以利用充滿關愛的理解與溫柔的解釋，來換得他更好的表現？

這並不是說我們必須因為情感上的妥協，放棄對兒子「良好」行為的要求，而是**為了目的去調整自己的手段**。

理解具建設性自私的其中一個好處，就在於這能保護我們遠離奸詐的自我犧牲光環，同時避免自我犧牲對人際關係所帶來的致命影響。在哲學家們的眼中，沒有什麼比「把無私視為一種義務」更讓人作嘔的態度，也沒有什麼比利用上帝來執行高壓管制更令人倒胃口的事。過去善良的盎格魯薩克遜人曾認為「惡臭」（stink）這個字，不應該出現在有教養的社交場合。活在我們那閹割文化下而毫無生氣的人們，認為這個字是粗俗的。然而，我們必須用這個詞，來描述那籠罩在自我感覺良好的無私奉獻行為上方的神聖氛圍。在生活這門藝術中，最高等級的智慧就是：只有當你確定，別人是真心誠意帶著喜悅替你做這件事時，你才能讓對方為你這麼做。

許多人對合作都抱持著錯誤的態度。他們以為和別人一起做某件事時，他們必須容忍對方的古怪個性。有些時候這些適應確實是必要的；但當容忍成為唯一的目的時，失敗與憤怒將隨之而來。**沒有任何一個自我，願意臣服在他人的驕傲之下，而這種模式也絕對不叫合作**。你必須將當前情況的需求，放在最高位，同時堅持你的夥伴也必須這麼做。

當一艘船沉沒了，所有人必須齊心協力划著救生艇逃難時，我們需要考量的是暴風雨的急迫性與導航的技巧。我們必須將當務之急置於一切之上。與別人共舞時，我們要學著讓身體去追隨音樂的旋律與節奏。倘若所有人都能抱持著這樣的態度，那麼我們就不再需要強迫他人，或讓自己妥協。

09

Keep in mind

確保看待問題的客觀性。不要將自己帶入問題之中。不要對號入座，要做到對事不對人。

10 新的黃金定律

學會用他人所期待、或你期待他人如何對你的方式，來對待別人。——當你的孩子變壞了？

賈斯伯・耶德遜闔上了雙眼，就像是想將某種令人痛苦的畫面從腦海中刪除般。他是一名枯瘦矮小的男子，緊張的雙手不停地摳著椅子的襯墊。而他的聲音之中，帶著疲倦與絕望。

「法蘭克一直是我的最愛。」最後，他終於吐出了這一句。「我所做的一切都是為了他。在我還是小男孩的時候，我沒有什麼機會，所以我一定要把好的一切都給他。」

「你為他做了些什麼？」我發問，儘管我很肯定自己會聽到的答案。

耶德遜看上去，似乎不太能將我的問題聽進去。「我成長在一個滿是工廠的小鎮上，在我六歲的時候，就必須去工作，兼職的那種。我有上過學校，但在我十二歲那年，母親需要我將全部時間都投注在工作上。這其實也沒什麼。我喜歡工作。只不過我也喜歡唸書。過去，我會一直看著書直到深夜。這就是我那時候的生活方式——白天工作，晚上學習。」

「那你什麼時候可以玩耍？」我刻意放低聲音，希望能消除對方爆發性的心理反彈。

「玩耍！」我試圖緩和氣氛的努力失敗了。「玩耍！」他重複著。「我不玩耍。」

「所以，你希望讓法蘭克能有這個機會？」我問道，就好像這個想法是如此顯而易見。

「不是。」他喊道，「不是，我給了他那些我曾經錯過的事物。在他三歲的時候，我替他找了一位保母。她是一名非常棒的女性。在北方長大，有一位非常優秀的父親。而她教他閱讀父親寫給她的信。」

「她是黃種人嗎？」我提出了出人意料的問題。

「黃種人？」

「是的。削瘦且膚黃、有著皺紋、嘴唇很薄、灰白色的雙眼，花白的頭髮，鼻梁看上去有些銳利，長而纖細的手，講話用字精確？」
「你認識她？」他狐疑地問道。
「是的。」我回想著，「我認識她的時候，她已經五十七歲了。她的文法和算數非常好。」
「非常出色。」他以熱情的態度附和我。
「對紀律的想法也很不錯？」
「這麼說吧，她可以操練一支軍隊。」他的熱情開始湧現。
「那你為什麼放棄了她？」
「我沒有。她成為我們的管家。我們住在一個舒適、人口稀少的地方。在法蘭克四歲的時候，弗林特小姐開始唸書給他聽。我精心挑選了他所唸的書。他擁有最棒的衣服：漂亮的白色領子，最可愛的小帽子。這些是她買的。她說自己從來沒有機會擁有那些漂亮、帶著花邊的小東西，因此對她而言，能替法蘭克打扮是一件很快樂的事。在夏天裡，她會帶著他去散步，有時候還會去城裡逛博物館。在他十二歲的時候，我將他送去軍校。」
「那在夏天的時候，他會做些什麼？」
「我要求他到工廠裡，這樣他就能學習紀律。對男孩來說，工作就是最棒的活動。但我不希望他跟我一樣過得那麼苦，因此我把他交給底下最棒的工頭負責。無論是誰，麥肯托什都教得會，真的。」

「我明白了。所以你貫徹始終地實踐了黃金定律（Golden Rule），讓法蘭克過著你想要過的生活。」

「我確實如此。」

「我相信。」我加重了自己同意的語氣，「然後現在你告訴我，他開始學壞了。」

對方的表情變了。他瞇起了眼睛。「他開始喝酒。跟一些下流的女性廝混，還跟格林威治村的那些混混走在一起。不幸的是，我的伴侶湯普森，一直都很疼愛這個孩子。有時候還會給他一些零花錢。而他花錢如流水——夜生活、跳舞、看劇。」

「是的，他當然會如此。」我若有所思地回應，「但他不是個壞孩子。」

「不壞！你是怎麼知道的？」

「在你寫信給我的時候，你要求我見見他。」

「你見了？」

我點點頭，「他和父親非常不像。你為什麼會期望他喜歡你喜歡的事物？」

「我遵循了黃金定律——」

「噢，是的，是的。」我打斷了他，「那個最瘋狂、可悲、可怕的定律，正如同無數人所理解的。這個定律的發明者，在人間創造了一個煉獄，並以此來來證明自我的正當性。」

在我說話的同時，我遞給他一本書：一本由老權威所撰寫的書，裡面描述了許多關於愛情鬧劇的故事。

「為什麼給我這個？」他困惑地翻著那本書。

「這本書完美地記錄了許多藝術家。我猜你可能會想借。還有這本關於當代戲劇的。這是一本文學集，你知道的，那些由作家協會挑選出來最棒的作品。」

「我才沒空讀這些瞎扯蛋。」他咆哮道。

「這些都不合你意？我個人真的很喜歡這本書。我覺得你應該要讀讀。」

「說明白點，你到底想做什麼？」

「試著讓你明白你的孩子之所以會學壞了，正是因為黃金定律。你讓他經歷的事，就跟你自己的遭遇一樣。我用我自己曾經被對待的方式，將這些書借給你。但你討厭我的行為。而你的孩子也痛恨你替他做的一切。黃金定律是無恥的，就像是一條狗鍊——不，根本稱不上狗鍊。」

「你居然這麼說？」

「我當然會這麼說。這只會讓男孩與女孩成為動物，也迫害了無數人。黃金定律真正具備的效果，比狗鍊還不如。狗鍊至少還有些用處；但在你的手中，黃金定律就像是一個冷酷無情的鐵窗，一個用來支配他者的方便藉口，將你自己的意志強加在他人身上。世上沒有什麼比這更邪惡的事了。」

「那你會用什麼方式來取代？」已經震驚到不知道該如何為自己辯解的父親問。

「我該怎麼樣去對待我的孩子？」

「首先，你必須先學會用他人所期待、或你期待他人如何對你的方式，來對待別人。但光是這樣還不夠，不過這可以做為你的起點。」

「法蘭克想要浪費自己的時間在小提琴上。」

「這就是他現在在做的，」我點點頭，「在舞會上演奏小提琴維生。」

「呃……」耶德遜的聲音因為猶豫而出現了停頓，如同演員世家芭莉摩家族成員為了強調語氣而刻意增添的空白。但我決定忽視這樣的弦外之音。

「你的孩子，耶德遜先生，是一位音樂家、藝術家、創作者。他的天賦來自於母親。他的思緒充滿了想像力，是個非常特別的人。他憑著本能就可以知道人們如何、以及為什麼這樣做。他有極強的模仿力，可以模仿他人的聲音、面部表情與舉止。你為他所做的一切事情，基本上都白費了，因為那些事物全都建立在你的個性之上，而不是他的個性。你的本能讓你成為一個能為沒有情感的日常生活，辛勤工作的人。但法蘭克是一個敏感纖細，且情緒豐富的人。他的本能使他沉浸在情感與熱情之中。」

「在童年時光，他需要機會來表達自己：大量的音樂與色彩，欣賞戲劇，閱讀冒險故事，能一起玩耍的同伴。而他的成長過程卻缺乏這一切。我已經將一位戲劇家兼製作人，介紹給他。他去參加了試鏡，並獲得了一個小角色。他未來會成功的，靠著拍電影賺到比你還多的錢。」

耶德遜先生整個人僵在椅子上，看上去就像是海蛇將頭伸出了海面般。此刻，我正在替那名男孩說話，平靜地譴責這名父親傾盡全力、企圖依照「舊時的黃金定律」去培育孩子的心血。趁著這個靜默的空檔，我繼續說道：

「我和法蘭克見了幾次面。他已經戒掉酒精和不三不四的女人。他希望能成功，而此刻他也知道方法了。對於自己違背了你的意願，他並沒有任何愧疚。他不再需要透過荒唐的生活，來證明自己可以獨立。是你導致他出現這一切脫序行為，但此刻他深深為你感到難過，因此不想傷害你。」

「為我難過！」

「是的，他明白你所失去的，這些年來你所被剝奪的一切。他願意協助你重拾那些你所失去的：愛與溫柔，你懂的；那些當兩個人坐在火爐前，能真心理解、並珍惜彼此在個性上不同之處的罕見相伴時刻。在親密關係上，你從未有過這樣美妙的時刻。他希望有一天，能給你這些。」

「我沒有這個閒時間。」耶德遜先生聲音沙啞。

「是的，你沒有時間。你總是如此認真地工作，認真到回家時的你，只剩下一個筋疲力竭的空殼。我想，這世上或許沒有任何一件事，比無私地瘋狂工作賺錢給家人、卻也只剩下錢可以給家人，更為自私的了。」

——

在最後的分析療程中，賈斯伯・耶德遜先生終於明白，要是自己能早點明白身心健全的定律——**永遠不要讓自己妥協**，他就不會強將自己的意志，套在兒子身上。要是他能以同樣的熱情來擁抱**神奇公式**——不要追求自我滿足，他就不會將自己的想法作為假無私的基礎。而這對父子也不需要以不健全的人格活著，被盲目的道德所約束。

從事臨床心理的工作過程中，我曾經接觸過上千名的個案。在我的經驗中，最可怕的道德罪行，莫過於出自嚴謹之人手中的黃金定律。

根據主宰著你自身生活的特異需求，來改變他人；認定對你而言為好事的標準也同樣適用於他人，絕非一種善良。我曾經也有那麼一個親戚，在我年幼的時候企圖對我這麼做。她著迷於每一種流行，從詭異的飲食到荒誕的信仰。跟她在一起的時候，我的生活基於「為我好」的緣故，必須受限於那個在西藏修道院屋頂上、吃著堅果的瘋狂印度人。我本身也曾經是黃金定律的受害者。

但如果我們只是以別人希望我們怎麼做、或處於同樣處境的我們會怎麼做，來作為自己對待他人的標準，那麼，這也不能算是真正的善。我曾經認識一名男子，他一心想死，卻不敢自殺，只好央求自己的朋友殺了他。當然，如果他的朋友也經歷了那名男子所經歷的一切，肯定也會想要尋死的。不過後來，那名男子終於走出了傷痛，並為自己還活著的這件事，衷心感到快樂。他當初的欲望，不過是一時的情緒而已。

因此更深入地來看，新的黃金定律應為：「以生命、自然與宇宙法則對待你的方式，去對待他人。」盡你自己能對此定律所理解到的最大程度，去實踐其精神，並利用每一種可得的科學方法，來加深自己對定律的認識。如果你做不到這些，那麼請至少改變那種「試圖改變他人本性」的舊想法。根據當代的最新發現，死板地恪守無私行為（如同過去人們所提倡的），在本質上是一種邪惡的行為。

如果你用自己被對待的方式來對待妻子，那麼你不會認真地去思考身為異性的她有何不同。你會時不時地抵觸她的個人偏好。倘若你是一名女子，並根據女性的價值觀去約束丈夫，那麼妳就忽略了他的男性需求和偏好。

—

在我還是孩子的時候，家裡的女性讓我留著長長的捲髮，穿著上了漿的白洋裝、粉紅色緞帶、鮮豔的扣環皮鞋，還有那頂掛著絲絨緞帶的精美草帽。當我翻越籬笆、跳到郵筒上、爬到屋頂上、追逐貓咪、到沼澤裡嬉鬧、在我那一頭打結的捲髮要被梳理時尖叫地跑過樹叢時，大人會懲罰我。他們喜歡白色洋裝、蕾絲領、漂亮的鞋子。我生活在黃金定律之下。

現在，我承認自己或許很難得到更明智的對待，就算如果他們也曾經是一名活蹦亂跳、自恃且叛逆的小男孩。我情願自己看上去就像是薩摩亞的島民。我的行為舉止看起來就像個來自斐濟的小男孩。我永遠都無法安安靜靜地坐著，並優雅地吃著自己的麥片粥。

但是，違背男孩的意願、不願讓他赤身裸體、自然且強壯地活著，並選擇以維多利亞時代女性的含蓄與飾品來約束他，難道不是更糟糕嗎？我認為在這兩種方式中，男孩的方式（也就是我的方式）會更好些。而最好的辦法，就是根據男孩的基本需求、根據宇宙法則、根據健康且精神健全的方式，來對待這名男孩。倘若他們能意識到「我是一名十五歲的年輕男孩，也希望能以對待男孩的方式被對待」，那麼他們至少能允許我更男性化些，無論是在服裝或行為上。

10

Keep in mind

以生命、自然與宇宙法則對待你的方式，去對待他人。如果你做不到，請至少改變那種「試圖改變他人本性」的舊想法。

11

了解自己的想法

在你開始誠實面對自己的個性後，你很快就會更認識自己。你唯一的義務就是做自己。──為什麼你需要探索自我？

「我該如何聰明地做到自私，倘若我連『自己』是什麼都不知道？」人們問道，「我不知道自己是什麼樣的人。」

這個情況確實可能發生，但我懷疑這個說詞是否真的能站得住腳。我只需要指出一個他的缺點、一個他顯然沒有的缺點，就能讓他著急地喊著：「噢，不，我不是這樣子的。」人們是知道自己的，只是他們沒有意識到這點。試著運用經濟法則來看待我們的人格特質。根據那些你非常肯定自己所擁有的特質，將自己拆解開來。去著重這幾個面向、堅持坦誠面對這些特質。在任何情況下，都不要讓這些特質妥協。在你開始誠實面對自己的個性後，你很快就會更認識自己。

根據當代科學，我們是自身染色體的產物，來自先祖身上生殖細胞的微小分裂，傳承著先祖血脈中的潛在性情。根據這樣的知識脈絡，我們與生俱來就帶有特定的活力，而這份活力極大程度地決定了我們的行為。你或許擁有強壯且合作無間的內分泌腺體，而這讓你很健康。你或許擁有脆弱且不穩定的內分泌腺體，這導致你的健康和適應力都有些問題。你的心神或許是穩定，也或許是不穩定的。

這些並不是優點或缺點。你或許擁有健全或病懨懨的器官，聰敏或平庸的大腦，高或低的智商。你的能力或許讓人刮目相看，也很可能差強人意。你的潛能或許非常驚人，也或許匱乏。這不是你的責任。就情緒來看，此點或許更明顯。你在科學上所謂的原始傾向（換句話說，也就是你原生質的衝動、細胞的動力、受飢餓驅使的身體），可能是狂暴的，也可能是井然有序的；可能是澎湃強烈的，也可能是溫和散漫的。你的本能可能是受到壓抑，或深受衝動所驅使；你的憤怒、恐懼、性欲和猜忌……以及其所伴隨而來的一切感受和知覺，可能會帶給你強烈的渴望，或只是在你心底勾起微微的漣漪。

這些全都是大自然的傑作，由我們體內那被稱之為生態流、或生命力的事物，所引發出來。你不需要因為命運對你的作為，而被責難。任何教導你必須為此負責、因為你生而邪惡的言論，都是最惡意的謊言。

除此之外，只有當你能擺脫因為做自己而產生的愧疚感，你才能成功地面對命運，理智處理問題。你必須將注意力從自己身上移開，並集中到解決問題上。造成失敗的最大原因，就在於自我懷疑、自責、自我意識過剩[1]；而第二大原因是，因為別人的要求或外在環境所需，試圖成為一個不符合你、而且你永遠無法成為的人。

你無法得到另一套神經系統，也無法換到別人的健康或大腦。你無法掠奪別人的能力，或創造出別人那樣的力量。但同樣地，你也不會受他人的極限或奇怪欲望的總和所限制。你不會受同樣的性欲驅使，也不會被一樣的憤怒吞噬。

面對問題的辦法，就是停止扭曲自己的人格，並釋放你潛在的能力。脫困之道，就埋藏在拒絕外在需求、挖掘並表達內在的行為裡。你不能強求一隻牧牛犬去獵捕野獸；也不能要求一隻獵狼犬去牧牛。這些都會對生命製造出科學界所稱的「提倡者響應」（proponent response）。要能讓一個人、或一隻狗成功達成自己的使命，察覺到這份與生俱來的本能是非常必要的。這並不是別人告訴你、你該怎麼做才是對的，而是由你這個生命體自己決定的。

如果長久以來，你總能讓自己過得井井有條，那麼這樣就夠了。**我們不需要虛假的自我強迫，你唯一的義務就是做自己**。工作的狀況、婚姻的要求、家庭的需求、社會的習俗規範，或許會強迫我們接受某些事物。然而，這些都只是假象。它們並不是義務，只是你如此以為。你不需要像蜂鳥為了飢餓的幼鳥而不斷地捕魚般，被義務追著跑。

當你放棄成為那個並不符合自己本性的人、做自己做不到的事情後，你的表現會遠比現在的你還好。放鬆是不可或缺的，也是精神指導的根本。一個神經質、全身緊繃的完美主義者，往往會因為自己達不到完美而充滿羞愧，神色慌張、講話含糊不清，並將自己本來可以完成的事，棄之不顧。

總體來說，我們的體質決定了我們是哪一種類型的人，我們的動作是敏捷還是緩慢、規律或不規律、纖細或強壯。而我們的心智，則被介於物質層面與靈魂層面間的生活所形塑。優雅與否，由我們的染色體決定。而是否能為人類作出貢獻，則應該是生物學範疇的探究。

1 自我意識過剩（self-consciousness），自我意識的極端情況，對自我過分關注。心理學上，自我意識過剩分為兩種：內在自我意識過剩和公眾自我意識過剩。前者指過度關注自我內心，如情感、意識等。後者指過度關注自我在公眾眼中的形象，此種過剩可能會導致自我審視和社交困難。

人們經常問我：「怎麼樣才能解決以自我為中心的態度？」答案非常簡單：**知識**。知道「你之所以是你」，一切功勞應歸屬於生命和先祖。知道自己是一個反射性的存在、一個類似於鏡子的生命，只有在生命閃耀時才能進行反射。知道驕傲是無知與愚昧的證據。

對某些人而言，在「**永遠不要讓自己妥協**」和「**不要追求自我滿足**」這兩個原則之間，存在著某種程度上的矛盾。他們不明白，為什麼一個人可以在保有個性之餘，又能和其他人和平共處。他們認為保有自己的人格，是一種自負。這是因為他們見到太多由幼稚的自我主義所伴裝而成的人格。

事實上，有許多人武斷地認為，一個人的行為舉止代表了一個人的力量。他們畏懼展現好脾氣或溫柔，只因為他們認為這樣，會讓他人覺得自己是順從的。但這是大錯特錯的想法。好戰的態度只會豎立敵人。膨脹的自我意識和命令的語氣，只會招致反抗。這些特質只會突顯了你是一個脆弱、膽小到不敢展現溫柔與慷慨的人。

儘管如此，好脾氣並不是一種人格特質。這是一門藝術，一種需要練習的技藝。觀察長久愉悅能帶來什麼樣的效果。當然，這絕對不是指職業說客臉上所掛著的優雅笑容，或為了多愁善感美德而露出來的偽宗教者微笑。天堂能保護我們遠離此種虛偽的真誠，但你也不需要在聽到某些傻子的言論後，還試圖努力維持笑容。

儘管多數人都不相信，但你的行為、以及你對此行為的想法，事實上對其他人是否感到自在，沒有多大的關係。我們會以成千上萬種迂迴的方式，表達自己的真實感受：眼神的接觸、語調的變化、手部的接觸等。而主要動機甚至也能影響我們不要說什麼、不要做什麼，就跟其影響我們的一舉一動般。

如果你不期望其他人感到自在，那麼你就無法讓他人感到自在。倘若你心中被恨意和嫉妒填滿，那麼即便是最棒的禮儀指南，也無法讓你成為一個好相處的人。對人類社會而言，我們之所以能處之泰然，是因為我們對於那行事古怪的生物——亦即人類，帶有一定的愛與關心。

成功做自己的訣竅，就是設法在自我基本法則與親密關係的神奇公式間，取得健康的平衡。堅定地面對自己，拒絕在自我上讓步，同時也不把這樣的自己強加在他人身上。不能因為自我滿足而去勉強任何自由意志，或抵觸互助的精神。

如果你希望能保有朋友和自己的位置，那麼永遠不要獨自居功。在你成功的時刻，將這份認可和所有周遭的人一起分享。將你獲得的功勞（credit）轉變成一份人情（debit）。你或許就像是金字塔頂端上的一顆巨石，讓人們能攀扶著你繼續向上；但正是因為有別顆石頭甘願做你的根基，我們才能被放到如今這個高度上。

我們的所作所為，並不總能得到同等的回報。事實上，不管我們有多麼聰明，只要在情感上有所缺陷，我們甚至不會得到任何回報。人們還情願你平凡一點。因為這樣，才不會顯得他們是如此無趣。

而此種方法在生活上之所以能成功，還有第二個原因：儘管人們不希望你太突出，與此同時，他們卻又希望你要和他人不同、或至少不要是他人的應聲蟲。當你如法炮製了他人的成功時，只會讓別人覺得自己沒那麼了不起。但失去你在人群之中的光環，則會讓別人覺得你是一個無趣的同伴。因此，擁有兩、三個獨特的個性，更能讓我們交到朋友。

如果有一個人總是試著想做每件事，無論你走到哪裡，都發現他搶先做了你本來想做的事、將你原本想說的話說了出來，你肯定不會喜歡這個人。

只有在專注的狀態下，我們才能成功。有那麼幾件事，是我們能一展長才的。利用這些事來獲得聚光燈。將你的注意力放在那些你所擅長的事情之上。而其餘的討論與活動，則留給其他做得更好的同儕們。那些知道自己能力極限、而且不會不懂裝懂的人，才能在自己擅長的事物上，獲得其他人的認同。

總體而言，這件事主要取決於我們是否能讓自己變得有趣。簡單來說：

懂得微笑，而不是傻笑。
懂得開玩笑，而不是招人厭。
懂得開懷大笑，並注意笑容。
懂得說一個好故事——而且不要重複。
懂得在說話的同時，聆聽他人。
懂得辛勤工作，也懂得偷懶。
懂得實踐自己所言。
懂得在獲得的同時，也要付出。
當你能貫徹始終地抓好自己的極限，你就能獲得邀約。

11
Keep in mind

當你放棄成為那個並不符合自己本性的人、做自己做不到的事情後，你的表現會遠比現在的你還好。

12

死亡不打烊

在死亡的面前，我們長久以來所奮鬥的事物與地位，都變得一文不值。——艾瑞克的生死智慧課

你是否曾經面對過死亡：直直地與其相視？你是否親身體驗過死亡不斷逼近的恐懼？你是否曾感受過那種當你畏懼著死亡時，突然發現自己的人生和一切付出都變得如此陌生？在死亡的面前，我們長久以來所奮鬥的事物與地位，都變得一文不值。

——

山普森醫生才離開不過一個小時。艾瑞克·傑格森盯著火爐，一動也不動地坐著。夜已非常深了，但他沒有去睡覺。他一想到這點，就忍不住更煩惱了。躺在床

上盯著天花板，睜著雙眼，一身疲倦，試著解決看似沒有答案的問題。這麼做又何用？還不如享受著火爐的舒適與溫暖。至少這能帶給他短暫的慰藉。

你明白他此刻的感受。你也曾聽著時間滴滴答答地流逝。你也曾在午夜時分，輾轉難眠。對於他因為——讓我們姑且稱為人生危機，所犯下的錯，你也完全能感同身受。

醫生檢查了他的心臟，「你必須避免過勞。如果你不找時間休息，很有可能會突然猝死。花點時間好好休息或出去玩吧。」

是的，艾瑞克想著，在物價不斷飛漲、稅金不斷提高、家庭壓力、甚至連遠親都來質問他，「讓親戚依靠國家救濟而活，就不怕別人說閒話嗎？」這樣的時刻，找時間去玩一玩，還有休息！艾瑞克起身，撥弄著爐火。

他又何苦要生氣呢，他苦笑。事情一向如此，就連他還只是孩子的時候，狀況也沒什麼不同。他鬱悶地想著自己必須達成的任務，和所有其他事情。他是一個非常能幹的人。

你是否曾經試著成為一個家庭的依靠？如果你懂得安裝玻璃、修屋頂、拔草、洗碗、包紮傷口、調整化油器、治療生病的狗、照顧嬰兒使其不受傷，那麼無論你是一個男孩還是男人，你每天都會為著那一千零一件事情而忙到不可開交。你還會因為朋友或鄰居在財務上的缺失或無能，而必須一肩扛起他們的責任。

讓所有親朋好友來依賴著自己的家，並不是一件很難的事。我自己曾經做過，所以我很清楚。當你見到其他人面臨困境時，你只需要說「讓我來吧」，對方一定會毫不猶豫地讓給你。艾瑞克一直是這樣的人，直到他心中所有的熱情都被無私的精神給燃燒殆盡後。

他該怎麼做？繼續做下去直到死亡找上門？這樣做符合他過去一貫的作風。他應該現在就剝奪孩子去上學的權利，還是等到他們來參加他的喪禮為止？

——

美國的醫療紀錄告訴我們，有成千上萬名的商人面臨著同樣的困境，而且未能解決問題——但我需要你告訴我一個答案。這是因為他們總是如此心繫他人，還是因為他們害怕其他人或家人會說閒話？我們周遭有越來越多的人因為這些情況，而賠上一生。死於心臟衰竭的數據，證明了這件事。事出必有因。是因為「盡自己本分」的自尊心作祟，抑或只是害怕看清，導致自己如今深陷危機的長久作為，其實是錯的？

在多數情況下，承擔重擔的人一旦崩潰，就會有堆積如山的問題接踵而來。而在該如何面對上，最重要的是我們的態度，而不是問題本身的性質。有些人情願繼續錯下去。他們不願意鼓起勇氣中斷這一切，選擇繼續燃燒生命，直至殆盡，留給後人更大的悲痛。其餘的人則認為更謹慎地去面對問題，才是比較無私的作法。

在「克服問題者」與「被問題克服者」的差異中，存在著一個極為重要的關鍵：**除了直接了當的自私，沒有其他更合理的解決之道**。

我們之所以會提出這個觀點，是因為統計數字告訴我們，在此種看似微不足道的差異之外，還存有一個極為顯著的導因：**被困難打倒的人，往往缺乏找出方法克服困難的勇氣。那些超越自身困境的人，不僅信任自己的判斷力，更能無畏地付諸實踐，即便被他人批判也不為所動**。

自私之所以是生命的一大議題，正是因為就我們當前所必須處理的問題而言，自私扮演了極為重要的角色。當你拒絕盡那些讓自己不舒服的義務、放棄讓你筋疲力竭的責任、或離開一個你並不愛的人，如果沒有人會因為這些原因責備你時，你一定會毫不猶豫地立刻去做。而我們之所以遲疑，不敢釋放體內的自由意志、依照自己的直覺去做，僅僅是因為我們不想面對社會的責難，或受制式化的良心苛責而已。

因此，克服外在是一件極為重要的事，審視我們所經歷的困境，並找出對我們而言，哪些才是「對」且值得去做的事。如果我們能學會將「不要讓自我妥協」和「不要追求自我滿足」的信念融會貫通，那麼無論眼前的困境為何，我們都能安然度過。心臟衰竭與不健全的生活態度也將被迅速消滅。

12

Keep in mind

被困難打倒的人，往往缺乏找出方法克服困難的勇氣。那些超越自身困境的人，不僅信任自己的判斷力，更能無畏地付諸實踐，即便被他人批判也不為所動。

III

不再內疚

13

如何拒絕要求

我們不喜歡點出哪些人使我們痛苦，因為這麼做，會讓我們覺得自己就像是背叛了對方。——善盡親人照顧「義務」的羅曼牧師

人際關係的小小交互作用。

角色：
羅斯・羅曼：牧師
愛麗絲・羅曼：他的太太
艾比・羅曼：他的姊姊
佛倫斯・羅曼：他的女兒

第一幕在臥室展開。羅斯念著一封信，並透著眼鏡看著太太。

羅　斯：迪克希望我再寄給他兩百美元。他說如果我這麼做，就能幫助他撐到店的營運開始上軌道。

愛麗絲：他第一次跟你借錢的時候，也是這麼說的。

羅　斯：我知道，但他說得相當合情合理。

愛麗絲：你別忘了，五年前他開始弄這個雞肉生意的時候，他當時說的話也很合情合理。他說自己會賺一大筆錢，然後跟你一起分享。

羅　斯：可是愛麗絲……

愛麗絲：不要再跟我說可是。我已經厭倦了這些可是。每次我想在自己家裡做點什麼，艾比就跟我說一大堆可是。當我跟你說，我想添購那些能讓我們過得更舒服的東西時，你也跟我說可是。你以為我做牛做馬、省吃儉用，就是為了讓你把錢寄給你們家中那些身無分文的窮光蛋嗎？我再也不想這樣子了。以後我想花多少錢，我就花多少。

羅　斯：可是愛麗絲……

愛麗絲：不要再跟我可是，我說過了。

羅　斯：可是愛麗絲……我想要解釋。我……

門被大力地甩上，羅斯開始沉思。是否有任何合理的原因，讓他應該答應迪克繼續從自己這裡挖錢？當然，他們是他的表親，但難道血親就意味著可以永無止盡地予取予求嗎？艾比的情況就又不一樣了。她是自己的手足，還是一名女性。但這會讓情況有所不同嗎？她是一名受過訓練的速記員，具備工作的能力。然而她認為擔任那些她所謂的「低賤職務」，有損她個人自尊。那些工作真有那麼糟嗎？當然，她的生活開銷其實也不大，而且也不怎麼讓人討厭——至少對羅斯來說。他……

門被打開了，他的女兒佛倫斯哭著闖了進來。

佛倫斯：艾比姑姑不准我練習，爸爸。她說她頭痛，沒辦法繼續忍受了。這個禮拜的每一天，她都有藉口說自己不舒服。但如果我不練習，我根本不可能進步。

羅　斯：可是佛倫斯……

佛倫斯：噢，我知道你要說什麼。我應該要更有耐心。我已經等了三年了，自從她來到這裡後，我一點自由都沒有。

羅　斯：可是佛倫斯……妳應該……

佛倫斯：沒錯，但我不要。你一直要我多考慮她，而我已經受不了了。

羅　斯：可是妳應該要關愛……

佛倫斯：不，我不應該；尤其不應該在你逼我接受她的時候。我恨她。

一直到此刻，羅斯．羅曼才發現自己的太太就站在走廊上，而他的姊姊就縮在走廊後方、離愛麗絲不過幾呎的距離外。她們倆人肯定都聽到佛倫斯說的話了。

羅　斯：是你准許妳的女兒這樣和她的姑姑說話的嗎，愛麗絲？

愛麗絲：沒錯，是我。而且我以她為榮。我真希望自己也能像她一樣勇敢。不過現在我有了。你可以讓艾比離開——在這週之內，或是讓我和佛羅倫斯走。我可以跟你保證，如果我們走了，就絕對不會再回來。

羅　斯：可是愛麗絲……我還有教區內的信徒。他們會怎麼想我？

（走廊中的身影向前站。）

艾　比：所以這就是你對我的想法，羅斯。我之所以能待在這裡，只是為了拯救你的聲響。很好，我走，我現在就走。

第二幕在臥室裡展開。羅斯正在看一封信。他透著自己的鏡片端詳太太。

羅　斯：我收到一封來自艾比的信。

愛麗絲：好的？（在她提高的音調裡埋藏著她最大程度的冷漠。）

羅　斯：她要我表達對妳的愛。

愛麗絲：好的？

羅　斯：還有她的感激之情。

愛麗絲：（尖銳地）為什麼？

羅　斯：因為妳讓她下定決心離開這裡，自尋生路。而她因此結婚了。

愛麗絲：真的嗎？

羅　斯：是的，而且她說要是她當初繼續待在這裡，這些事就不可能發生。她現在開始理解妳對於無私的想法了。她覺得我當初讓她待在這裡那麼久，是非常自私的行為。

愛麗絲：你是啊。這不是基於你對艾比的愛；你只是怕無法面對信徒。

羅　絲：你還是這樣想的嗎？

愛麗絲：難道不是嗎？坦白說吧，親愛的，你不是這樣想的嗎？而讓艾比離開確實是更好的做法吧？

羅　斯：（慢吞吞地回答）是的——我想是吧。

——

而我們甚至可以說：情況一直就是如此。我們不難發現，世界上最可怕的自私，就是支援那些懦弱的親戚們，讓他們在自己家裡來來去去，藉由他們攀附寄生的狀態，來偷偷滿足內心的自我。成千上萬名的孩子被犧牲在以叔父姑母、兄弟姊妹、遠親與貪婪好友為名的義務祭壇上。有些時候，這些「外來者」甚至能在家庭內部資源極度缺乏的情況下，予取予求。而這一切全是憑著美德之名。除此之外，那些導致年輕人被剝奪應有資源的人，其行為所帶來的惡果鮮少會影響到自己。艾比或許毀了佛倫斯的未來，但她自己卻不受到任何傷害。

如果某件事情，對家中的任何一位成員會造成傷害並帶來惡果，那就意味著這件事也會傷害到家裡的每一位成員。大公無私地去支持家族中那些「宣稱自己無法自立自強」的親戚，這種行為最終只會傷害到付出的人。生命的目標應該是成長，不是用於寵溺那些自甘墮落者。

我們應該要從這個角度去審慎思考血親此一問題，並釐清思路。在現代社會中，這已經成為一個導致疾病衍生的可怕傳統，讓人感到痛苦、煎熬，甚至引發死亡。

假使基督教是建立在耶穌的指導上，那麼我們必須質問羅斯．羅曼是否比你、或我更有權力，放任自己的親屬剝奪家人的資源？這世上有許多人對於宗教的認識，並不如他們對傳統習俗的了解深刻，因而他們對這種更符合身心健康的「自私」說法，抱持否定觀點。而他們之所以急著告訴你「應該」怎麼樣去做，不過是急於為自己的不健全心態找藉口。

這是一種最糟糕的自私型態。這也是為什麼許多看上去屬於美德的行為，最後會淪為一種惡。這些成天叨念著義務的人，往往對於自己的義務，要不是帶著恨意去完成，就是浸淫在自以為是的沾沾自喜中。

知道你應該做什麼的，只有你自己。當你不再畏懼譴責後，你就能看見路。沒有任何一件事情能因為他人光憑嘴巴說說，就成為你的義務。當我們的思路清晰，我們才能拒絕他人的請求：懂得思考這些要求與我們生命的關係。當你做一件事的目的只是為了取悅對方時，你就應該拒絕去做這件事。並以同等強硬的態度，拒絕忍受某些情況，除非你認為這些情況屬於生命的責任。

在我執業的這麼多年間，我收過無數封內容相似的郵件：

我的人生因為那些賴在家裡、總是吵鬧不休的親戚們而飽受折磨。他們浪費我的金錢、我的力量和我的時間。我的母親告訴我，照顧親人是我應盡的義務。然而他們除了偷懶之外，一無是處。我真的應該養他們嗎？

答案是：不。**卸下這個世界的重擔**。你不需要承擔這些；你只是以為自己需要這麼做。一旦你開始為了那些坐享其成者付出、承擔他人所製造出來的一切壓力，你的內心將為此崩毀。這個世界上充斥著想要靠他人施捨過活的人。如果你認為腳踏實地才是對的，那麼也請將此種生活特權給予他人。養活一個好手好腳的人，只會使他變得脆弱。

我們不喜歡點出哪些人使我們痛苦，因為這麼做，會讓我們覺得自己就像是背叛了對方。但這樣做就對了嗎？如果我們放任他人蠶食我們的人生，總有一天，我們會開始怨恨那些我們應該去愛的人。真正的善良，是在一開始就選擇誠實。怨恨他人並覺得愧疚，就跟愛著他人並覺得自己很偉大一樣愚昧。創造了愛與恨的，是上帝；不是你。這些情緒之所以從你心底湧現，是基於一個你無能去改變的力量。

總而言之，我們不可能持續去愛一個貪婪無厭的親戚、那些利用血緣關係占盡便宜的人。在市場上盛行的欺瞞行為，在家裡也並不少見。對於那些總將「家庭」兩字置於公平之上的人，請務必小心。他們的關愛不過是一種假象。

在一個家庭裡，軟弱無能者的專橫遠比過於膨脹的自大，來得可怕。儘管一個坑口看似沒什麼威脅性，但其危險程度更勝懸崖峭壁。別讓鬱鬱寡歡的獨裁者毀了你的人生，只因為對方不敢面對現實。他們真正需要的，是經歷人生的困境——並且頻繁地。

義務是一種思想狀態。這件事關乎於我們的信念，正如同過去人們也曾經認為擁有肉體是一種罪孽。義務會隨著我們在理解上的成長而改變。藝術家惠斯勒（James Whistler）曾經說道，一幅畫之所以美麗，就是因為知道哪些事物不該被擺進來。成功的人生取決於察覺哪些事情是不該做的。在這場戰役中，那些明白自己何時該說「不！」，而且能在不覺得尷尬而愉悅的狀態下說出來的人，就贏了一半。

當你已經走到一個臨界點，並決心認定自己所想的沒錯、也不打算改變時，請平靜地說出來，並讓他人能感受到你言語中的不可動搖性。

擺脫人生困境的捷徑

如果你做不到拒絕請求（而且你的不願意是一個不容改變的事實），請試著學習用兩個詞去表達，並堅守自己的立場。

如果你有一封難以提筆的信必須完成，請試著用十個字來闡述自己的意思。

當你受到壓迫時，請重複使用自己第一封信的內容去回應——無論你必須重複多少次這樣的行為。

當其他的方法都不管用時，閉上眼睛並坐著不動，這就是你最好的答案。用堅定的眼神去凝視對方的嘴唇，就是一種最棒的陳述。

「我不會在言語上反駁你的。」

不要承擔任何你無法理解的責任，而當你拒絕時，請堅定自己的立場。這能替所有人省去許多困擾。快刀斬亂麻絕對比等到深陷在麻煩中再來處理，來得省事。即便在你許下一個承諾後，我們仍舊應該保有自己的自主性。如果你不理智地答應了某些事情，也不要拘泥於字面意思，並覺得自己有義務去實踐。**你有改變想法的權利**。

承諾並不是一種誓言，更與那些虔誠的農民在祭壇上所許下的諾言不同。這更像是對於上帝、對於生命、或對於我們自身的承諾，且可以遵照我們的意願去承擔。無論人們怎麼說，這都不是給予他人的承諾。唯有當這個承諾是好的，才能繼續存在。倘若我是食人族，而我答應你殺一個人並將屍體帶到你那邊、好讓我們一起享用，那麼我會遵守我的承諾——直到我發現此種殺戮是邪惡的。從那一刻起，我收回了我的承諾。我並沒有打破自己對你的承諾。是生命移除了這個承諾。所有的承諾都應該如此。

在幫助他人上，有一個非常棒的原則。只有當你能抱持著不求任何回報（即便只是簡單的感激之詞）的心，你才應該給予他人所需要的幫助。否則，就不要幫助別人。有些事情是建立在付出與得到，但幫助不同；幫助是你給予，他人接受。因此，你可以選擇讓對方獲得你的時間和心力，或承認自己其實沒有大方到能經得起這樣的考驗。期待自己的親切能得到回報，往往只會落得一場空。此外，當我們無意間顯露出期待得到對方的感激之情時，這種好意就被扭曲成一種交易。

換句話說，在思考「拒絕請求」這個問題時，你必須考量的不是自己或其他人，而是試著基於真正的相互配合意識，發揮互助的精神。當一項請求超越了合理範疇，就意味著這項要求違背了**永遠不要委屈自我**此一基本權利。此外，你也絕對**不能僅僅為了追求自我滿足，而放任自己去幫助他人**。對你自己和接受幫助者而言，唯有當生命能因此有效地向上提升時，這樣的幫助才屬於睿智之舉。

⑬

Keep in mind

當你做一件事的目的只是為了取悅對方時，你就應該拒絕去做這件事。

14

自我保護是對的嗎？

「我做的任何事情對她都沒有幫助。」——巴納比先生與歇斯底里的巴納比太太

我在一艘郵輪上認識了他：一艘從古老的維多利亞駛向西雅圖的大型華麗郵輪。當時他正在度假，期盼休養自己過勞的身心。如你所知，他已經結婚二十年了。我們都同意這是一段很長的時光。倘若你的妻子剛好是一個歇斯底里、總是讓家裡所有人不得安寧的人，那麼這段時光帶給你的感受，肯定會更長：窗戶開開關關、烹煮奇怪的餐點、服用各式各樣的藥物，並做出所有病懨懨女子會要求其他人替自己做的事。

郵輪沿著偉大的奧林匹克國家公園的海岸前行，遠處東方的海面上時不時地可以看見老貝克山那壯麗的山頭，而身旁的同伴正在向我訴說自己的故事。顯然，他

的太太同時還有殉道者情結（martyr complex）。她是一個極為敏感的人，任何一丁點兒的不夠親切，都會立刻讓她掉下淚來。此外，只要她認為大家沒有遵守岳父希望他們怎麼樣去做的方式行事，就會非常煩躁。當她的先生迂迴地向她表達，自己可能不會把票投給共和黨時，她就開始變得歇斯底里。「要是父親還活著，一定會悲傷到不能自己。」至於不去岳父過去曾去的教堂，則是連提都不能提的事。巴納比太太自己也沒有上教堂，但那是因為她去不了。所以史蒂芬只能替她去。

這名女子一次又一次地陷入歇斯底里，體內那個渴望受到關注的孩子氣瘋狂心智，竊占了孱弱的身軀，浸淫在對雙親的迷戀情節之下。最後，打從巴納比太太的父親過世的那一刻起，她開始臥病在床，並再也沒有下床過。

你必須承認史蒂芬的困擾確實不小。

「我做的任何事情對她都沒有幫助。」身心俱疲的男子說著。

「但需要幫助的人並不是她。」我立刻說道。

「為什麼——不然是誰？」

「是你。」

「我？我又沒生病。」

「不，你病了。」

「我哪裡病了？」

「恐懼。對於自己脫離這個困境可能導致的後果，抱持恐懼。對於自己不再懦弱地聽命於那如暴君般太太的後果，感到恐懼。你不敢用方法去治癒她。」

巴納比先生以盯著江湖術士的眼光看著我，但他明顯還想要聽我說更多。

「她能怎麼樣被治癒？」

「你們的家庭醫師有經驗嗎？」我打斷了他的話。

「我不知道。他曾經說了好幾次跟你類似的話。」

「而你拒絕接受。」

「我想你或許可以這麼說。」

「很好。這就是你的答案。首先，既然你是紐約來的，我決定將你送到一所戲劇學校，讓你學會演戲。」我一邊說著，一邊將一個地址交給他。「我想讓他們教你如何發脾氣，讓你打敗那個歇斯底里的馬克白夫人。接著，我會選擇一個好時間，讓你裝病。我要你躺在床上，用著巴納比太太想都沒想過的方式抓狂。你跟我提過，你的母親還健在。我要你寄信給她，並讓她來家裡住，一直住到——一直住到你太太下床為止。我會讓你們的家庭醫師知道祕密，並讓他能充分證明你的病況。在他和你母親的幫助下，我打算將你們家鬧得天翻地覆，亂到你太太情願爬上旋轉木馬休息，也不願意躺在那裡。」

我們又接著談了一會兒，讓我有機會替這個劇本增添些許亮點。巴納比先生靜靜地聽著，不發一語。在船駛進普吉特海灣後，一個朋友加入了我們的行列，討論也因此戛然而止。

——

下一次遇見他，是五年後。他看上去氣色好極了。他的太太跟他一起：一個看上去相當討人喜歡的女性，你能感覺到她似乎非常喜歡跟著丈夫四處遊歷。他們正在安排一趟去加拿大露營的行程。在她身上我完全找不到一絲我所幻想的孱弱女性所該具備的特質。

在我們聊了一會兒後，巴納比太太加入了另一群女士的行列，而他的先生也因此有機會和我坦白。他伸出了自己的手：

「我們在見面的時候已經握過手，但我還是想再次鄭重地謝謝你。謝謝你在五年前給我的建議。真的太有效了，如你親眼所見。」

「所以你採用了？」

「是的，絲毫不差地。我的醫生對這個建議興致勃勃，並告訴我，其實我太太並沒有病得那麼嚴重，她只是歇斯底里和自我放縱而已。總而言之，他一口答應了。因此，我去了那間戲劇學校，學了如何演戲，尤其是該如何表演歇斯底里性的痙攣。整個冬天我都在練習。接著，我利用夏天的假期，躺在床上。反正我其實也已經身心俱疲了。我的母親來跟我們一起住，而我的醫生遇見了她。我猜她大概也很贊成這個計畫。總之，醫生宣布我必須放棄自己的生意，除非我們願意將房子賣掉，換一間較小的。而我們確實這麼做了，但這是在我和太太被送去亞利桑那某一間農場後的事了。」

「芙瑞達整整站了三天，那裡真的很簡陋。接著，她打包並隻身一人去了東邊。在那邊並沒有房子可以讓她住，而她手邊的錢又不夠多，所以她只能挑一間便宜的旅館住。那裡的床一點都不舒服，因此她徹夜未眠。與此同時，我去度了一場假，騎騎西部的馬，氣色紅潤地回家了。突然間，我頓悟了，於是我和她談了幾次——平靜地，你懂的，而且委婉地。她明白我的意思。我願意繼續支付她的生活費，而我的條件——無論是現在還是未來——只要她不要繼續躺在床上，並在合理的情況下跟著我到處走，還要確保自己健健康康的。否則，我們就再換一間農場住，而且這次是永遠地住下去。」

因此，我們可以清楚體認到，唯有當我們像巴納比先生一樣，出於對善良與真理的妥協而採取行動，我們的困境才能被打破。而那些純粹以自我滿足為出發點的行為，不過是邪惡之舉。只有打破太太設下的枷鎖，將彼此從精神上的囚牢中釋放出來，夫婦兩人才能擺脫不健全的自己，真正快樂地生活著。

14

Keep in mind

那些純粹以自我滿足為出發點的行為，不過是邪惡之舉。出於對善良與真理的妥協而採取行動，我們的困境才能被打破。

15

生活的智慧

面對一直抱怨又憂鬱的人，那就表現得比他更絕望。——妻子的逆襲，反制愛唱反調的丈夫

摘錄自信件：

我的困擾並不算太極端，但卻以駭人的速度持續加重，而且不知道怎麼地，我總感覺那些日復一日刺激著我們的瑣事，造成的身心俱疲遠比巨大悲痛來得磨人。

我的狀況是這樣的。我的先生永遠不願意做我要求他去做的事。我用來要求他去做的理由，都只是淪為他拿來拒絕我的藉口。最近我開始想，到市中心去住個幾年，這樣我們就可以更常去欣賞美好的音樂、戲劇和文學。但要是我開口對艾德里奇說，這肯定會變成他最不想做的一件事。事實上，這麼做並不會對我們造成任何

困擾。我們現在這個位在郊區的家，是租來的，而我們的孩子也都已經結婚並離家了。我找不到任何原因可以阻止我們這麼做。我也知道我先生對於這個點子並不反感——如果這個點子是他第一個想到的。

我回了這封信，並因此收到下面我所摘錄的信件：

我不確定你的計畫是否可行。但問題在於，這麼做看上去太自私了。我不是什麼陰謀家。我做人一向很坦白誠實。我無法說服自己去欺瞞他人。

幾個月後，這名女士終於臣服在我所給的誘人建議之下。她執行了我的計畫，並成功地搬到城市居住。我到底對她說了什麼，導致她一開始是如此震驚？我不過是要她利用先生愛唱反調的心態，來達成目的罷了。很顯然地，她的先生擁有被我們稱之為「反向暗示感應性」（contrary suggestibility）的心理問題。他喜歡和別人對立，總是違背其他人的期望或想法。而艾德里奇太太也無法在獨自且不依賴幫助的情況下，幫助先生擺脫此種神經質的扭曲。

這樣一來，她所能採取的行動就只剩三種：

一、繼續成為這個病態自我的受害者。
二、離開他，要求離婚。
三、學習如何去控制他。

對年過五十的夫婦來說，第三個選項看上去是最理想的。因此，我建議艾德里奇太太用溫和、但逐漸增強的熱情程度，跟先生提起他們住在郊區的種種好處。我並沒有要她說謊，只不過是要她說出住在鄉村的美好而已。那些優點確實就擺在那裡。我的目的不過是藉由反覆的提起，讓艾德里奇先生的自我開始出現反向的欲望而已。而這個方法很快就奏效了。他開始痛恨鄉村的一切。他只想帶著太太搬到都市，無論太太想或不想！

此種聰明圓滑的手段，錯了嗎？我曾經聽過一些食古不化的人大力譴責此舉。倘若這名女子的先生是如此體貼、善解人意、擁有健全的自我，那麼我當然也會一起撻伐該名女子使用手段。但狀況真要是如此，這對夫婦也根本不會遇到什麼問題。

然而，多數情況下，問題都是因為過多的自我主義而不是利他主義所導致，或因喜歡與人唱反調者而起，而不是順從者。基於此一原因，這種策略是所有人都可以採用的辦法。除非你所有的朋友們在本性上是非常快樂、隨和且適應力極強，否則期待他們全都同意你的看法，是相當傻的行為。在你想提出某個建議前，最聰明的辦法就是：先提起那些立場相反的價值觀或事例。如果你認為某個行為應該被實踐，請討論該行為可能伴隨而來風險，並批評該想法。讓聆聽者在聽了你所說的一切後，提出「儘管有這麼多缺點，此行為還是必要的」。接著同意對方的看法。多數的同伴都是充滿自信的。他們喜歡爭辯一項建議。他們也喜歡提出意見。只要我們製造一個能讓此種人格特質怪癖被滿足的機會，我們的計畫就能實現。

對於一位能做出美麗花瓶的工匠，我們心懷敬意。那麼我們又為什麼不能認同一位利用個人技巧來克服困難的人呢？將技藝貫徹在生活中，在世界上還有什麼事情是比這更美妙的事呢？還是說擁有克服困境的技巧，是錯的呢？

說到底，這是一個抉擇，關於我們是否要因為親密關係中所存在的畸形限制，而讓自己只能不健全地活著。倘若一個人深信，最根本的自我不應該被委屈，那麼他就必須想辦法有效地去解決問題。而這樣的辦法並不一定是追求自我滿足，也絕不意味著將自己的意志強加到他人身上。只有當所有人都因此獲得更大的自由，這個行動才稱得上正確。

——

只因為陰謀家是邪惡的，所以我們就只能選擇無效的方法去解決問題嗎？就生活而言，計畫是必要的。這是生活的智慧。對成功而言，策略是極為重要的。只有當動機不正確時，這件事才會淪為邪惡。

曾經有一個機會，我非常渴望得到。我向不少朋友提起我對這個機會的興趣——很隨意地，你懂的，沒有抱持多大的激動。在不到六個月內，一名男子打給我，向我提出了那個機會。他剛好認識我其中三個朋友，而他們在毫無察覺的情況下，將我的消息散布出去了。

無論你的道德觀是否同意你這樣想，但生命就像在下棋。命運就坐在桌子的另一端，等著你出手。她給了你極好的例子。如果你基於情感原因，根據一套不懂變通的策略出手，那麼計畫失敗是必然的下場。因此相反地，我們應該根據命運的一舉一動去擬定對策，並將自己的人生計畫作為最基本的「策略」。

藝術家根據色彩策略來作畫。作曲家利用和弦——營造音色；戲劇家利用情節——策畫角色命運。沒有建設性的計畫，我們根本無法應付現代生活可能遇到的無數狀況。我們必須採用策略，否則就會失敗。

舉例來說，沒有什麼比「以其人之道，還治其人之身」的力量，更成功的了。「面對憂鬱的姊姊，我該怎麼辦？」一名男子寫道。「表現得比她還要憂鬱。」我回答，「喋喋不休地談著你自己的問題。和她相處的絕大多數時間裡，表現出自己是多麼地絕望，並看著她是如何在一個月之內，改變自己的作風。」男人多數時候都很怕女人的眼淚。這實在很沒有道理。眼淚並不存在著任何值得讓人恐懼的事物。當女人開始掉淚時，你也開始大哭，對方肯定會立刻停止。試試看，結果絕對叫你驚訝。

或許，在舊思維與我所給的新建議之間，所存在的最大衝突，就在於對所謂的「疏離」態度的解釋。過去，他們要我們無條件地接受別人的重擔、給予別人無意義而溫柔的同情心、面對困難一定要全力以赴。而現在，我們教你不要讓自己陷進去，抱持著客觀而超脫的態度。對老一輩的人而言，這是一種沒有同情心的作法。但當我們以無比清晰的思路和冷靜的智慧去審視，我們就會知道：這種作法對於解決問題來說，更有幫助。

拼拼圖的時候，我們習慣動手。因此，不要讓困難纏著你的大腦，將它們寫下來。讓它們就跟報紙上的填字遊戲一樣客觀。在你可以將問題放到檯面上之前，不要糾結地去思考這些問題。

最重要的策略，莫過於保密。對於自己所做的事，絕對不能透露十分之一的量。多言而導致失敗的情況，遠多於任何不小心的行為。

15

Keep in mind

生命就像在下棋。命運就坐在桌子的另一端，等著你出手。我們應該根據命運的一舉一動去擬定對策，並將自己的人生計畫作為最基本的「策略」。

16

當犧牲只會帶來傷害

為了孩子做牛做馬，委屈自己。她的犧牲打從一開始，就註定走向失敗。——寵壞兒子的法威爾太太

自私的藝術，就是懂得如何滿足自己的需求，而不是讓別人去承擔這件事。真正的無私，不允許你因為昨日的聖人之舉，而加重今日的負擔。真正的無私也不允許我們在出於自我滿足的心理下，讓他人享有各種特權，並錯誤地稱此種放任為美德。科學的倫理道德就是探索，而此種探索必須順應自然，並讓自然告訴我們真相是什麼。現在，不妨讓我們看看舊思想是如何對待法威爾太太和她的兒子。

威廉只會越學越壞，這是毫無疑問的。自從少年法庭的人員來過後，他的母親再也無法忽視這個問題。除此之外，他也讓法威爾太太知道，她是如何寵壞了這個孩子。

法威爾太太沉浸在苦澀的衝擊裡。威廉的父親過世時，威廉才剛長到可以穿上自己第一件小短褲。法威爾太太很清楚自己的使命，「威廉絕對不會因為湯姆不在了，而缺乏任何一件本該擁有的事物。」她對自己這麼說。而她為了這個承諾，瘋狂地工作。

「當然了，他已經習慣在自己玩耍的時候，看妳做牛做馬。妳怎麼可能期望他去學著適應，或懂得紀律？」法院人員聽了她的故事後說道。

「但難道我不該這麼做嗎？」法威爾太太反問，「我不想顯得太自私。」

「是的，妳不應該這麼做。生命遠比我們想像的偉大，法威爾太太。當悲傷籠罩著整個家庭時，父母親應該做的事不是扮演上帝，讓自己成為隔絕一切洪水猛獸的堤防。我們應該一起經歷生命，並學習該如何一起面對。你試著當自己孩子的命運女神，但他應該和妳一起學著面對失去。這樣才能讓他成長。」

是的，他說得沒錯。法威爾太太現在明白了。她尋思著這一切的苦果。威廉從來就沒有感受過失去父親的痛苦，他什麼都不缺。

我們可以將這個小故事，置換在各個時空背景下。其原則適用在丈夫與妻子間，甚至也適用在年輕人去思考自己對年長者的義務時。以無私之名扮演起上帝的角色，最終只會導致災難性的後果。

在我接觸了成千上萬名求助者的人生後，關於此一原則，我取得了一份統計數據。這些數據有些源自於好多年前。當時的男孩與女孩們，如今都有了自己的孩子。而像法威爾太太這樣的自我犧牲，往往只會反過來，導致悲劇發生。

威廉造成的問題不僅帶來了法律上的苦果，他的母親也因為自己「無私的犧牲」，吃盡了苦頭。長年下來的積勞成疾，讓她原本健康的身體，變得孱弱。在孩子進入青春期後，日夜的擔憂更導致她精神衰弱。他的違法行為傷透了她的心。而她的「無私」，讓自己成為這一切的罪魁禍首。除此之外，我們也不能忽略，當法威爾太太一心一意地只為了孩子那短暫的享樂奔波時，她是如何放棄讓自己成為一個更好的人。

她雖然稱不上非常聰明，但過去她也曾經是一個好鄰居、好朋友；然而，當她一心只想讓威廉過著舒適的日子，她所有的善都消失了。法院人員告訴她，她真正該盡義務的對象，應該是生命，而不是孩子；而唯有在她對生命盡了義務、並讓孩子學習承擔後果，她才是真正盡到她對他的責任。

而這個原則顯然違背了當前盛行的道德觀，尤其在人們開始遺忘耶穌真正的教誨時。比起耶穌基督，事實上，我們的理想更接近儒家，而此現象的出現早已長達數世紀。你是否曾經看過拜占庭時期的聖母像，看著當時的畫家以僵硬的線條和平板的圖像去限制自己的畫作？而此種受到類東方思維扭曲的耶穌基督思想，在如今這個被可怕功利主義主宰的世界裡，依舊箝制著我們的道德，禁錮著「愛」那本該自由流動的力量。

為了外在的義務讓自己受苦，是傳統思維所認定的一種美德——無論此種犧牲是否合適、或有意義。說到底，法威爾太太從丈夫過世的那一刻起，就基於那虛假的善良，決定妥協自我。她對威廉的縱容，不過是出於自我滿足的心態。這讓她覺得自己很偉大，為了孩子做牛做馬，委屈自己。如同所有違反**自我基本法則**和誤用**神奇公式**的情況，她的犧牲打從一開始，就註定走向失敗。

16

Keep in mind

自私的藝術，是懂得如何滿足自己的需求，而不是讓別人去承擔這件事。

17

愚昧的貪婪

麻煩是我們最大的敵人，而麻煩總在貪婪的保護下，潛入我們的生活。——一生都在憤怒中度過的銀行家

你肯定在八點檔裡，看過像約書亞・恩羅德那樣的人。他在美國中西部的一個小城裡，坐在銀行當業務。他的專長是撤銷孤苦無依的寡婦的貸款贖回權。他的面頰消瘦，言詞冷酷，眼神銳利。他很孤單。沒有人愛他。人們都恨他。他的貪婪摧毀了自身的一切快樂。

約書亞心中充滿了憤怒。他的家庭面臨了一個又一個的危機。首先，是他的太太生病了。在拖著病痛撐了幾年後，她還是撒手離開人世。約書亞原本期望，至少在晚年的時候，唯一的女兒能照亮他的人生，然而女兒卻跟男人私奔了。稱職的管家偏偏又很難找。儘管家財萬貫，約書亞卻過得一點都不開心。

對於自己的計畫拖了這麼久仍舊無法完成，他也感到非常憤怒，不滿自己的問題越積越多。他不停抱怨那永無止盡的拖延，但他不知道這些延誤，全都是自己造成的。他為命運設下了模板，並要求人生依照他的設計去走。生命或許使他吃苦，但他絕對不會向生命低頭。只有他能發號施令，讓命運向他低頭；這就是他一貫的座右銘。毫無意外地，命運總是不聽話地逕自發展，無視他的命令。

——

僵化的思維鮮少能解決問題。自大堵死了那條通往更好生活的道路。如果你告訴約書亞一個可以解決當前困境的辦法，他也只願意想著「這不可能做到」。你以為他也渴望得知真相，最後卻發現他只想得到一個符合自己偏見的結論。除此之外，他都視為胡說八道。

當人們堅持將事情依照自己那受扭曲個性的標準來衡量時，真相往往也會受到扭曲。唯有當他願意將束縛在自由意志上的貪婪破除，他才能免受以自我為中心的想法禁錮。

一切問題的解，都存在我們心底。我們必須對內探尋，才能找到出路。對你來說，今天將是一個無比關鍵的日子。那些**因為自身困境而感到憤怒的人，只會淪為**

困境的受害者。

——

在美國，有上百萬名國民在入伍的時候，接受過心理測驗。而根據這些測驗結果，執行測驗者對美國整體智商給出了相當低的評估，此舉自然引發了大批民眾的抗議。我們不是白痴，人們怒吼。或許不是，但考量到我們存在的某些想法，其實我們有些時候「雖不近，亦不遠矣」。

我們在面對邪惡——尤其是貪婪方面，所表現出來的作為近似於低能。數世紀以來，人們總被諄諄教誨不可以貪得無厭。貪婪也被列為最致命的原罪。結果，貪婪繼續主宰著世界。如果我們可以稍微運用一點智慧來處理那些掠奪成性的逐利者，或許貪婪如今就會跟脊椎中的尾骨一樣，退化為一種過時的部分。

如果跟一個人說某件事是不好的，他往往不會立刻放棄。但如果我們說這件事是愚蠢的，他可能會知道自己最好要小心點。他永遠不會改變自己的行為，直到他非常肯定這麼做是相當自私的。

當古羅馬人發現「以毒攻毒」這個方法時，生命中最偉大的一個法則誕生了。這個世界永遠都擺脫不了因為自私有效性而被保留下來的貪婪。只有當人們發現邪惡會侵蝕到自身的利益時，與生命抵觸的行為才會因此斷絕。

麻煩是我們最大的敵人，而麻煩總在貪婪的保護下，潛入我們的生活。不妨捫心自問：要是在過去五千年裡，主宰著人類世界的是互利共生的精神，那麼你的人生現在還會如此困難嗎？想想看人類的貪婪摧毀了多少事物：透過戰爭、掠奪性的商業主義、過度開發和漠視。想想看那些被摧毀的城市、藝術品、文學、設施。想想看那些被蹂躪的森林、礦脈和草原；還有勞動者的身心靈健康，也被完全忽視。

腐敗、貪汙、犯罪和戰爭，威脅著地球上的每一條性命。它們挑戰著科學與技術為我們帶來的一切，只為了保護並強化自身的力量。

人類怎麼會做出自殺這樣的行為？人類為何會選擇摧毀肉身，剝奪自己活下去的權利？而同一種短淺的目光與理由，在日日、年年、或我們有限的人生經歷內，影響著我們的生活與思維的框架。

讓我再強調一次，對於善和惡的評估，往往需要數十年以上的思維跨度才能進行。我們因為貪婪獲得了少少的利益，並因此賠掉那些能真正帶給我們富足與快樂者的信賴和愛。我們贏得一場小小的戰役，卻輸掉一切。當體內的靈魂開始枯萎，即便是成為億萬富翁，我們還是輸了。

倘若你身處在一個無人居住的南海小島上，那麼你所面臨的問題將非常單純，不外乎食、衣、住方面。而在這偽文明的世界裡，我們的問題依舊與食、衣、住脫不了關係，只不過我們與其的關係更為迂迴。

一群軍國主義者為了商業目的，在歐洲引爆一場大戰。生靈塗炭，稅金被提高，食物價格飄漲，有千百種事情能讓你的日子難過。在你居住的地方上，一群政客企圖鋪設造價昂貴的汙水管線，或砍掉你們那條街上的大樹。人群、人群、人群，到處都擠滿了人，讓你困擾不已。我們的困難僅有不到十分之一，是與「上帝之手」有關。人類的本性才是真正的罪魁禍首。

你或許能基於自身的力量，暫時與那些製造戰爭、喜愛侵略他人者，「維持良好的關係」。你或許認為在這場遊戲中，你絕對足夠「機伶」。但是，生命、人和命運終究會察覺真相。一旦他們發現了你的貪婪，就再也不會讓你稱心如意。

——

任何形式的自利主義，也是如此。當你讓憤怒占據自己，只想著表達自己的感受、不停埋怨他人時，愛消失了，珍貴的羈絆也因此被切斷。換另一個情況來看，你覺得自己受到了傷害，於是你感到憤怒，讓自己意志消沉地病著。你的神經變得過於敏感，你的頭腦開始混亂。無論是哪一種情況，傲慢自大都會讓我們的力量被削弱。

最奇怪的地方就在於，貪婪其實是自利主義所導致的後果。換句話說，當我們的自大徹底失敗時，我們往往會轉而尋求貪婪，而不去想著該如何用比較文明的手段實現自我。有些人會用著自身的經歷來壯大自信，並認為周圍的人理所當然應該要臣服在自己之下。於是一次又一次地，命運不願繼續眷顧他／她，而周圍的人也不願意繼續配合。事情慢慢地變調。追尋者變成了獨裁者，掠奪者，征服者。貪婪宰制了他的內心。

簡而言之，貪婪踐踏了自我基本法則。那些深信不該讓自我妥協的人，也堅信不能侵略他人的自我。無論是對自己或他人而言，他都堅信**生命的不可侵犯性是每個人的權利**。他也絕對不會忽視神奇公式，不會為了自己的需求而剝削他人。然而，無論對象是誰、狀況為何，貪婪追求的總是自我滿足。

最讓人難以理解的是，如此愚蠢的衝動，居然宰制了世界這麼久。更奇怪的是，人們處處箝制著真正對人有利的自私，貪婪卻始終逍遙法外。當我們頌揚自私能讓人們重拾些許生而享有的權利時，我們往往會被許多善良者譴責。但當我們攻擊根深蒂固的貪婪時，我們卻被稱為危險的激進分子。顯然人們似乎認為，貪婪是人類必須容忍的。貪婪侵略的力量被保護得如此完好，導致人們難以攻擊。然而——此景絕對無法長久。

17

Keep in mind

我們因為貪婪獲得了少少的利益，並因此賠掉那些能真正帶給我們富足與快樂者的信賴和愛。當體內的靈魂開始枯萎，即便是成為億萬富翁，我們還是輸了。

18

掌控我們的敵人

有些時候，我們的敵人是個霸凌者，而遏止對方的有效方法，便是展現自己的力量。——以柔克剛的藝術

人之所以生而在世，就是為了活著。儘管生命有盡頭，但這並不影響我們去擁有一個長久、快樂的人生。沒有任何一件事情能阻礙我們。人類學會了如何保護自己免於受大自然的傷害；人類也逐漸學會如何打敗病魔和時間；但我們卻尚未學會該如何保護自己，遠離他人的嫉妒、貪婪、惡意和自私。

讓自己免於受到攻擊，是一種罪嗎？

對仍舊懷抱著幼稚理想的多情者而言，自我防衛似乎是一種相當自私的舉動。他們讓你相信「反擊回去」的行為，違背了人類數代所沿襲的美德（儘管許多人不停宣揚這樣的美德，真正能付諸實踐的人卻少之又少）。

而對於我們這些不同意此種不負責任論點的人而言，我們認為每一條生命的最大責任，就是透過自己的行為，讓足以消滅生命良善之力的邪惡，永無肆虐的機會。如果我們放任邪惡蔓延，希望將因此被毀滅。

想探討敵意，就必須去探討新道德觀的核心。在舊時的人生觀下，存在著兩大原則。第一種，我們利用暴力的手段，發洩自己的怒火，滿足自己復仇的欲望，讓憤怒征服我們。另一種，則是讓自己被邪惡的一方征服。

甘地（Mahatma Gandhi）就曾經使用過此一方法——消極地。但對於此方法是否適用於西方世界，我抱持些許懷疑。然而，利用積極手段去打敗敵人的「積極的不抵抗運動」，成為第三種（介於前兩者之間的）對抗邪惡的辦法，讓你的對手自行毀滅。在不使用暴力的情況下，找出辦法擊倒敵人。這有點像是精神上的柔道或空手道。

不要因為戰鬥而戰鬥。不要為了讓自我膨脹而去戰鬥。不要為了自滿而去戰鬥。不要為了打敗敵人或意圖懲罰對方而戰鬥。要為了更遠大的目標而戰鬥，並用不戰鬥的方式去迎戰——儘管這麼做聽起來有些矛盾。為了正面的力量而戰，為了那足以攻克我們困境的強大力量而戰。舉例來說，曾有一名男子威脅我，說我要是再不改變想法，他就會揍我。他當時確實是這麼想的。但我在他開始動手之前，冷靜地說了：「就算我們打了一架，我的想法也不會變的。你可以殺死我，但你無法說服我。而你在監獄度過的餘生裡，你都會想著這件事。」我堅定的態度戰勝了他的憤怒。我們最終沒有動手。

但這並不意味著，只要使用積極性的不抵抗行為，就一定能立即解決眼前的問題。但只要我們能經常練習並逐漸完善技巧，或遲或緩，這個方法將能帶來奇蹟。只要拿出智慧，暴力就無用武之地。

——

俗語說，只要你給對方足夠的機會，他就會自取滅亡。因此，只要給敵人一定的機會，他遲早會引火自焚。當對方暴露出自己的弱點時，我們就有了給出致命一擊的機會。

一名妻子發現她喜歡的鄰居，先生都不喜歡。此外，就算她實在不擅長做家務，先生仍然拒絕她雇用一名幫傭的提議（儘管他們確實負擔得起）。這兩個困擾讓她心煩意亂，直到她發現可以用以毒攻毒的方式，來解決問題。

「這真是太棒了，我不需要像別的女人那樣，想辦法讓家裡井井有條，反正也不會有人來我們家作客，所以乾不乾淨根本不重要。」她平靜地說著。被家裡混亂狀態嚇到的先生，為了不讓自己繼續住在豬窩中，最終決定雇用一名管家，並邀請鄰居來家裡作客。

值得注意的是，此方法是讓我們**透過讓步來贏得勝利**。為了目標奮鬥時，要適度放棄其他非必要的事情。堅守自己的信念，但不要為了瑣碎的價值妨礙信念的實踐。只有以自我為中心的人，才會要求一切盡如自己所意。

——

富蘭克林・羅斯福（Franklin Delano Roosevelt）就很懂得掌控敵人的祕訣。當時，一名性格倔強的參議員阻擋了某條重要法案的進展，而羅斯福知道此人是一名死忠的集郵迷，因此他利用了這個資訊，取得重大的成功。某天晚上，當羅斯福正在整理自己的郵票收藏時，他打給了那名參議員，並拜託他來幫自己。受寵若驚的參議員當天晚上就過去了；兩人一起整理了一會兒——隔天，在那條法案進行記名投票時，那名參議員投下了贊同票。我們在這個故事中，可以學到一個極為重要的教訓。在兩人享受整理郵票的時光裡，誰也沒有提起他們對於這條法案的不同立場。他們只是透過這段時光更好地認識對方，讓過去的「敵人」成為現在的「朋友」。

有些時候，我們的敵人是個霸凌者，而遏止對方的有效方法，便是展現自己的力量。無論是對個人或國家來說，這個道理都是不變的。對那些只懂得使用槍與拳頭的敵人來說，勇氣和決心是我們最強大的武器。動物感受得到你的恐懼；而懦夫自然也知道對方和自己到底一不一樣。

18

Keep in mind

要為了更遠大的目標而戰鬥，並用不戰鬥的方式去迎戰。讓過去的「敵人」成為現在的「朋友」。

19

控制狂的解藥

勇於正面衝突，痛苦絕對小於繼續忍耐的折磨。——為家而戰，克魯太太的反擊

以下摘錄自某位女性的來信：

我們到底該怎麼做？當一名女性的丈夫在農地裡使用著最先進的器械，卻在想法上拒絕一切時代的突破？喬納斯．克魯讓家庭生活變成了一種折磨。如同古人對待女人的方式般，他以最自大傲慢的壓制手段，來對待我。他拒絕給兩個女兒任何自由。只要我們的兒子對父親的想法提出任何異議，他就威脅要斷絕父子關係。全家人都過著如同奴隸般的生活。

我們總是留不住傭人，因為喬納斯總把人家視為機器人。每當對方表達自己想

獲得應有的薪水和合理的工時，他就大發雷霆。在農場上也不例外。他說那些都屬於他的，因此他高興怎麼做就怎麼做。

當然，我最關切的，還是他在家中的行為。如今我們兩人的相處模式，就是我必須同意並服從他所說的一切。但事情已經來到了一個臨界點，如果我再不做點什麼，孩子們的人生就要被毀了。他對著女孩們帶回家的每一位男孩大發脾氣，咒罵別人腦中的新思想。這真的太可悲了。你能給我一點建議嗎？

「是的，確實有方法。」我回覆道，「只要妳有實踐的勇氣，並獲得三個孩子的全力支持（讀完妳的信後，我相信這點不是問題）。親身經歷的最大好處，就是具有絕佳的教化力量，而你的先生需要被教化。他需要經歷一場能深深衝擊到他、誇張，並讓他感受到危機的體驗。好言相勸對於這樣的人來說，是沒用的。此刻，妳所需要做的事，就是給他一場震撼教育，讓他不得不改變自己的作法。為此，我想出了一個計畫，但前提有五點：

一、確保三個孩子的全力配合，所作所為都要以一家人為出發點。
二、禁止在任何情況下，透露自己正在施行的計畫。

三、將計畫發揮到極致，並頻繁地實踐。

四、確保這整件事會非常令人震驚，震驚到克魯先生不敢四處張揚，或和子女斷絕關係。

五、當關鍵時刻來臨時，對他下最後通牒——並堅守立場。只要妳這麼做，就能贏得勝利。

以下是我的計畫。既然妳的先生堅守自己那早已過時的價值觀，那麼妳不妨乾脆將所有近代發明所創造出來的物質器械，全部拋棄。找一天，趁他在談生意的時候，切斷電力與電話。關掉瓦斯，撲滅爐火。將所有現代器具都收進倉庫中，並讓浴室裡的馬桶無法使用。參考古時候的樣子來準備晚餐，只用蠟燭來照亮家裡，也只用壁爐來溫暖屋子。換句話說，利用妳在信中提到先生言行不一的事實，來塑造危機，讓他知道，妳打算放棄一切關於現代文明的事物，因為那些東西有違他那古老的思維。」

大約一個禮拜左右，我收到了回信。

這聽起來有點激進得太恐怖了。但我的女兒們非常贊同。我的兒子也是。我們也明白你要我們在這件事上，做到全然的縝密與堅定。我們在舊式的爐灶上烹煮晚餐。我們還事先放僕人一個禮拜的假，這樣她就不會害我們露出馬腳。而我們也照你的吩咐，將家中所有現代器具都收起來。

你知道這個計畫起了什麼效果嗎？克魯先生一臉不悅地回到家，正準備嚴厲譴責我們時，發現整個家又暗又冷。他生氣地按下開關。沒有任何反應——仍舊是一片漆黑。他在家裡到處摸索，並看到我們正在做的事。實驗開始了。他看上去是如此困惑，但接下來的反應出乎所有人的預料。我們以為他一定會大發雷霆，但他沒有。他實在太震驚了。事實上，他連一句話都說不出來。然後，你知道的，儘管我們並不是刻意串通的，但我們四個人一起向他發難。我們告訴他自己的想法。我們威脅要告訴所有人他的所作所為。我說如果從今天晚上起，他還是不願意改變自己，我就會離開他。

女孩們說著她們會如何在法院上作證，而湯姆——也就是我的兒子——活靈活現地描述了這些事會對他的生意造成何等的影響。我們做到了。他沒有做任何反抗。他就這樣垮掉了。我猜，他過去其實只是虛張聲勢和做個樣子而已，可憐的傢伙。總之，我們讓他簽了四項協議。我們每個人各自立了一條，而他也簽了，承諾會還給我們現代家庭應享有的獨立自主。克魯先生一定會信守承諾，因為他就是這樣的一個人。我真的不知道該怎麼描述，但經歷了這個晚上以後，他變得真的很溫柔且平靜——儘管有些茫然，但非常順從。

——

在美國，還有成千上萬名的克魯先生；在技術上一馬當先，但在道德觀念上卻停滯不前。儘管他們明白自己的價值觀根本站不住腳，他們卻拒絕改變。這些人把自我犧牲神聖化，並稱其為一種美德（儘管他們自己從不實踐），並以此來掩飾自己的鐵石心腸。他們看不見生命的真諦，扭曲事實，並依順著他們的自我辯解。他們之所以會變成這樣，並不是因為他人蓄意的欺瞞，而是一種自我催眠。當他們也違反了這個虛偽的價值觀時，他們也會因此痛苦；當他們打破了狹隘的自我否定模式時，他們甚至會對自己動怒。儘管如此，他們對於自己一手導致的局面，卻無所作為。

當你否定自己的智慧時，也會連同失去自己的判斷力。而這些放棄思考的人們，儘管不顧一切地為了困境的細枝末節努力，卻不曾因此解決任何問題。他們就跟克魯先生一樣，認為自己盡了「義務」，並強迫每個人都依照他那出於善意的否定思維來行動。從此，無私成了暴政的核心靈魂。

克魯太太是否應該繼續容忍克魯先生的自我主義？你的答案取決於你的道德派別。

對於那些深信**永遠不要讓自我妥協**的人而言，他們會認為我們必須拿出因應之道，來解決危機。眼前的問題在於，如何找出一種辦法去告訴克魯先生，他必須改變作風，讓家人不再成為他追逐純粹自我滿足行為的受害者。他的家人長年都以不健全的方式活著。他們的人生瀕臨毀滅。為了爭取自由，他們必須掀起另一波革命。

就我的觀點來看，面對此種不願捨棄固執的思維框架、並強加個人思想到家人身上的人，我們只能透過兩種方式，來處理專橫的親密關係。第一種方式：讓步，徹底且持續服從，直至死亡（而此種生活方式確實會導致死亡更快降臨）。第二種則是創造出衝擊性的場面，導致某些事情不得不發生。對於暴君來說，這將是最棒也最苦澀的良藥。

此外，我還想再加上：不要說話，不要乞求，不要爭吵，不要試圖說服。這麼做只會讓人疲憊。勇敢主導危機發生，並明白這場危機可能帶來的痛苦，絕對小於因不敢反抗、導致你未來必須承擔的長年折磨。

此種無聲的原則，也適用於處理**神經質的自私**：因病態心理而出現的以自我為中心。他們那幼稚的虛榮心和不成熟的情緒化，是無法單憑言語來解決的。而此種在過度敏感、陰鬱和自私的精神狀態下，所經常見到的自憐、或隱藏性的殘酷激烈手段，自然也是無法靠忍耐來解決。此種神經質的自私總會試圖將你所說的每句話，扭曲成最刻薄的酸言酸語，而你的行為更成為對方口中所控訴的虐待。你的話語被過度解釋，你的意思被曲解，你的動機變得無比邪惡，而你與這個以自我為中心者的關係最終將淪為一場糾纏不清的混亂。

停止討論。放棄對方。透過論述是無法治癒此種狂亂的精神錯亂。就算你用言語去施壓這些心理生病的神經質者，也不會獲得想要的效果。而責備他們因早年經驗，所以不幸地成長為如此異常的人格，更是無濟於事。他／她之所以會擁有這樣的態度，責任並不在他／她，更不在他／她所身處並帶來困擾的家庭身上。不要因為別人的責任而怪罪他／她。

而將此人的病態視為此人的本性，更是錯誤的行為。這種精神官能症就跟我們每個人都有、且有時還會扭曲我們本意的壞習慣，沒有兩樣。就如同你也不希望有些奇奇怪怪的過敏，他／她也不希望自己擁有這些異常的舉止。

思考並下定決心：如果你沒有這樣一位神經質的伴侶，你會過著怎麼樣的生活、怎麼做。接著，按照自己的想法去做，無論會遭遇到多大的反抗。這些都會過去，而對方也會漸漸開始恢復。無論對方是誰，永遠不要對精神官能症者低頭。勇敢地去反抗，並忽視他／她的病態想法。

19
Keep in mind

當你否定自己的智慧時，也會連同失去自己的判斷力。放棄思考的人們，儘管不顧一切地為了困境的細枝末節努力，卻不曾因此解決任何問題。

20

改變那些令你厭惡的行為

當你為了一件事而心煩意亂時，絕對不要試圖在此刻去解決。——靜觀其變的強大

聰明的人會懂得如何以毒攻毒，利用一個問題來解決另一個問題。你一定認識那種丈夫，他把太太所有的親戚都請來家裡作客，好讓岳母不要繼續賴在家裡。對立的問題就如雙重否定般，往往可以互相抵消。某名商人有一個非常難搞的合夥人，這名合夥人總是試圖干預每一個部門的作業。為了糾正對方的這個習慣，他讓這名合夥人去解決全體員工所面臨的大大小小問題，而這些問題的分量是如此龐雜，導致這名合夥人再也受不了了。自此之後，這名合夥人除了自己分內的事情外，再也不去插手其他人的事務了。

總而言之，核心概念就是**用行動來取勝；用反作用來獲得保護**。倘若沒有任何

事物會影響你的付出、也沒有人會阻礙你，那麼直接的方法往往就能奏效。但鮮少有人可以如此平和地解決問題。生活中的壓力與緊繃，往往源自於那些以自我為中心者的傲慢和愚昧。唯有認清這些愚蠢的行為，利用反作用來抵禦，我們才能移除這紛擾世界中的混亂。

一名熱心過頭的警官曾經因為我將車子停在某處超過一個小時，而開了一張罰單給我。在那個停車格裡並沒有任何警告標示。於是，我走向那名就站在對街的警官。

「警官，我正考慮調查一下這個鎮上的停車問題。請問，您知道從這裡一直到那個限時停車一小時的標誌間，距離有多遠嗎？」我開口詢問。

「我猜滿遠的吧。」他回答道，並收走了那張罰單。

無論在何種情況下，如果我們的目標是贏，那麼絕對不要和以自我為中心者硬碰硬。這麼做只會導致對方進一步反擊。中立的態度才是處理此種狀況的好方法。當某人侮辱你時，不要立刻爆發，也不要讓自己像個心高氣傲的巨人般，趾高氣昂。如果你認為對方試圖欺騙你，請暗地裡搜集足以成為支撐論點的證據。不理智的大話只會引起對方的警覺，因此如果我們讓自己看上去渺小，對方反而會輕忽狀況。問題越大，就越應該讓自己看上去柔弱。只有懦夫才會大聲咆哮和威脅。

如果你不讓別人有機會表達，你永遠都不知道別人所具有的能力。而當你激動地展現自己是多麼強大時，你也看不到別人的強大。但當你攤開自己、展示出自己的需求與脆弱時，別人的自大就會浮現。我們必須、也只有透過這樣的方法，才找得出打倒對方的可能。

換言之，沒有任何一件事的力量能超越看似無害的自曝其短。當我們的敵人對我們懷抱畏懼時，我們便無法摸清敵人的力量。因此，預防自己被欺騙的最好辦法，就是展露絕對的天真，這是一件極為弔詭卻再正確不過的事實。當欺騙干擾到了一個人的正直性，他會因為忙著算計你而忽視了你所具有的力量。當你如同孩子般天真且不做作，你的率真將讓對方掉以輕心。別有用心的對方，將失去自己的專注。背叛者最終也將淪為背叛的受害者，這也是為什麼狡猾的人總是想不出好策略，因為他們看不破自己的詭計。缺乏良善意圖的對方，無法理解我們的不屈不撓。

在人類之外、同樣缺乏「靜觀其變」智慧的動物，就是猴子。猴子總在實際做出行動前，就暴露了自己的意圖。看看貓。牠將身軀蜷起，唯有看著牠的尾巴末端，你才知道牠內心在想些什麼（而這樣的透露還是不太睿智）。默不作聲和看似「無所作為」的等待，有時能帶來奇蹟。真空遠比強風更有力量。我們可以利用此種方法，將一件煩人的問題變成解決另一個煩人問題的辦法。

我曾經認識一名女性，她有一個非常不聽話的孩子。每次她的來訪，都會讓我疲憊不堪。而我有一隻狗，就跟那個孩子一樣難纏。這隻狗簡直是個大麻煩。後來，每當這名女士帶著令人困擾的孩子上門時，我就會讓這隻狗也在場。漸漸地，這名女士不再出現了。

然而，我們無法用此種方法來處理那些令人厭惡的事物、在你心裡所掀起的滔天巨浪。因為處理這些情況的第一步，必須由**你自己**開始。整頓好心裡的所有怒火。放下一切的不滿。跳蚤、蚊子、催繳帳單不過是生活的一部分。自大的鄰居和愚蠢的親戚也並非罕見的產物。當你的生活因為他們而被攪得烏煙瘴氣時，請坦然接受他們。只要你能讓自己冷靜下來，幾乎沒有什麼事情是不能解決的。

請讓這成為你的原則：**當你為了一件事而心煩意亂時，絕對不要試圖在此刻去解決**。放下這件事，直到你能看到這件事有趣的地方。就連那個在愚人節被兒子捉弄而紅腫疼痛的腳趾，也有其美好之處。

當然，有些時候此種積極型的不抵抗技巧，只會成為「火上澆油」的舉動，尤其不適合使用在一段良好的親密關係出現暫時性的紛爭時。當伴侶變得冷漠而疏遠時，此刻的我們如果因為愚蠢的驕傲而選擇轉身離去，這段關係只會陷入漫長而難受的冬季。善用破冰的技巧，用溫暖來抵禦寒冷。換句話說，如果你無法推動這塊寒冰，那就融化它。如果你能改變心態視此為一件有趣的任務，那麼在這個過程中，你也將獲得同等的樂趣。鎖定某個愛抱怨的對象（像是……你的老公？），把他視作目標，並開始利用越來越多的溫暖去照耀對方。在耀眼的溫暖愛意下，對方絕對無法反擊。

然而，當你的心中已無任何一絲愛意，那麼這些「善意的舉動」就毫無意義了。在對的場合下給出一個微笑，能化解許多恩怨。練習此種出自善意的行為，去發覺其本質，並了解在何時、如何、為什麼的情況下，此種行為所帶給你的真實感受。對此種充滿推力的誠摯方法而言，此過程是相當必要的。如果我們只是把親切當作一種手段，親切將成為最爛的策略。多數「成功祕笈」所隱藏的問題，就在於這些書告訴你該怎麼做，卻沒有告訴你：當你無法心甘情願地去實踐時，這些建議只會導致失敗。

最傻的傻瓜也有優點，而我們每一個人——無論品德如何高尚，也終究不是聖人。化敵為友的藝術，與我們每個人身上都具有的善、惡，息息相關。承認敵人在你身上所看到的缺點。當我們去發掘對方所擁有、但一直被我們忽視的優點時，對方的敵意也會因此減弱。我們稱此為「愛意至上」的哲學。一旦好的事物和不好的事物產生關聯時，正向力量將壓過邪惡的一面。換句話說，當你的敵人同時想到善與惡時，他將因為想到可能傷害到所愛之人，而無法做出任何充滿惡意的行為。

我曾經認識一個男孩，總和那些舉止狂野的人在一起，直到他發覺這麼做可能會讓他染上疾病並因此影響到整個家、甚至傷害到母親與姊妹們。這些想法讓男孩改變了自己的行為。

每件事物都有其脆弱的一面。**你的敵人很自大**？那麼他肯定會漏看許多小細節。**他總是猶豫不決且過於卑微**？那麼他可能會錯過某些重大事實。**他容易緊張且總是無法放鬆**？那麼他可能會一不小心就衝得太快。**他很隨意且充滿自信**？那麼他也許在某些事情上經常錯失良機。「知道每個人都有缺點」的信念，是讓我們執行此一行為的推力，更是讓我們努力去挖掘的動力。請將「尋找弱點」變成一種習慣。

各國的祕密特務總是被教導，該如何透過偏離日常軌道的新事件與新對象，留心混亂與預料外的事件，來察覺線索的痕跡。他們時時關注著那些奇怪的評論、未能解釋的行為和緊張的舉止。更對那些令人不悅或傲慢的語調、突然改變的行為和顯然藏著祕密的證據，保持警惕。他們追著極端的言論，觀察著趨勢與檯面下的暗流。這才是謹慎並獲得成功的方法。

儘管如此，不要變成一個以自我為中心者，用懷疑論者的態度去看待全世界。我們只應該在下列情況中使用：

- 當你肯定另一方不正直時。
- 當你能真正做到置身事外時。
- 當聰明的應對同時是公平的。
- 當你能確保自己的行為，不帶有驕傲時。
- 當你必須這麼做，才能確保你行為的後續效果時。
- 當自然這麼引導我們時，因為自然永遠是最靈巧的。想想她是如何給予跳蚤跳耀的能力。順帶一提，難道鳥和動物會因為身上的保護色，就成為不正直的存在嗎？因此，只要確保在正確的情況下使用，精明絕對稱不上不正直。

我們要成為一個有謀略、善良的人，而不是一個總是心懷愧疚、猶豫不決、精明卻總撐不到最後的計畫者。要做就必須做到最好，否則不如不做。當然，在我們出於被迫或厭惡的情況下，而不得不反擊時，我們的舉止依舊應受合作與互利的原則限制。

倘若你願意接受「永遠不要讓自我妥協」這樣的原則，那麼你自然不能使用任何壓迫他人的手段。此外，也絕對不能僅僅為了追求自我滿足，而去制裁他人的惡行。他人對你的不義之舉，就是對生命的不義。同樣的道理我們也必須銘記於心。

■長期熟練心理策略者提供的原則：

- 絕對不要讓自己看上去像東方人那樣，面無表情。這在美國行不通。練習擺出一個天真、樂於接受且善良的表情，並維持好。
- 在任何情況下，熱情都是最好的保護。全心全意是具有感染力的。想要贏得別人的心，就必須先付出自己的心。
- 當獵豹陷入僵局時，牠會打呵欠和伸伸懶腰。在緊繃的情況下，沒有什麼比放鬆的動作更能帶來強而有力的效果。
- 當處境尷尬時，不妨自嘲。笑容是世界上最棒的武器。一直笑著，直到別人也加入你的行列，但請記住，嘲笑的對象只能是自己。

- 如果有些令人不悅的話，你無論如何都必須說，那麼請溫柔、緩慢地說。
- 沒有什麼比突然放低音調，更能讓對方立刻注意到的事了。而低沉的聲音絕對比握緊的拳頭來得好。
- 絕對不要讓對手覺得你很聰明。當你看上去越單純，對方的攻擊就越弱。
- 對自大者的頑固抱持一定的預期。不要告訴對方，關於你認為對方應該怎麼樣去做。去提那些相反的計畫，讓對方自發性地朝著你的目標前進。
- 請記住，恐懼遠比固執來得頑強。想動搖心生畏懼者的決心，不妨找出論述中另一面、那些足以讓他畏懼的點，並提出來討論。一個鬼故事就足以讓膽小鬼衝過有狼出沒的森林。
- 永遠不要試著操控他人。管好自己，並注意自己的一言一行。操控別人只會帶來失敗。讓這樣的想法成為你一切行為的根基。
- 直搗問題核心，讓對方退縮。絕大多數時候，我們的問題都是因人而起。這也是為什麼我們應對問題的方式，將決定問題的走向。不能經常退縮。正面迎戰問題，讓牽涉其中的人退開。
- 當別人忽視你，其行為等同告訴你該如何對待他們。每一種情況總有千百種好的應對之道。接受情況給你的建議，你就會知道該怎麼做。

● 永遠不要相信一個試圖隱藏自身愚蠢的人。沒有人時時刻刻都是聰明的。越睿智的人，越願意承認自己出錯的時候。在一群人之中，最安全的追隨對象，就是那些知道自己會不斷犯錯的人。

● 使用欺瞞的手段，就等同承認自己的脆弱。強者鮮少會出花招。如果你完全不怕他人的詭計，別人就會落荒而逃。詭計只會導致愚行。一個耍著小聰明的惡棍，往往只會落得弄巧成拙的下場。

20

Keep in mind

用行動來取勝；用反作用來獲得保護。只要你能讓自己冷靜下來，幾乎沒有什麼事情是不能解決的。

21

更高尚的自私

她之所以成功，是因為她開始懂得拒絕讓自己被利用。——職業女性更需要自私

一名職業女性坐在醫生的辦公室裡，看上去既緊張又疲憊。經驗老道的女醫師久久而堅定地望著她，就好像在衡量自己說出來的話可能會導致什麼後果般。在搞清楚情況後，她微笑著開口：

「我希望妳去度個假，親愛的。」她溫柔地說。

「度假！為什麼？這是不可能的。我的公司不會准許的。而且說實在的，我也沒有足夠的錢能讓我想去哪，就去哪。」對方驚呼。

女醫師點點頭。「我懂。但我所說的不是那種生活作息上的改變。我希望妳去度個假，暫時告別女性這個角色。作為男性的祕書，妳整日不辭勞苦地工作，承擔

上司的壓力。而那充滿男性光環的自我，也讓妳喘不過氣來。妳應該好好在家裡大掃除一番，好好吃頓飯，洗洗衣服。當朋友來探望妳時，妳總替他們精心準備菜餚，為了讓他們度過一段快樂的時光，妳無止盡地燃燒自己。」

「但男孩子就喜歡這些呀！」

「我知道。」醫生點頭同意，「如妳所見，我也是個女人。但是，告訴我，一名年輕男性會怎麼做？他會讓老闆拿無止盡的瑣事來煩自己嗎？他願意準備自己的餐點、洗自己的衣服、打掃自己家裡嗎？更重要的，他會願意一直努力到深夜，只為了讓妳隔天能開心嗎？」

「我猜可能不會。」

「他當然不會。這是女人做事的方法。現在，我要妳放個假，暫別女性的角色。每當妳又忍不住想做些什麼時，先問問自己如果妳是名年輕男性會怎麼做，如果他們不會做這些，那妳也不要做。」

這個小故事，就刊登在美國國內發行的一本雜誌上。該篇故事的作者范妮．基爾伯恩（Fannie Kilbourne），從來自聖地牙哥、奧古斯塔、緬因的女性口中，聽到了這個故事；而這些女性分布的範圍，甚至橫跨了西雅圖到聖奧古斯丁。有許多女性看到這則關於自私的聰明建議後，實際去嘗試，並寫信向作者表達了自己的感激之情。

倘若我必須寫一本書告訴年輕女性應該知道哪些事，我絕對會強烈要求讓我將這則非常棒的故事，放進書裡。每個家，都應該閱讀這篇故事。在基爾伯恩小姐的故事中，女主角發現其中一名男性友人來她家，就只是為了吃東西，而她的老闆之所以雇用她，則是因為她的效率。而她這套嶄新的自我保護方法，不僅讓她升上主管的職位，還因此贏得異性的心。

在最後一次、也就是收到醫師給予她建議的那次療程以前，故事中的女主角總是委屈自己，而這麼做也導致她的健康出了問題。而她後來之所以得以成功，是因為她開始懂得拒絕讓自己被利用。儘管如此，她嶄新的態度並不是一種追求自我滿足的行為，更沒有企圖強迫別人接受自己的想法。她不過是單純地拒絕那些顯然有違她自尊心的事情，還有那些只要她們不拒絕，社會上就會不斷強迫女性去做的卑微瑣事。

——

法國醫生皮耶．賈內告訴我們，現代女性在權力與名望上的成就之所以低於男性，是因為她們被迫將精力浪費在上千種不必要的瑣事上。與男性相比，女性往往更需要學會自私的藝術。

不妨拿許多企業家在工作上所展現出來的全神貫注，進行比較。他們以侍奉上帝的態度來侍奉工作。而其他人卻必須替他們打理一切：家庭、朋友和員工。否則，他們的工作就無法完成。請想像一名作家在創作書籍時，所必須拿出來的全神貫注。在他們文思泉湧的時刻，作家絕對不會容忍任何人的干擾。在努力奮鬥的面前，生活也必須讓步。

或者，想想看加里波底[1]、馬志尼[2]和托爾斯泰對目標所投注的熱誠，還有聚精會神展現自己才華的華格納（Richard Wagners）、歌德（Johann Goethe）和羅丹（Auguste Rodin）。有任何人可以干擾他們創作嗎？他們生活周遭的人，都是為了幫助他們而存在。否則，能有這麼多美妙的音樂、戲劇或雕塑誕生嗎？

當一個人致力於追求人生使命時，全神貫注是他們應該享有的權利。而我們也毋需畏懼成功。有些人總在成功的機會出現時，嚇得轉身逃跑。他們似乎覺得追求權力和成功是背離心靈的舉動，並下意識地將失敗和善良連結在一起。

這個世界上有不敢堅定表達自己想法的男性，也有不願意承認自身魅力的女性。只因為有人告訴他們，這麼做才符合無私。難道在上帝的旨意下，我們就只能將無趣的女人、唯命是從的男人當作自己的人生目標？

真正高尚的自私，是鼓勵我們去展現自己的魅力，並賦予個人特質存在的權利。在其指導下，我們得以學會與人相處的藝術，以及作為一名有趣生物的技巧。我們根本不需要透過愚蠢且做作的「魅力」、「如何使人神魂顛倒」、「如何引起眾人的注目」、「修煉魅惑的眼神」、「培養不可抗拒人格」等相關課程，來習得這些能力。

關於魅力，有大把大把的噱頭足以誘使任何人去參加貴格聚會所的活動。但是，我們難道應該因為那些江湖術士對我們需求所冠上的各種帽子，就放棄去贏的機會嗎？全世界只有在美國這個地方，會有如此密集的商業活動圍繞著「迷人之道」此一主題而生。也只有在那些養出頭髮灰白的老姑婆及嚴苛的清教徒國度裡，我們才需要去學習關於愉悅這件事。更不會有人試圖訓練銷售員如何以傲慢的態度，來誘使他人購物。

然而，儘管我們對魅力情感的商業化有一定程度的理解，但魅力確實是獲得快

---

1 加里波底（Giuseppe Garibaldi，1807-1882），義大利政治家。在義大利歷史中扮演了重要的角色，他獻身於義大利統一運動，領導了許多軍事戰役，有「義大利統一的寶劍」之稱。

2 馬志尼（Giuseppe Mazzini，1805-1872），義大利作家、政治家，義大利統一運動的重要人物。

樂的必要元素。只有你，才能培養自己的個性。也只有你，能試著幫助自己獲得他人的認同與回應。

透過反覆的練習，你才能成為更高尚的自私藝術家。當你學會如何觸動他人心弦後，他們自然願意關注你。

這並不是一個極難學成的技巧。在每個人的內心深處，都藏著些許孤獨的情緒，渴望浪漫情感的慰藉。性感並不是什麼驚天祕密。就如同總有人渴望安全感，也總有人能理解你在食、衣、住上的言行，並對此產生共鳴。我們渴望獲得容身之地，而那些願意幫助我們在社會上立足、並讓我們能夠日漸熟悉以站穩腳步的人，在他們面前，我們願意讓步。

自由是我們所有人的目標。金錢意味著滿足；而那些讓我們知道該如何獲取富足者，就是我們的良師益友。對於他人給予我們的友誼——無論是透過言語或行動，我們也同樣心懷感激。如果他人帶給我們快樂，讓我們放鬆，使我們舒適，我們就會愛對方。倘若對方的情誼能讓我們感覺安全，幫助我們遠離危險，同時帶來振奮並逐漸加深關係，那麼我們就願意視其為手足。他們協助我們做自己、表達自己。

當我們能給予周遭的人這些事物時，我們才能獲得穩固的愛。而最神奇的地方就在於：儘管我們獲得了這麼多，卻不是透過剝削他人來達成的。這也是為什麼此種自私，就像是一種奇蹟。

21

Keep in mind

真正高尚的自私，是鼓勵我們去展現自己的魅力，並賦予個人特質存在的權利。

IV

人際關係

22

終結孤單的方法

妳傻傻地等著那幻想中的愛人現身，拯救妳逃離孤獨。但這個人永遠不會出現的。除非妳學會觸及他人的心。——練習認識新朋友的上班族女孩

卡洛琳．芬威放下手邊的工作。到了達西百貨即將關店的時間了。又是一個淹沒在時裝設計工作裡的日子。不一會兒，她已經擠在那輛通往公寓的地鐵車廂上。很快地，她就會熬過那孤單的晚餐時光，然後讓自己沉浸在另一本小說中。

在如紐約這樣巨大的城市裡，你每天都被成千上萬名的路人包圍，人們為自己的生活來來去去、笑著、忙著，卻從來沒有多花一秒鐘看看你；這世上還有比這更孤獨的荒漠嗎？而人們對她的忽視，讓她開始封閉自己。她就像是一隻飽受驚嚇的兔子，躡手躡腳地鑽進自己那孤單的小窩。

這樣的日子已經長達數個月了，而她不知道該怎麼樣去改變。對她而言，結交

朋友，尤其是判斷哪些人才是適合自己的，簡直是一個難以克服的難關。在經歷了大學四年的學習後，她到底獲得了什麼樣的能力！對於養活自己這件事所帶來的陰鬱和痛苦，她的準備又是何其稀少。

但最糟的還不是這些。至少到了晚上，她還能藉由閱讀一段又一段的羅曼史所帶來的興奮，逃避這些痛苦。只要故事不要結束，她就能全心全意地跟著女主角一起歡笑、一起憂愁。然而闔上書本後，獨自一人躺在孤單的床上，置身在黑暗中，這才是真正的恐怖。其他人也都有這些欲望嗎？像是生理需求？她思索著。

被窗簾阻擋在外的冬日艷陽，在地板上留下塊狀的陰影。卡洛琳在布里斯太太那間狹小的辦公室裡，坐了一個小時。布里斯太太是達西公司的人事主管。她不知道該如何、或為什麼需要談論那些關於自己的故事。她不太習慣談論自己。永無止境的沉默向來是她的問題。

「如果妳願意讓我幫妳，我想我可以幫助妳克服害羞的個性，告訴妳該如何交朋友。」布里斯太太說道，「作為第一步，我希望妳能報名藝術學校的夜間課程，放棄閱讀那些愛情小說。對於處境像妳這樣的女孩來說，這些小說就像是毒品。妳在這間百貨公司的工作前景非常不錯。我很期待見到妳被晉升為廣告部門的管理階層。但這個職位需要妳在繪圖與色彩方面，下更多功夫。此外，最重要的，是讓妳在晚上有外出的活動。」

「透過參加課程、上教會、加入健行社，或去那些人們會聚集的地方，是年輕人交新朋友的方式。但妳要做的不只是這些。如果妳不夠自私、無法讓自己成為一個有活力的個體，那麼妳很難被其他人喜愛。妳有多常聽到人們說：『噢，她真的是一個非常善良的人，但說真的，你知道的——她真的太無聊了。』沒有搭配胡椒或一點其他調味的鹽巴，是多麼地乏味啊！我根本無法想像一道只用了鹽巴去調味的菜。然而，有許多人卻要求我們接受這樣的情況。他們期待我們為了他們的純白無瑕而感動。我不喜歡這些人，也總會遠離他們。而我的行為是非常合情合理的。」

「學會不要去在意別人眼中的妳。妳必須先學會和自己相處，才能與人相處。**人們之所以想獲得妳的情誼，並不是出於對妳的利益考量，而是為了自己**。有些人為了讓妳覺得自己不過是個可憐蟲而說謊騙妳，他們也有可能告訴妳，他們是多麼地愛妳、多希望與妳在一起。如果妳相信了這些人，妳最好去做個智力測驗。他人之所以願意為妳的人生創造價值，是因為妳也讓他們的人生變得更有價值。只要妳能給予他們看重的事物，就不用擔心對方不願意為你付出。」

卡洛琳接受了建議，去參加了社交聚會。當她為此感謝布里斯太太時，「不然妳覺得人事經理存在的目的為何？」布里斯太太這樣反問。

是的，她終於突破障礙了。最奇妙的地方就在於：想要受到男性的歡迎，首先妳需要知道該如何去傾聽。

「多數的男人都很自大，他們並不想知道太多關於妳的事；他們希望能談論自己。要是妳憂慮自己該說些什麼，就太傻了。只要溫柔可人地望著他們，並問些問題就可以了。他們只想要妳那可愛的注意力，親愛的。」布里斯太太曾經這麼對她說。

這太奇怪了，卡洛琳想著。獲得成功人際關係的方法居然如此簡單。她現在終於看清了，長久以來因為孤單而鬱鬱寡歡的她，總是用著憂愁來面對他人，直到對方因此落荒而逃。而在她開始採用布里斯太太所謂的「交友祕訣」後，情況完全改變了。

「人與人接觸是一門藝術，親愛的，而長久以來接觸到無數人們困擾的我，也學到了一個如鋼鐵般的定理，想達成什麼樣的目標，就必須以千百種的方式去練習，如此一來，妳的願望就能真的達成。這就是生命的法則。試著和多一點百貨公司裡的女孩建立成功的關係，即便只是負責收銀的女生。對著送報紙的男孩說一句鼓勵的話。與在中央車站替妳擦鞋的人聊天。一有機會，就展現出自己的友善。加入別人的話題。體會對方所說的內容。思索並試著感受對方的感受。溝通是人際關係的靈魂。唯有當妳擺脫這層繭，妳的人生才有機會展開。」睿智的女士說著。

「妳之所以如此不擅言詞，是因為妳傻傻地等著那幻想中的愛人現身，拯救妳逃離孤獨。這個人永遠不會出現的。妳永遠都找不到這個人，除非妳學會如何觸及他人的心，並進入他們的生活圈。」

任何人只要誤信了委屈求全，他／她就只能以不健全的方式活著。而當他／她積極地去尋求自己在愛與快樂上的滿足時，他／她才有機會遇到並獲得滿足。而如同卡洛琳很快就發現，此種尋求並不意味著我們必須竊取他人所獲得的滿足。更確切地說，是透過讓那些與自己互動的人獲得快樂的方式，來讓自己同樣獲得快樂。藉由幫助他人擺脫非健全生活的行為，卡洛琳也能讓自己收穫滿滿。

22

Keep in mind

學會不要去在意別人眼中的你。你必須先學會和自己相處，才能與人相處。唯有當你擺脫這層繭，你的人生才有機會展開。

23

結婚對象的選擇

只有在你覺得對方是美好的時候，才應該與那個人結婚。——在兩個男人之間為難的卡洛琳

一年過去了，卡洛琳．芬威用悶悶不樂的眼神，凝視著陰鬱的黎明。此刻，她終於和自己長久以來不斷渴望的戀人在一起了。然而，在這個她本以為自己終於能綻放光芒的時刻，她卻陷入了苦惱。這段期間裡，她獲得了不少成就。藝術課不僅為她帶來了戀愛，更讓她獲得布里斯太太所預言的升職。她非常喜歡現在的工作，透過廣告盡情展現創意。當然，這份工作確實不是畫畫。但總有一天她會的。她的工作非常順利。

此刻，她的問題非常明確。她到底該不該結婚？結婚會對她的工作造成什麼樣的影響？在這兩名看上去都非常喜歡她的男人中，她到底該跟誰結婚？她是否愛他

們其中一人？這兩個人都希望能在夏天的時候和她完婚，而她也必須承認，這世界上她最想做的事，就是結婚。性壓力所引起的痛苦，讓這件事變得如此誘人。一次又一次地，她終於屈服了，幾乎就要去滿足那騷動的渴望。

在那天下午過後，卡洛琳下意識地走進布里斯太太的辦公室，但談起自己的故事，又讓她羞愧了起來。

「我又回來了。」她起了個頭，「但這次不是因為我交不到朋友的問題。我想……大概是因為妳給予我的幫助實在太有效了。我現在確實還算受歡迎，有兩個男人都想娶我。」

接著，她將自己的難處說出來，並提及自己在無數個失眠的夜裡想著：她會不會做出錯誤的決定，嫁給自己並不愛的那個人。而這兩名男子顯然都熱烈地愛著她。

「這不是很幸福嗎？」布里斯太太如此評論。

卡洛琳很快地抬起頭，試圖找出話裡的弦外之音，然而布里斯太太只是坦然微笑地看著她。接著，布里斯太太對她說了一個關於車禍的故事，而在這個故事中，這兩名男子都受了嚴重的傷。

布里斯太太把情節說得活靈活現，導致卡洛琳忍不住雙手緊握，坐在椅子上開始啜泣，「不，不，不要，千萬不要。」她哭喊。

「這都不是真的，親愛的。但妳難道還不清楚，自己會義無反顧地奔向哪一個人嗎？那個妳所愛的人？」

卡洛琳篤定的點點頭：「我會跑向理查。」

「這就對了。」布里斯太太繼續說著。「愛並不是一件關於品格的事。聰明才智或物質財富，都無法左右愛。這是一個關於契合度的抉擇。我們會感受到一股奇怪的拉力，一種重力，我可以這麼形容嗎？就妳的情況而言，擺脫害羞的妳，仍然有一點點恐男的症狀，你對男性、以及自己對於他們的判斷，抱持恐懼。妳知道芬威克·艾特伍德是一個好人，聰明且有一定的成就。他是一名努力不懈又積極的追求者。然而理查·斯壯才是妳的真命天子，儘管相較之下他比較窮，在才智上也沒那麼出眾。但妳能感受到他的溫柔與包容力。妳的心能感受到他的忠貞。」

「和他在一起時，我覺得非常安心。」卡洛琳附和。

「這是其中一個再明確不過的徵兆。」布理斯太太又接著說，「此刻，如果我追問這兩名男子相較之下的個別優缺點，也沒有什麼意義。妳可能會給我深思熟慮後的答案，而這些答案卻可能反過來誤導我們。因此，我只能利用一個想像的故事，想辦法觸及妳內心深處的感受。這也是為什麼我說了那個故事，讓你們三個人經歷了一場車禍事故，並讓那兩個男人都受了重傷。」

「妳故事真的講得太好了，我完全沉浸在故事裡了，就像我過去沉浸在那些小說中一樣。但我立刻就知道自己不會衝向芬威克。如果理查發生了任何不幸，我覺得自己會承受不了。」卡洛琳說著。

「如果妳不嫁給他，妳這一生都會像這樣。倘若你嫁給芬威克，妳還是會繼續和幻想中的理查在一起，並因為猜想著他的處境而心碎。」

「妳怎麼會這麼聰明，知道可以透過這樣的方法來察覺真正的想法？」卡洛琳讚嘆道。

「這無關聰明才智，親愛的，這只是訓練而已。我們現在知道想洞悉每個問題背後的祕密，我們就必須讓人們去想像一個問題，一個猶如真實人生事件的情境問題。除此之外，這個人必須認真、客觀地去思考。而藉由讓妳全神貫注投入到這個故事裡，我就能達成這兩個目標。」

——

關於該如何面對人生難題，如果我們只能給出一則建議，那麼這則建議將會是：去幻想一段體驗。讓抽象變得真實。在虛構的行動中注入情感。**藉由想像將自**

己的想法具象化，藉此測試真實的想法。

卡洛琳之所以會有這樣的煩惱，是因為她沒有深入探討，只是純粹地擔心著自己的愛情習題。她理智地列出芬威克・艾特伍德的誘人優點，並以此去衡量理查・斯壯。她壓抑自己因為出於對理查的愛而萌生的性吸引力。除此之外，芬威克也確實是一名熱烈的追求者。卡洛琳現在終於想清楚了，芬威克的自信源自於他在金錢上的餘裕，而理查之所以躊躇不前，是因為他不斷想著，自己能否讓卡洛琳享有他認為她應該享有的一切。

許多人會因為那愚昧的無私想法，而被充滿占有欲的行為所蒙蔽，認為自己真的墜入愛河。被人愛著，似乎就像是在告訴我們，在戀人的眼裡，我們的人格特質、無私與美德是確實存在的。接著，我們讓步了、我們結婚了，而你心知肚明故事會如何進行下去。這太常見了。

——

永遠不要因為別人愛你，就跟對方結婚。這個理由不僅不正當，有時甚至還很糟。如果他的占有欲和嫉妒心很強，就代表他根本不愛你。他只是想要你。他想藉由擁有你的行為，來膨脹自己的自尊。讓你像個奴隸，能讓他獲得力量。如果你滿足了他的貪婪，你的餘生都將為此後悔。占有欲和嫉妒不過是具侵略性的獸性、穴居時代的殘留物。

只有在你覺得對方是美好的時候，才應該與那個人結婚。不要因為你願意為他犧牲、或渴望占有對方而結婚，只有在愛著的時候，我們才論及婚嫁。當邪惡的雙生子——自我否定與占有欲，入侵人與人的關係時，地獄就會降臨，而愛將奪門而出。如果你為了自我犧牲的想法決定結婚，那麼你永遠會挑到全宇宙中最爛的對象，因其反映著你最大程度的自我否定。事實上，愛的法則也證明了，將自我否定作為一種生活態度，是多麼愚蠢的行為。放棄並忽視自己的直覺與原始欲望，只會讓婚姻被糟蹋。如果不是因為心中那鮮活且真誠的愛而選擇踏入婚姻，都將是一種純粹的褻瀆。

永遠不要為了取悅他人，而接受婚姻生活。這麼做是對愛的玷汙，就算你們的婚姻最後並沒有以離婚收場（儘管應該如此）。在未來的某一天或某一處，你們對於追求伴侶的真實、深沉衝動，終將浮現，並讓這段妥協下的感情陷入困境。永遠不要讓愛被其他人的命運所左右，否則你將心生怨懟，並摧毀那個讓你不得不犧牲獲得浪漫幸福機會的人。無論是父親、母親、兒子、女兒、還有——是的——丈夫與妻子，請和他人分享你因為得到愛，所享有的一切。追尋，並走向你的愛。但請不要輕率地這麼做，請等到你和人生都已經做好準備。在你看清這一切之前，不要輕舉妄動。

更重要的，永遠不要和一個無法對你好的人結婚，也不要跟一個無法被你視為戀人、更不想成為其戀人（即便在婚姻的約束下）的對象結婚。經常有男人會因為必須擔起責任，而娶對方。但如果他無法在這段關係中找到認同，那麼最終他也將失去整段關係。如果他被這段偽伴侶的關係淹沒、因為對方將自身的問題丟給他而不得不成為盡責的奴隸，或社會強迫他成為一名無力的家計承擔者，那麼最終，這名男子將只剩下一個空洞的軀殼。

關於愛，有一個基本法則：「做你自己——無論何時何地。」從現在開始就這麼做，而這也是你唯一的保護。不要為了贏得任何人的芳心而違背自己的意願，因為就算這麼做了，也只會為你帶來麻煩。而並不喜歡你真實本性的她或他，最終也將因為真相浮出水面後，而暗自對你抱持怨恨。

永遠不要變成婚姻伴侶的附屬品。保有自己思維上的價值觀，不要隱藏本性的渴望。永遠不要讓任何一個男人將你的身心靈禁錮在家裡，也永遠不要讓一個女人用長長的枷鎖將你束縛在那個以家為名的囚牢裡。生命才該是你的歸屬，也唯有當你的伴侶不再以占有你的心態占有你，你才能真的屬於他／她。

此外，也不要忘了成熟的原則。那些在二十歲出頭就結婚、各方面都還處於發展階段者（沒有人能在這個年紀就真的成熟），更要想清楚自己與伴侶的結合。夫妻雙方都還在成長。我們真正、且極為重要的，不是去思考「**他／她喜歡什麼**」，而是「**他／她會變成怎麼樣的一個人？他／她會選擇什麼樣的道路？他／她會如何成長？二十五年後的他／她會是怎麼樣的？**」

他／她用著跟你一樣的方式在逐漸成熟嗎？而你是否可以、而且願意與對方一起成熟？如果你的答案是肯定的，你們就能在一起。如果你朝著相反方向去，那麼本性將會迫使你們走上離婚一途。思考一段婚姻，關於進步與成長態度是絕對必要的。此外，這麼做也能讓你免於落入完美主義的陷阱。如果你拿著期望對方在九十歲時最好能擁有的一切條件，來要求並看待眼前潛在的伴侶，將是最荒謬不過的事。二十九歲的他／她不可能擁有那樣的溫柔、智慧和同理心。唯有歲月的洗禮，才能讓人具備成熟的美。

如果你的愛人願意朝這樣的方向前進，恭喜你。如果你的伴侶用著和你一樣的方式、擁有和你一樣的價值觀、說著與你一樣的心靈語言，那就太棒了。但當你喜歡寧靜、對方卻喜歡吵鬧；你喜歡博物館、對方卻只喜歡徹夜狂歡時，絕對不要和對方結婚。儘管此刻喊停讓你心碎，但失去眼前這份愛的痛，也絕對好過在經歷了幾年的假面婚姻後，從睡夢中醒來的你，突然醒悟自己根本不曾把握住這份婚姻。

當我們在愛上面妥協，我們將否定、甚至摧毀自己與生命的最基本關係。更嚴重的是，我們將成為對方生命中的阻礙。而我們的相伴或依賴，也只是一種霸占。此種自我放任違背了親密關係的最基本精神。當婚姻淪為一場漫長的自我滿足、只是為了實現你一時心血來潮的渴望時，這場婚姻將失去我們試圖在人生旅途中所追尋的生命力。

23

Keep in mind

關於愛，有一個基本法則：「做你自己——無論何時何地。」從現在開始就這麼做，而這也是你唯一的保護。

24

吸引力的藝術

對話的藝術其實很簡單。以對方的角度來思考，哪些事情是對方會感興趣的。——以聰明的手段征服人心

「我們公司面臨了危機，而我的合夥人卻將一切都怪到我頭上。我是銷售經理。但我們的產品根本不吸引人。」他說。

「那你如何處理這樣的困境？」

「我將所有的預算都拿去打廣告，也和我們領域中的每一位批發商見面。我動用了一切銷售關係，我也打通了上上下下的門路，無論是高層或酒鬼。對方接受了我們的商品，但大眾就是不買單！」

「你們公司的產品是什麼？」

「報攤販售的糖果棒。」

「而你是說，那些速記員和檔案管理員都對你們的產品視而不見？」
「就是這樣。」
「你們商品的定價如何？」
「跟其他產品差不多。」
「大小呢？」
「真要說，應該還更大。」
「給我一些你們家的糖果棒。」
他走了出去，過一會兒才回來。我伸手接過糖果棒。那是一個用綠色防水油紙包裝的糖果，上面印刷著密密麻麻的字體，寫著買到第一百份包裝的人可以得到的獎品。那些字以黑色和藍色的墨水印刷。你可以聞到墨水的油味。
「如果你把這個東西拿給一隻猴子，牠大概會立馬扔掉。」我評論道。
「這產品可是用最高級最純的食材做成的。」對方大聲抗議。
「就算如此，牠還是會扔掉。」
「到底為什麼？」
「因為這綠色的包裝看上去就像是有毒的菸草，或那種中了重金屬毒的東西。這可是綠色的東西，是暗示危險的顏色。還有，墨水聞起來太臭了。猴子才不會去關心裡面是什麼東西。我也是。牠肯定會立刻扔掉。而我也不可能去買。這也是為什麼上班族一點都不喜歡的原因。你們包裝商品的方式實在太不吸引人了。」

這段對話發生的時間，正好就在朋友的敵對企業紛紛爭相學習的時代，學習該如何將包裝改為透明，好讓消費者可以直接看到自己究竟買了些什麼產品。我要他學學其他人的方法，在包裝外頭加上一條白色的束帶，就像固定餐巾的餐巾環那樣。不到一個月後，這間公司就脫離了危機。

你說，這不過是一個很簡單、而且其他競爭對手早就在使用的建議。儘管如此，人們和企業卻總是因為沒能依循最根本的原則，而招致失敗。

想成功吸引人的興趣，唯一的辦法，就是以聰明的手段去觸及對方追求利己的那一面。無論我們面對的是徹底的犧牲型理想主義者，還是冷酷無情的高利貸者，這都是不容爭辯的真理。即便是一位近乎聖人的慈善工作者，他在意的也是你說的話是否和他的使命有關。他希望在自己的職責內，取得成功。

智慧是欲望的滿足劑。我們必須運用智慧來成就自己的欲望。只要忽視此點，我們就不可能把糖果——或你的想法推銷出去。一旦明白這個道理，你就能獲得孩子、甚至是太太（沒錯！）的合作。

說到底，如果自保是驅使你一切行為的最大動機，那麼和你相識的每個人，誰不是如此呢？想想看對方的目標和需求，研究該如何讓對方感覺更自在、更能實現能力。如此一來，你就無需擔憂對方的反應了。

當一名小男孩希望玩伴能到自己家裡玩時，他會直接跑去朋友的家裡找對方。這就是充滿智慧的行動。當你希望別人照你所想的去思考時，請先進入對方的腦袋，找出那些你們可以產生共鳴的事物，再邀請對方聽聽你的提議。

但在你自己的思緒一團亂時，不要奢望對方會喜歡這個提議。唯有當我們徹底整理好自己的思緒，讓複雜的事物看上去簡單、曖昧的狀況變得清晰，我們才有可能建立起理性的同伴情誼。我們必須運用就連古板親戚也聽得懂的言語，來表達自己，才有可能讓自己被人理解。

一名科學家在辦公桌上放著一隻泰迪熊。他總是試著用最直白的方式去表達他的科學專業見解，確保即便是一隻泰迪熊，也能理解並同意他的話。這就是一門藝術。

許多年前，我搭上了一輛通往東邊城市的火車。這趟旅程共五個小時。在餐廳車廂裡，有一名看上去像是外國人的男性乘客。我們開始聊天。我發現對方是一名廚師，並在紐約一間頂級飯店工作。我們聊得不亦樂乎。他告訴我許多關於食物心理學的有趣事情，以及人們在飲食上的奇怪癖好。在回程的旅途上，我在臥鋪車廂認識了另一名男子。他是牛群飼養協會的會長。他對我說著各式各樣的牛隻繁殖生物學，還有那些與人性格特點直接相關的故事。對話的藝術其實很簡單。以對方的角度來思考，哪些事情是對方會感興趣的。

成功對話的原則，就跟一篇優秀的報導一樣：先從聽者熟悉的事物開始說起，再逐漸轉移到對方不熟悉的事物上。不要硬生生地將自己的言論直球扔向對方的臉上。耿直是失去銳利與思緒遲鈍的徵兆。請不要再將一大堆了不起的價值觀，塞在自己的言詞中，試著在對方相信的事物與你所想要表達的事物間，搭起一座橋樑，讓對方得以觸及你的想法。

許多對話在開始前，就已註定失敗。有太多人都以為成功的討論就是指出對方言論中的錯誤，而不是先去了解對方的說法或想法。

試著學會說：「你的意思是」、「這是你的想法嗎」、「讓我用自己的方式重述一遍你的話，否則我有時候會搞不太清楚」。敞開心胸，願意接受，甚至去談論對方的感受，找出在對方恐懼下所隱藏的想法。但請絕對不要藉由點出他人目的的方式，來羞辱對方。沒有人會喜歡這樣的人——一個明知在場者不擅言詞，自己卻滔滔不絕像個關不上的水龍頭。「我知道你是這樣想的，親愛的，你只是不敢這麼說。」這簡直是迫使人犯下謀殺的最有效理由。既然我們是如此在乎自己的權利，那麼當其他人也抱持著同樣的想法時，也絕對沒有任何錯。

高強度說服法的擁戴者，總是喋喋不休地談論著該如何挑起別人的熱情，就好像光是「聆聽」就能刺激興奮感產生。這是錯誤的觀點。一個枯死的大腦無法孵育任何生機。你必須用自己的熱忱去挑起他人的熱情。讓你激動的事物，或許也能讓其他人激動。當我們努力讓自己的生命發光發熱時，勢必能獲得他人的回應。永遠不要試圖操控他人的熱情。放過他的感受。相反地，請釋放自己的感覺，而當兩者能擦出明亮的火花時，對方的熱情自然會跟上。

過去，當我的父親想要說服其他人時，他就會告訴其他人自己當初是怎麼被說服的。他不會給對方施加任何壓力，只是解釋為什麼對方的想法對他而言，很重要。就我記憶所及，他這招簡直是攻無不克——即便對象是自己的家人。

許多撰寫行銷書籍的作家們，往往談論著該如何留住他人的注意力。然而這些論點不過是空談。**你不可能留住他人的注意**。你必須先找出對方的注意力在哪裡，然後想好，當你試圖在對方分給你的注意力中帶入自己的目標時，你希望對方如何去思考。如果我能向你證明，某些在你眼中被視為必須付出代價的義務，其實是可以完全被拋棄的、而且完全不會抵觸你的良心，那麼我根本不需要依賴高強度的言語轟炸，就能獲得你的注意。

要讓對方依照你所期望的方式去行動，最好的方法就是，移除其他人施加在對方身上的全部壓力，而你那和藹的清除行為，將成為最強大的吸力。沒有人會因為你擺出「他／她就是應該要和藹可親」的態度，就心甘情願地對你親切。他們更期望在你明確表示不需要對方為了你做任何事的情況下，而他們仍對你伸出雙手，並以此讓你驚喜。

在任何情況下，都不要強迫他人放棄自己選擇的權利，更不要期望以無法滿足對方自我主義心態的散漫手段，來挽留對方的注意力。有時候，投其所好的誘惑遠比他的自尊來得誘人。

24

Keep in mind

當你希望別人照你所想的去思考時，請先進入對方的腦袋，找出那些你們可以產生共鳴的事物，再邀請對方聽聽你的提議。

25

陷入危機的公司

如果你一開始不先輸，之後就不可能贏。——扭轉劣勢的領導智慧

幾乎在每間公司裡，都可以見到這種典型的私人辦公室場景。

時間：十一月，選舉年。

角色：約翰．史坦迪斯——史坦迪斯器械公司的總裁

傑克．史坦迪斯——兒子，副總裁

馬克思．福特——公司的財務

柯特．霍爾登——人事主管和店長

伯特．比特曼——調查員

約翰·史坦迪斯站在自己辦公室的窗前。他的面前是高聳的帝國大廈。太陽開始閃耀，但此刻這名商人的心中只有一片黑暗。公司所面臨的問題遮蔽了他眼前的美景，讓燦爛的夕陽變成陰鬱的黑夜。

他的員工們已經罷工長達數週了。在問題真正爆發前，就已經為公司帶來些許傷害。如果罷工持續下去，公司就要垮了。另一方面，不受員工罷工威脅的對手公司，正揚言要對史坦迪斯公司的產品發動攻擊。

面對敵對公司的進攻，這名商人惶惶無助，而他甚至無法保證商品的出貨。約翰·史坦迪斯走回辦公桌前，神情憔悴。他正等著一份關於這次事件的報告。大街上的賣報男孩，正大聲地喊著選舉新聞。隨著每一次的大吼，史坦迪斯的臉色就更為黯淡。他感覺那些受到政治趨勢所鼓動的員工們，肯定不會讓步，直到公司真的破產為止。

一陣敲門聲後，福特走了進來，身後還跟著比特曼。兩人的神色嚴肅，但比特曼的眼神中帶有一絲得意。

「狀況還行？」史坦迪斯抬起頭來焦慮地問，「你有什麼新消息，你查到什麼了？」

「我讓比特曼跟你說吧，」福特疲憊地說。

「比特曼？為什麼，怎麼——」史坦迪斯的身軀向前傾。

「我們查清楚了所有情況，長官。這個問題從去年六月就開始了。察覺到勞工情況的可能發展後，你們的對手——史密斯波特器皿公司，在提名通過後不久，召開了董事會。席間，他們確認當前的市場已經太擁擠，或許無法容下兩間公司，所以他們投票通過，要想辦法弄垮你的公司。他們的商品目標轉移到更便宜、外觀看上去還可以，而且能以更低價格出售的商品上，並在違反你們雙方協議的情況下，私下給予折扣，而且每年給銷售員更高的抽成。」調查員回答。

「我也猜到差不多就是這樣。」史坦迪斯怒聲說道。

「你知道在他們的工廠裡，每位領班所收到關於工時與薪資的指示嗎？」

「呃，大概吧，大概——」史坦斯迪模稜兩可地回應，對於他商業敏銳度的質疑，無疑地有些傷害到他的自尊。「你是指他們給員工更高的薪水嗎？」

「不是——要是如此，他們早就上新聞了，而你就會知道了。史密斯波特的領班都保證今年絕對不會發起任何行動，而他們之所以如此配合，是因為——講白點——他們又不會有什麼損失，你懂的，如果你的工廠先倒的話。我覺得他們之中有些人已經預料到這裡發生的事。」

「發生了什麼事？你在指什麼？」

「我是說舒瓦茲、歐斯比、班布沙和罷工委員會的成員，都是史密斯波特的人，而且他們目前都還是該公司的員工。他們被派到這裡來組織罷工，好讓你的公司倒閉。這是一樁企業競爭陰謀。」

「我的老天，你可以證明嗎？」史坦迪斯臉色陰沉地問道。

「是的，長官。我們已經掌握所有的事實。」

「你是指他們利用勞工騷動來達成自己的目的？」

「他們是這樣以為的。」比特曼輕蔑地笑了。「他們可能會成為下一波受害者，但至少是在你破產之後。」

此時，傑克．史坦迪斯和柯特．霍爾登走進來。在老史坦迪斯轉頭過去和兒子打招呼的瞬間，他的臉上閃過一絲近似於不滿的神色：

「你聽到消息了？」

「是的，父親，幾個小時前。你記得我是怎麼跟你說的。」

「我實在不敢相信，我自己的人。」老史坦迪斯沮喪地說。

「也是你的敵人，父親——無論是現實或思想上。」

「我不想聽你那些理論。」

「我知道你不喜歡，但你必須接受——而且是立刻。」

「那些東西我一個字兒都不會信的。」

「那麼你最好在情勢將你擊倒前，早早放棄算了。現在要贏只剩一條路。」

「哪條路？」福特問道。這間公司的財務眼神中流露出恐懼和憤怒，但他還是設法讓自己看上去，就像是之前那個拒絕接受警告的男子。

「聰明的自私。」年輕男子神采奕奕地說道，「在奧托．卡恩（Otto Kahn）過世之前，他曾說他情願保有自己十分之一的財產，也好過於失去一切。他向我解釋了自己的聰明自私法則。包括，看清自己身處世界所發生的事，並根據當前不得不處理的情勢，來挑選最合適的自保方法。他提醒我，儘管人們不會拒絕採用更新的生產方法來製造產品，但在雇用員工這件事情，卻常拒絕改變。而這也是我們今天之所以落入困境的原因。」

傑克的父親憤怒地起身：「我必須提醒你小心自己——」

「等一等。」福特介入爭執，「現在責備你的孩子也於事無補。我們自己人之間絕對不能再鬧翻了。你覺得是什麼導致這場罷工，傑克？」

「去問問霍爾登。他負責管理員工。」

「你怎麼看，柯特？」

「因為大家心裡有不滿。」管理者霍爾登回答。

「你居然敢這樣說？你這個叛徒——」老史坦迪斯怒吼。

「冷靜，約翰，冷靜。」福特將上司按回座位上。「霍爾登的人和心都與我們同一陣線，你明知道這點的。你認為他們會讓步嗎，柯特？」

「不可能的。」

「那我們玩完了。」福特呻吟。

「我們不會玩完的，只要我能讓你和父親利用一點點的常識，開始以這個時代的想法思考，而不是用你們老一輩的那套想法。」年輕的史坦迪斯再次站穩腳步。「你們有兩件事實必須面對：一個是史密斯波特那群操弄卑劣把戲的人，還有已經組織起來的罷工者。和兩者同時為敵，你們只能全盤皆輸。唯有和員工聯手，我們才能打敗外部敵人，贏得這場仗。你之前和保守主義者同一陣線，但他們出賣了你。你需要別人的忠誠。」

整個討論的過程中，調查員都坐在一旁聽著，當他聽到該公司年輕管理者的想法後，臉上那一絲微微的輕蔑消失了。他全神貫注地聆聽。福特抓到他臉上微妙的反應。

「你相信他這套，比特曼？」他開口問。

「他說得再正確不過了，論點簡直無懈可擊。你們不可能同時征服兩大敵手。」

「我早就跟你說過了。」霍爾登靜靜地補充道。

「那麼你會怎麼做？」福特提問。

「重組，不僅僅是生產線必須現代化而已。」傑克．史坦迪斯大聲說道，「如同一些公司那樣，進行重組。讓那些員工來這裡。讓他們有機會參與公司的事務。介紹合作的辦法。讓我們的機械發揮應有的功能，光明正大地去擊敗史密斯波特的人。他們的崩潰勢必降臨。而我們，會如同我們廣告中對自家產品所宣稱的那樣強大。只要拿出我們產線一半的效率去管理員工，將沒有人可以撼動我們。」

——

我們或許可以繼續追蹤這個戲劇化的故事，關心史坦迪斯器械公司該如何面對挑戰、調整工時需求，但對我們而言，比起重組的細節，最終結論所隱藏的原則更為重要。傑克．史坦迪斯努力想讓父親接受的觀點，並不是勞工權益的解放，更不是年輕世代在面對經濟與社會問題上所使用的激進思維。這是人生的原則。而這也和所有的危機處理，息息相關。

「聰明的自私。」奧托．卡恩是這麼稱呼的，而我恰巧明白這位睿智銀行家的意思，因為就在他過世的幾個禮拜前，他向我解釋了自己的想法。我們大概不會稱卡恩是一名革命家，或共產黨。他毫不隱瞞他對於該如何保有資本力量的事情，非常感興趣，而這也與他最熟悉的銀行家人生密不可分。

卡恩只不過是一位非常務實的思想者，而他明白調適的意義。他知道有些時候，要贏的代價就是輸，或換另一種方式來說：**如果你一開始不先輸，之後就不可能贏**。在面對像史坦迪斯器械公司這樣的大危機之際，此種具建設性的不抵抗行動，才是最正確的策略。

畢竟，傑克不過是懇求大家採取人格基本法則中的務實策略而已。該公司員工們所爭取的，是不再妥協自己的權益，以及一個更合理的工作環境。而此種抗爭可以長達數年。我們必須明白，在人們獲得自由之前，此種抗爭是不會消停的。而人也會永無止盡為自我做出的妥協，據理力爭。面對此種困境，唯有當我們學會放下自我滿足、將注意力轉移到共同利益和聰明的合作行動上，問題才有解決的一天。

下面是傑克解決問題方法的精髓簡化版：

一、給予員工公平待遇，並不是一種基於道德觀的行為，而是基於智慧。

二、當一位出色的輸家，有時是獲勝的必要條件。否則世界不會站在你這邊。

三、在一個團體中，如果你的好勝心並不是出於為團體的考量，團體是不會接受這樣的好鬥。

四、如果你能和其他人分享自己的私利，你就能保有利益。

五、當你授予與你打交道的其他人在行動上的自由時，你也享有了行動的自由。

六、出現懷疑時，不妨問問立場相反者的意見，了解對方認為當前最好的方法是什麼。

25

Keep in mind

當一位出色的輸家，有時是獲勝的必要條件。否則世界不會站在你這邊。

26

光有愛是不夠的

善良缺乏具警覺性的智慧來保護並指導，善良只會被這個世界利用、奴役和禁錮。——好好先生伯特總有一連串人生災難

伯特．費錐里森的一生面臨無數麻煩，問題總是接踵而來。但他似乎也不是會被歸類為「咎由自取」的那種人。他既不貪婪，也不刻薄；當人們有求於他時，他也不會因此抱怨個不停。當然，他也不是那種神經兮兮的人，那種因為情緒敏感而使自己心煩意亂的類型。然而，麻煩就像是鎖定了他。「善有善報」這個道理，在他身上完全不適用。

在伯特面對的人生大小困境中，這個道理真的行不通。而這是一件很悲哀的事。此種人生難題有兩個層面：一個是關於愛，另一個則是關於智慧。你確實可以當一個親切、慷慨、和善、舉止得當、樂於配合、勤勤懇懇和勇敢的人，並且失

敗——徹徹底底的失敗——只要你使用的方法不對。

光有愛是不夠的。愛需要它的好夥伴：智慧。無知可以讓我們徹頭徹尾地一路輸下去。缺乏理解的愛，不可能贏。

有如此多善良的人終其一生相信，愛就是萬能的。這是一個多麼大的悲劇。不幸的是，沒有人能即時告訴他們，善良缺乏具警覺性的智慧來保護並指導，善良只會被這個世界利用、奴役和禁錮。力量是智慧之子，從愛而生。

「為什麼從來沒有人跟我說這件事？」伯特怒吼道。那是在某個午後，我和他一起坐著，而我正在解釋導致他一切失敗的原因。

「那是因為這個世界在思慮人類行為時，依舊抱持著太多的多愁善感。它並沒有讓生命擺脫道德領域，並回歸現實。行為依舊飽受舊時代思維的約束。當我們因為正直的良善而試圖做好事時，我們將智慧放到了一旁，而這麼做也導致我們終究無法逃脫委屈自己的下場。要實現神奇公式，或遵循自我基本法則，就必須去思考。我們需要判斷力。如果我們任由多愁善感蒙蔽雙眼，我們自然不可能成功。」

「讓我們花幾分鐘，來檢視你過去的思維是多麼地愚昧，因為你居然期待用愛、而不是智慧，來解決自己的困境。在仔細審視面臨困境的你會做出何種行為後，顯示了你一共犯了以下這些錯誤：

你讓不重要的事情分散了自己的注意力，只因為你擔心其他人會怎麼說你；害怕別人會覺得你太自私。

你承擔了別人因為自身困境所出現的情緒和感受：一種邪惡的無私同情心。

你在看待自身處境時，用了太多自己的道德偏見與框架，導致你漸漸地看不清問題本質，而這一切都是因為你不敢做自己。

因為那些充滿罪惡感的決定，你讓過去的失敗扭曲了眼前的問題，並用幼稚的角度來看待當前的困境，認為這些都是對你過去罪孽的懲罰。

在面對問題時，你放任自己情緒激動，因而無法冷靜思考，並暗地裡認為自己就是一個自私的人，導致你的自我懲罰意識扭曲了理智。

在評判事情和道德戒律上，你只有一套僵化的觀點；並讓這些道德教條成為你判斷事情時的主宰，迫使自己用不正常的情緒手段，來處理那些再明白不過的事實。

你認為自己應該要完美，所以你過分假裝自己已經適應了，並在你的理想主義失敗時，變得憤世嫉俗、充滿猜忌。然後是自我懷疑。而這也是為什麼你總是試圖證明自己從來都沒錯。你沒能保有超然或超脫的態度，反而把自己投射進去，讓緊張束縛著你。

如果你相信愛需要智慧，相信自我發展也跟無私同等重要，那麼你就會冷靜思考，運用智慧，展現合理的行為舉止。當你察覺眼前出現了難題時，你會思考這個問題所包含的事實與模式，直到自己能看清楚問題的整體樣貌。接著，再根據你所觀察到的一切跡象，來深入釐清內部與外部因素、原因和影響，你也會試著審視主觀的價值觀、傾向、意向與暗示，將抽象事物具象化。

最後，你應該聚集過去記憶中的所有事物，並連結起來，再把每一件新事物與你過去的經驗連結。如此一來，藉由把這些事實簡化成一種概念，這些記憶圖像就能成為一種強大的工具，可以用來找出每件事物背後所對應的動機；這也是我們所謂的『變數中的常數』。」

——

現在，你可以把這一大段，視為針對有條理與聰明思維的科學性描述，但只要你願意去理解，這其實是一件非常簡單的事。當然，當時的我不過是希望費錐里森先生面對自己的困境時，運用此種思維，把自己當作一名化學家。他所身處的世界其實就跟實驗室沒什麼兩樣，同樣深受規則與原則所影響。如果你錯誤地混合兩種化學物質，只會引發爆炸或製作出毒藥。如果你錯誤地和某些人打交道，你只會引起騷動，或讓事情變得一團亂。

大自然不會允許任何違背其原則的事物存在。對於「充滿愛卻無知的人」與「充滿恨卻愚蠢的人」，自然所給予的傷害是一樣的。在任何情況下，我們都會因為錯誤而飽受折磨。沒有人能因為自己立意良善，就免於受責罰。不經思慮的順從與人為教條無法拯救我們。投降才是唯一的辦法：向生命的法則投降。

26

Keep in mind

光有愛是不夠的。愛需要它的好夥伴：智慧。無知可以讓我們徹頭徹尾地一路輸下去。缺乏理解的愛，不可能贏。

27

麻煩往往像雪球，越滾越大

不要相信別人所說的「這不可能會多糟的」，就是有可能，而且總是如此。——背負妻子一家重擔的克拉倫斯

問題總是逐漸追上我們的。當克拉倫斯．華森因為太太的要求而屈服，讓小舅子法蘭克進入公司時，他的行為看似只是一件再簡單不過的親切而已。而當他們安排葛瑞絲的母親來跟他們同住時，他也沒想到這居然是如此致命的一步。畢竟，講真的，這些都是很自然不過的事。很少有人會拒絕一個母親希望多跟兒女相處的要求，克拉倫斯這麼想著，儘管後來連他的小舅子都一起擠進了他們家。

在我們察覺之前，許多與我們相關、或對我們不利的事情，早已透過千百種神不知鬼不覺的方式，逐漸醞釀著。一開始只是屈服在葛瑞絲的期望下，緊接著事情卻在不知不覺中，一路發展到如今這般令克拉倫斯無力負擔的處境，而他只能不眠

不休的工作，並任由那脾氣暴躁的女人毀掉自己的婚姻。

面對這樣的壓力，已經無處可逃。而葛瑞絲在態度上，也沒有任何明顯的改變。她對丈夫的愛隨著丈夫的重擔越來越重，也越來越少；之所以減少，是因為丈夫為她的親戚做得越多，就代表他能為她做得越少。

你是否曾經注意過此種令人疑惑的矛盾：那些為他人燃燒自我的人，卻往往會失去那些接受犧牲的人的愛？這不僅僅是一件事實，也是基本法則的體現。人們之所以愛我們，就是因為我們的本質。當我們因為對方施加在我們身上的重擔而漸漸失去自我時，對方會不自覺地責怪我們因為這些重擔而失去了本來的魅力。

儘管如此，我們之中鮮少有人能在情況發展至最糟之前，就開始擔憂。在那個時候，我們還不認為這會是一個問題。唯有當我們發現自己已經被吞噬後，危機才爆發。而要想擺脫這些困境，就意味著我們必須否定那打從一開始、就會導致我們惹上這些麻煩的思維。

克拉倫斯該怎麼做，才能讓自己脫離眼前的困境，同時不要引起岳母的怨恨、小舅子的仇視，又不會和妻子發生難堪而激烈的爭吵呢？又倘若他的「良心」依舊如此脆弱（而且就跟其他人一樣，被恐懼與病態思維狹持），那麼當他試圖改變自己當前的處境，是否也意味著未來的他將會因此悔恨，抑鬱而終？

除了將人拒於門外這種恩斷義絕的惡性做法，在面對此種處境和成千上百種與克拉倫斯困境類似的事情上，我們還有其他做法嗎？當我們為這些令人憂愁的困擾而痛苦時，我們一定要打從心底放棄一切關於此種傳統的信念嗎，以便對於那些喜歡管他人閒事、愛發表情緒性言論的人，從此免疫？

唯有當我們能察覺批判者的無知，並發現他們口中所謂「美德」的空虛之處，我們才能獲得自由。

我們身上的麻煩之所以越滾越大，是因為我們的縱容，也是因為我們無法遵守健全的法則。那些在任何情況下都不會委屈自我的人，能在情況開始失控、被喧賓奪主地搶走人生重心時，迅速察覺狀況。而他的拒絕，也絕對不是出於任性的驕傲或自我滿足。他勇於抵抗，也勇於扭轉問題的情勢，確信自己的行為終將為所有人帶來益處。自身的妥協，只會無可避免地導致他人的妥協。

你和我被夾在兩股邪惡勢力之間。道德學家告訴我們那些只會招致毀滅且毫無實用價值的道德禁錮，談著那些根本沒有人能成功實踐、或在接受後還可以保有獨立思維的自我否定教條。而那些選擇與此種苟且型無私背道而馳者，展現著如同獵豹追擊獵物般的侵略性，與顫抖的弱者形成截然不同的對比。

數世紀以來，我們一直只擁有一套可行的思維體系。在索然無味的聖人與殘暴的征服者之間，沒有任何一個中庸之道可供我們選擇：要不是活得如同彩繪玻璃上的聖人，就是成為原始獸類般的暴君。

在此種思想上的掠奪下，我們的智慧變得支離破碎，導致情況更加嚴重。我們絕大多數的力量，都被白白浪費掉。佛洛伊德（Sigmund Freud）和其追隨者，發表了許多以人類潛意識為題的著作。確實，我們應該視此為一種壓迫和退步，因為過時的傳統與習俗中的無知，而讓自己承受壓力，滿心愧疚。

現代社會之所以會有如此多人患上精神疾病，就是因為他們的智慧不斷向前，情緒卻在後頭苦苦拉扯。他們並不明白關於腐敗的根源，可以一直追溯至法利賽人膜拜金牛犢[1]的行為上。

而人們也不明白，在那被人們誤稱為偉大的自虐式殉道行為中，並不存在美德。如果我們能讓朋友與親人為自己的人生負責，讓對方憑藉自身的知識與能力而活，那麼我們人生中的許多壓力，將得以消失。我們並不需要扛著他人而活，也不需一肩擔起孩子、母親或兄弟。

生命遠比任何人的想像來得宏觀，也遠比任何見解來得深刻，我們必須參透其中的奧祕。而此種洞察力也需要與現實結合。生命要求我們和現實互動。這麼做的目的不在於背負悔恨，或甚至是壓抑自己。經驗能讓我們更為機敏，從而讓善良的、不錯的事物，得以實現。

應對問題的七項極為重要的原則：

一、不要試圖做任何你或許無法完成的事。
二、不要根據情況本身來判斷你的處境，請根據情況將會變成怎麼樣來判斷。
三、請記住，麻煩總是無聲無息、躡手躡腳、令人難以置信地持續成長著。
四、擁有智慧——足以看清，事情可能會變得如何令人難以忍受。
五、擁有勇氣——在麻煩開始前，就拒之於門外。
六、當你的至親說：「這不可能會多糟的。」不要相信他們，就是有可能，而且總是如此。

1 金牛犢（Golden Calf），出埃及記卅二章。當摩西離開以色列民上了西乃山後，以色列民見他遲遲未歸，就要求亞倫為他們做神像，亞倫答應以色列民的要求並鑄造了一個金牛犢供民眾膜拜，最後引起耶和華的震怒，令三千百姓死亡。

七、當你發現身邊的情況變得越來越麻煩時，要擁有脫身的勇氣——而且是立刻。如果你任意縱容，情況只會變得越來越糟，直到難以承受。

每個人和每件事都有臨界點。你也一樣。總有一天，你將再也無法忍受那些使你心懷憤怒的人或事。無論是誰或是什麼：妻子、姊妹、母親、父親、丈夫、伴侶、老闆、時間、鄰居、工作、擁擠的群眾或惱人的訪客，只要對方惹惱你的速度遠超過你所能消化掉的速度，總有一天你會來到臨界點並爆發。既然此種爆發是無可避免的，那麼你是不是應該在自己崩潰前，就開始改變、搬出去、搬回來、放棄，或要求某些親戚離去？

唯有當我們製造出此種「心理上的關鍵時刻」，我們才能擺脫一切拉扯，使自己恢復原樣。因循苟且的心態只會帶來失敗。生活這門藝術的訣竅，絕大部分與機智敏銳有關。生活充滿了機會，就像一條由各式各樣小機運匯流而成的溪水。某些時間是美好的，某些時刻是重要的，而我們必須將所有小事件匯集起來，使其變成一件顯著而重要的事件。當我們能像懂得擬定戰略的將軍般，規畫好自己的心理時刻，我們就能主動出擊，而不是被動地等待這些時刻的降臨。

如果你因為自身的道德觀，而不敢用剛毅的態度去面對困境，那麼毫無疑問的，你應該也很習慣於讓別人替你的行為找藉口。是的，當你為了不要觸怒母親，而不敢挺身而出、娶自己深愛的女人時，一定會有許多生活在失望中的悲觀主義者跟你說，你的犧牲是多麼崇高。

只要我們為了那些低於實踐自我的目標，而去否定自己時，我們就有罪。不妨想想，如果耶穌為了滿足家人的期待，否定自己在教化與治癒人類上的天賦能力，轉而去幫家人蓋房子，下場會是如何？此種類型的無私是純粹的邪惡，卻也是一種備受大眾推崇與讚美的邪惡。

當我們像克拉倫斯・華森那樣，放任麻煩在自己身邊滋長、茁壯，我們是有罪的；但當我們擁有健全的人格，懂得從中脫身時，我們將不再是罪人。在社會上處處可見的自我犧牲中，最為卑劣的一點，就是那內含的不誠實。這些行為散發著濃郁的惡臭，而這股心靈上的腥臭來源，就是那腐敗的自我主義。

自我忽視就像是一種自殺，也是摧毀一個人本性的第一步。這種心靈上的自我毀滅，往往比實際上被奪走性命，來得可怕。就在某個地方，要人們耐心等待的邪惡之說正在發酵。而身體的崩毀，不過是整場犧牲的最後一道儀式罷了。

27

Keep in mind

擁有智慧——足以看清，事情可能會變得如何令人難以忍受。

擁有勇氣——在麻煩開始前，就拒之於門外。

28

謠言的應對

沒有任何一種情況，需要我們去妥協。是我們誤以為自己應該妥協罷了。——面對流言蜚語的智慧與勇氣

謠言是美德的工具，因為在謠言中，美德總是能受到額外的關注。謠言也是冰冷道德的武器，是過去那個將人們綁在刑柱上折磨的時代所遺留下來的歪風。如果我們畏懼謠言，謠言就會變成強大的利刃；如果我們不能看破謠言的本質，謠言就會霸占一席之地。

然而，我們沒有辦法建議他人應該如何正確地應對謠言，唯有當此人選擇順從本性，並將科學指引作為生活的方式。

倘若你愛上一名有夫之婦，你知道自己的行為有違社會倫理，因此明白自己也許將陷入一連串的麻煩之中；倘若你是美利堅合眾國聯盟（Union League）的成

員，但你為了勞工權益挺身而出；倘若你是美國革命女兒會（Daughters of the American Revolution）的一員，然而你主張和平；你住在一群基督教原教旨主義者之間，你的父親也是原教旨主義者，但你不是。只要你將那些對你的批判放在心上、而不是視為無關緊要的雜音，你就無處可逃。你所經歷的每一件事物，都是一場考驗「你到底相信什麼」的試煉。

唯有發自內心的自由，才是自由。無論全世界的看法為何，你都能抱持著置身事外的態度，你才能獲得保護。在應對處理一切麻煩時，行為的第一原則就是獨立，此種獨立不僅僅包括對於自身行為後果抱持超脫，更包括超脫於社會框架外的獨立性。一旦缺乏此種態度，所有的建議（除了那些要你卑躬屈膝、接受一切團體意志的忠告外）都是無效。

而擺脫此種惱人困境的第三步驟，則埋藏在實踐真實自我的信念之中。如果你追隨自己所相信，總是根據自己對於真理的標準來傾盡全力做到最好，那麼沒有人有權挑你的毛病。沒有什麼比這更誠實、更快樂的事了。

——

瑪蒂達・哈洛威住在一個總是瀰漫著流言蜚語的社區裡。然而謠言的焦點鮮少是關於她。畢竟謠言又有何用？她根本不會為此煩心，而當一則謠言無法產生任何效果時，人們對謠言的興致也會驟然消失。事實上，對於向瑪蒂達這樣的女強人編造謠言，根本是小瞧她了，她壓根兒不在乎那些流言蜚語。

要想擺脫謠言的牽絆，首先你必須對愛嚼舌根的人作出判斷。如果你視這些人為過時時代下的產物、以吹毛求疵這塊腐屍為食的禿鷹，那麼你就可以輕易對著那些站在腐朽老木上的奸邪之輩，微笑以對。對於那些意志脆弱的夥伴們，你心存同情，同情他們因為恐懼而不敢打破舊時代的陋習。你可以觀察他們是如何痛苦地面對社會上的一點一滴改變，並且從未取得任何重大突破。融入周遭的生活，成為他們的人生頭等大事。上教堂就該穿適當的衣服。而在教堂內傳授的教義為何，根本不重要；但新娘的頭紗一定要符合規定的長度；至於愛不愛你所嫁之人，則是其次的問題了。

比起事實，他們更傾向將注意力放在妄想上，樂於接受以文明為名的虛偽，並錯誤地稱其為人生。當文化的保護色成為評判的標準時，他們才會假裝自己也擁有類似的價值觀。他們為瑣碎的小事奔忙，以繁文縟節來取代明辨是非的判斷能力。

你也會發現，那些喜愛評判他人者，擁有最奸詐狡猾的道德觀。你會發現改革者往往才是需要幫助的人。這也是為什麼他們會期望能改善這個世界。當邪惡占據了一個人的內心時，比起挑自己的錯誤，他更喜歡去看別人的錯。也正是基於這個原因，那些責備你的人，其實自己才應該受到責備。他的譴責就像是承認了自己的罪惡般。當一名阿拉伯妓女改邪歸正後，她央求警察逮補所有的妓女。而她的心究竟有多麼邪惡，就反應在她對昔日同伴的撻伐程度中。

惡意的源頭就埋藏在我們的記憶中。在幼年時期被迫奪走童貞的男子，會害怕女兒也成為強暴的受害者。年輕時候喜歡手淫者，總是擔憂著自己的兒子也會手淫。所有的責備就像是引導著過去罪惡感的索引標籤。這樣的人總是喋喋不休地說著你該盡什麼樣的義務。直到看見埋藏在可怕義務背後的真相之前，好人會選擇靜默。

那些愛說八卦的人最引以為傲的詭計，就是把你所提出的每一條解決之道，都說成是「危險、極端和不道德」的舉動。茱麗葉愛上羅密歐是「危險」的。對前一任國王而言，愛德華在乎窮人的福利是「極端」的。對他而言，愛上有夫之婦是「不道德」的。也因此，所有的懦夫及掠奪者都畏懼正直的愛和坦白的勇氣。

小人希望你不幸。當你擁有快樂、展現能力，並自由自在時，他們的痛苦又加劇了。他們喜歡聽到命運是如何折磨你。當你的自我受到傷害時，他們的自我就得到治癒。當我們信了他們那幼稚的言語時，我們的人生很有可能在一瞬間就走向毀滅。

你是否曾經注意到，偽君子是多麼喜愛設下道德的陷阱？他們熟知所有足以煽動情緒的狡猾手段，與譁眾取寵的善良。那些最狡猾的小偷，往往在教堂內或教堂外，都是道德戒律的大力推崇者。

對於良善之輩而言，好吹毛求疵者身上那層總是再明顯不過的自我犧牲偽裝，就像是提醒我們趕快警戒起來的明燈。人們會以你周圍的人來評斷你，當你和一群放縱自己沉溺於淫穢作品之中的人為伍時，人們便會以為你也是充滿色欲的。

如果你用著如同宗教法庭上、那些抱持著曲解教義歪風者所展現出來的愚昧，輕易去接受這些道德勸說，那麼你也同樣會去接受那些充斥在精神病院中的社會異象。當我們的腦袋中裝滿了這些妄念，我們就無法解決任何問題。而你也躲不開謠言的糾纏。

——

人們總是高喊，你應該接受自己所身處之地與時代的道德觀，因為這是你的義務。而思想溫順的人總在不加思索下，就輕易接受，或將自己的妥協正當化為一種「必要」。正直的人則沒有辦法在不反抗的情況下，輕易對外界的價值觀低頭。一名來自南海島嶼的女孩，其父親企圖將她賣入妓女戶，如果她是一個性格無比溫順的女孩，儘管她嚮往愛情，那麼她可能遭遇的下場將是毀滅性的。那些打著社會道德旗幟的人們，或許會說服女孩接受剝削，並乖乖聽話以免惹禍上身。

把適應不良視作社會的過失、而不是自身人格錯誤的我們，會建議那名女孩勇敢反抗周圍人們要求她做的事，同時教導那名孩子去原諒父親，儘管他無知地追隨了族人們的作法。逃離家裡，並拋棄過去曾經以為屬於自己的義務，或許會讓這名女孩悲傷，但這樣的決定，絕對不會摧毀她。

——

征服者總喜歡追求自我滿足。放棄者甘願做處境的奴隸。而抱持著無比清晰思維的我們，則選擇有效率地解決問題。當迷信介入了我們，我們就會失敗。主宰我們生活的不應該是運氣，而是超脫的思維。

能力確實是重要的，尤其當我們指的是明辨是非和忽視禁忌的能力時。能讓我們獲得勝利的智慧，不會是那些出自於不敢做自己的恐懼。我們可以從莎士比亞作品《哈姆雷特》中的普魯涅斯（Polonius）給予萊阿提斯（Laertes）的建議裡，學到極為重要的一點：「你必須對自己忠實，且如同黑夜跟著白天般，唯有如此你才不至欺瞞他人。」

沒有任何一種情況，需要我們去妥協。是我們誤以為自己應該妥協罷了。只有敢於鄙視此種對於我們本性的扭曲，或對我們正常成長的壓抑，我們才能解決問題。

28

Keep in mind

唯有發自內心的自由，才是自由。無論全世界的看法為何，你都能抱持著置身事外的態度，你才能獲得保護。

29

婚姻難題

一個人的快樂，才是獲得成功親密關係的訣竅。唯有當我們拒絕在婚姻中承受任何委屈，同時睿智地約束自己不能強迫伴侶，這段感情才能走向成功。——婚內失戀的凱特

那是一個凱特最喜歡的冷冽而清醒的秋日。在這樣的午後裡，金黃色的樹葉會悄然無聲地在她的腳邊落下。她的步伐緊湊，思緒飛轉。她或許可以跟芭芭拉談談，她真的需要跟人說說話。彼得實在太遲鈍了。他總是只看事物的表面。對他而言，眼淚就只是眼淚。

婚姻危機猝不及防地纏上了凱特。早在許久之前，她就已經讓自己全然適應先生的不成熟。她已經習慣了先生那始終如一的粗心大意，和性生活上的笨手笨腳。在他們蜜月的時候，那僅有的浪漫也早已消耗殆盡。她也可以應付先生對於海倫及瑪莉的忽視。畢竟她怎麼能期待一名父親去了解那兩個性格古怪、情感纖細的女孩

呢！

真正讓她崩潰的，是孤單。她回想起自己年輕的時候，日子裡充滿了音樂和有趣的對話。那個時候，日子總是被戲劇和美好的事物填滿，觀賞有意思的表演，談論有意思的書。戲稱她為「高知識分子」的彼得，總在她試圖跟他聊天時，打開收音機，放著爵士樂。

芭芭拉家中的熱鬧氣氛，給了凱特些許安慰。她痛恨自己居然要用那悲慘的故事，來毀掉這個愉快的午後，但就在她還沒做好心理準備的時候，那單調乏味的故事早已脫口而出。

「我再也受不了了。」她如此總結。

聆聽著故事的芭芭拉，時不時會安慰她幾句。但在聽到這句話後，她說了。

「這對我來說當然早已不是新聞，親愛的。吉姆跟我曾經討論過這件事，而我們從未對任何人說起。人們多數時候都能知道、或隱約感受到，自己朋友的婚姻狀況。有些時候，他們知道問題的導火線。我相信妳說的每一句話都是真的。彼得很不成熟，而且總是只看事物最表層的意義。他的工作榨乾了他的一切精力。而當他回家時，他只想要開心的放鬆。」

「但他偏偏選擇了最笨的方式。」凱特忍不住抱怨。「我永遠都分不到他一半的注意。他抱怨著家庭開銷，卻從來不編排預算。當我表達自己遇到的困難時，他卻只認為我在抱怨。」

「我猜，在你們大吵一架後，他往往會選擇離開一個晚上之類的。」芭芭拉問。

凱特沉默地點了點頭，「我——我曾經以為他在外面有女人，但我想狀況沒有走到那一步。」

「但是真的有，親愛的。總是有其他的女人。」芭芭拉緩慢地回答。

看到朋友眼中所迸出來的怒火後，她繼續補充：「只不過就妳的情況而言，並不是一個有血有肉的女人。對於妳自己的先生，妳有妳的想像。妳想要一個全然了解妳的人。彼得也會有自己對妻子的想像。而他似乎和一個與自己想像截然不同的女性結婚了。現在，他並不打算拯救這段婚姻。他正在讓自己變成一個麻木的丈夫。」

「但是芭芭拉，他總是期待我擁有跟他一樣的想法和感受。他永遠都不考慮我的渴望。」

「他應該要嗎，凱特？」

「不應該嗎？在維持婚姻上，我們難道還有其他方法嗎？」

「不，當然不是。我的意思是，妳為了維繫整個家庭的和諧，放棄了所有與妳先生興趣相違的事物。妳試著依照他的期待，去改變自己。妳犧牲了自己對音樂的癡迷、對戲劇的熱愛，和那些文青朋友。」

「我這麼做，錯了嗎？彼得覺得那些都太無聊了，我如果不放棄，就顯得太自私了。」

「但看看現在的結果，連妳也變得無趣了，而且更糟糕的是，連彼得都覺得妳很無趣。過去，他是如此喜歡妳，有時甚至願意為了妳做些麻煩事。他認為妳是如此迷人。現在，他變了。也許現在他還沒有其他女人，那些女人都只存在他的幻想中。但他遲早會的，如果妳的內在繼續枯萎的話。妳所使用的自我貶抑，永遠無法解決婚姻問題，只會毀掉婚姻。」

「妳是說，我應該做那些自己愛做的事？」

「妳和彼得訂婚的時候，妳不是經常做那些事嗎？」

「是呀，為什麼這樣問？」

「而那時候的他不是很愛妳嗎？」

「他簡直是痴迷。」

「那麼答案不就出來了？不要再把自己硬塞入那個妳腦中『彼得理想太太』的

模板裡。再次變回那個活潑、熱愛生命的凱特。然後看看事情會有什麼樣的改變。彼得並沒有如妳所想的那樣無可救藥或愚鈍。有需要的話，他也可以變得很有趣。」

突然間，凱特抬起了頭，盯著自己的朋友。「他跟妳談過了嗎？芭芭拉？」她問道。

「所有男人都會對著願意聆聽自己的女人開口。妳先試著變回過去那個凱特，看看他會有什麼反應。」

——

一個月後，彼得．巴尼斯用著男孩般的輕快步伐，從通勤的火車上跳了下來。他不知道該怎麼表達，但最近的生活就是變得有意思了。在他嚴重抗議凱特最近太常參與活動後，兩人間的話題就一直繞著這個轉。是的，現在所有的話題，都是關於凱特。不知怎麼著，她不太一樣了，該說不一樣嗎？因為她感覺只是變回了過去的凱特，那個他在大學時期深深為之瘋狂的凱特。她的臉頰上掛著並不是腮紅所能造成的明亮，眼睛裡更閃爍如同擁有什麼甜蜜小祕密般的光芒。更重要的，她的幽默感又回來了，那種如過去般總是奮勇向前不怕死的詼諧。肯定有某些事發生了。

幾個禮拜後，凱特又去找了芭芭拉。

「親愛的！」她興奮地叫著，「倘若妳是因為身為社會工作者，才學到這些婚姻智慧，那麼我真的要大力推薦所有的妻子都去從事社會工作。儘管這些或許如妳所說的，只是心理學，但這對我來說真的太新鮮了。現在，我終於明白妳說的，一個人的快樂，才是獲得成功親密關係的訣竅。如果連你自己都不快樂，又怎麼可能讓伴侶快樂。而如果妳為了愚蠢的妥協而使自己受苦，妳又怎麼能快樂起來。不可能，親愛的，我已經不再是家中那個盡職的女僕，如病態的女傭辛勤工作、並等著主人回家。有時候我會在家，有時候我不在。但只要我在，我就會是一個有血有肉的女人，而不是一個靈魂枯死的妻子。我自然也沒有太得寸進尺，我還是做了許多他喜歡的事，但這也是因為現在的我更滿足，自然有做這些事的餘裕。」

——

唯有當我們拒絕在婚姻中承受任何委屈，同時睿智地約束自己不能強迫伴侶，這段感情才能走向成功。我們必須對共同經歷的失敗有著最細膩的理解，然後去適應，然而此舉並不意味著、或勢必走向個人的壓抑。與所有關係相比，婚姻需要最多的合作，也是互助精神的最強大實現。快樂的婚姻，不允許欠缺考慮的忽視和自我滿足。**你不能放縱自己隨心所欲**。你不能蜷縮到自己內心的世界裡，或隱藏所有不悅。你所做的每件事，都必須都以兩人的幸福為出發點。

對於這樣的狀況，有一個原則是凱特過去沒能把握的。我們的性格之中帶有一種節奏，而這個節奏就跟日與夜一般，是絕對明確的。有成千上萬的人因為沒能找到這種節奏，而心懷怨懟。無論我們有多愛自己的伴侶，我們仍舊不可能無時無刻都將焦點放在對方身上。無論工作能帶來多大的樂趣，我們也不可能將全部的注意力都放在成就上。我們將永遠在欲望和理性思維之間來回擺盪。

此種交替是基於生理學的，也是最自然的現象。當然，也包括了心理層面。其對女性本能的影響，就如同其對男性本能的影響一樣深。人們常說的「愛情是男人生命中的一部分；卻是女人生命的全部」，根本是無稽之談。當女人精力充沛地追求自己的目標時，她們就跟男人一樣，愛情也只占了生命的部分。我們的祖先用家務勞動和養兒育女的監牢，將女人囚禁。他們希望女人的存在，只是為了自己。在這樣的厄運下，女人病了，並且枯萎。社會規範讓女人唯命是從，卻也強迫她們變成最貧乏與無趣的生物！

一個希望獲得現代女性熱切回應的男性，就必須接受她的生命力就跟自己一樣強烈，她不一定會因為他充滿欲望，就同樣欲火焚身；也不一定能在他忙於工作時，也乾脆讓自己投入到工作中。她跟他是一樣的，沒辦法做到無時無刻的奉獻。有些時候是親密的，有些時候是消極的。

只要我們花一些心力去研究，並尋找此種節奏的協調性，就能獲得大大的和諧。只要你願意，你就能找到伴侶的節奏，並協助自己去適應他／她的律動。

當伴侶雙方都有這樣的共識時，就可以取得節奏上的平衡，而愛與成就也能獲得全心全意浪漫的灌注，和充滿活力的拓展。在婚姻中，我們應該將自私的藝術展現得淋漓盡致。唯有懂得保護自我魅力與趣味的人，才能帶給伴侶快樂。

29

Keep in mind

在婚姻中，我們應該將自私的藝術展現得淋漓盡致。唯有懂得保護自我魅力與趣味的人，才能帶給伴侶快樂。

30

借酒澆愁

人們之所以會藉由酒精來撫慰被迫妥協的現實，是因為他們還不明白，自我放縱永遠不會得到任何好處。——尋求生活慰藉的尤金

在擔任了幾年的記者和一段時間的旅行推銷員後，尤金努力地讓自己打入了廣告界。他天生就善於喝酒交際，但也不至於太過頭。在他結婚後，妻子亨莉艾塔的姑姑普希拉，就搬過來和他們同住。她是一個態度強硬，同時又很敏感的人。為了她，他們搬到了郊區一個昂貴的社區裡。你曾經在一小片刺蕁麻叢裡看見一隻無毛狗嗎？尤金是真心喜歡楓葉莊（Maple Manor）的生活。

他們的生活方式，讓他無法再像過去那樣，去加拿大的森林度假。現在的他只能站在市中心，遙想著自己曾經身處在大自然中的美好記憶。現在，他負擔不起那樣的享受。他曾經幻想著有一天能搬到農莊，盡情享受野外生活的樂趣，而如今這

個夢想離他越來越遠。辛苦工作的日子，似乎看不見盡頭。

沒有人曾考慮過他的需求，即便是他的太太。他難道不是個盡責的一家之主嗎？亨莉艾塔跟普希拉過得很滿足。她們能享受自己的俱樂部生活、午後的橋牌時光，和夏日花園等典型的美國悠閒生活。你猜想這或許就是相當普遍的情況。

而我們的故事，開始在一間律師辦公室裡。亨莉艾塔來找約翰·克雷格，請他替她安排分居。她再也受不了了。她希望尤金把楓葉莊的房子留給她，要不然她也可以帶著孩子去佛羅里達生活。只要他能將一半的收入給她，並給予普希拉姑姑固定的零花錢，她就能活得好好的。你瞧，這個狀況很典型。沒有人能期望像亨莉艾塔這樣出身良好、性格纖細的女性，接受一個酒鬼在身邊。不，當然不能。

就在此刻，我們的故事出現了一個令人驚訝的轉變。約翰·克雷格和亨莉艾塔的看法，完全不同。他問了亨莉艾塔一些事，並發現在排除了姑姑普希拉、和喜愛楓葉莊那幢房子的表象後，她心底依舊住著一名陷在愛裡的女子。她不知不覺地愛著尤金。

約翰決定盡自己所能，嘗試拯救這段婚姻。為了做到此點，他必須讓亨莉艾塔去思考：對尤金而言，他們的生活是怎麼樣的。他必須讓那個猶如病懨懨的蝸牛、死命攀著他們的普希拉姑姑，搬出去。但需要做的還不只這些。身為有經驗的過來人，他察覺到了整起事件的核心：亨莉艾塔麻木了，成為所謂的「性冷感」受害者；對於任何親密關係都無法提起興致；一種女性常見的現象，因為客人、俱樂部、小孩、鄰居、購物，和成千上百種被視為「必須」的事情而分心。

克雷格試著讓亨莉艾塔了解，尤金之所以會出現酗酒習慣，不僅僅是因為他想要逃離這個無趣的生活，更因為酒精能撫慰他了無生趣的性生活。他問她，她是否考量過那個在辦公室裡日操夜勞的尤金，而她是否意識到自己是如何利用他養家活口的能力，來成就自己美好的母親形象。

克雷格讓她理解，對於這樣一個花了數年才換來成功的男人，其在性行為方面可能不會太出色。有許多時候，他們會因為疲憊與困惑，而不採取主動。他解釋，數年來尤金一直壓抑自己，唯有直率的愛和性欲方面的刺激，能將他從此種自我壓抑的狀態中，釋放出來。要想挽回這段婚姻，她就必須重新奪回被酒精占據的吸引力，並讓尤金跟她在一起時能充分感受到興奮與喜悅。倘若失敗了，她也必須意識到是她對生活、及家人生活的需求，導致尤金出現這樣的狀況。

我們不需要聽接下來的討論。在亨莉艾塔還和尤金在一起的時候，她堅持讓自己成為對方的監護人：她掌管了他的金錢，替他將薪資支票兌現，並限制他的開銷。在雞尾酒派對上，她總是像個焦慮的母雞般，跟在尤金後頭監視著他。然而事實上，她的行為太超過了。

要幫助尤金，她應該反過來替他尋找情緒的宣洩口，改變兩人的生活，搬離楓葉莊，打發普希拉姑姑走，減少開銷，規畫一個更貼近尤金期望的未來生活。此外，更重要的，是讓兩人的性生活出現突破性的改變，提升自己對丈夫的回應。對亨莉艾塔來說，這每一件事都是一個考驗。儘管如此，她還是全部做到了。

「喝醉酒的歡愉感，非常近似於性高潮的狂喜。」克雷格用著老父親般的態度向她解釋，「當我們能透過親密關係來獲得喜悅時，那可悲的替代品就失去存在的意義。」

確實，在某些案例中，也有情況是身體對於酒精的依賴性已經嚴重到不得不求助於醫療幫助。內分泌紊亂可能會導致大問題。但一般而言，治療酗酒的方法，就從改變自己與生活的關係開始。人們之所以會藉由酒精來撫慰被迫妥協的現實，是因為他們還不明白，自我放縱永遠不會得到任何好處。最終，自我滿足只會摧毀一切的滿足，奪走那些能讓我們體現滿足感的知覺反應。忽視此點的男人與女人們，往往為了逃離以下事物，而依賴酒精慰藉：

可能引起酗酒的生活壓力源

- 態度負面的妻子或丈夫
- 愛干涉他人的親戚
- 不幸福的家庭
- 性生活失調
- 作風誇大的家庭
- 父母的支配
- 不當的責備
- 隱藏性的罪惡感
- 嚴重的恐懼症
- 不公平的人際或工作關係
- 丟臉的情況
- 因親密關係而導致的傷害
- 傲慢的夥伴
- 失調的問題
- 缺乏積極性的社交意願，長期感到孤單

我們很有可能以各種不同的方式，遇上這些問題。光是其中一件，就足以導致自我放縱的酗酒。然而，只要家庭或當事人的配合，問題就能獲得改正。愛抱怨的丈夫與妻子，必須面對自己的壞習慣。而我們可以確保自己的生活，遠離愛干涉人的親戚。只要你有這個意願，你也可以離開那不幸的家庭。當問題的根源消失後，酗酒問題就能解決。

30

Keep in mind

治療酗酒的方法，就從改變自己與生活的關係開始。

31

親密關係失調

期望伴侶知道你的感受，自己卻從不向對方解釋，是不正確的行為。——男人在婚姻中的一大煩惱

男人最常犯的一個錯誤，就是誤以為妻子的性欲天生不如男性那樣強烈。許多婚姻就因為這樣的誤解而破碎。男人說不希望因為自己的需求，而表現出「自私」的樣子。太荒謬了。只以滿足他人為目的的親密關係，其本質就如同性交易。

成功的性關係所追求的不應該是自我滿足，而是雙方的共同體驗。貪婪的色欲只會破壞其所追求的愉悅。佛洛伊德稱此種自私，就像是「在陰道裡自慰」——這是多麼貼切的描述啊。另一方面，任何為了「夫妻義務」而演戲、委屈自己的行為，也都只是無比低俗的舉動。

女人的性欲比男人低，絕對不是事實。其實她們甚至更強烈。然而女人的天性

讓她們比較被動，而不是主動。當她們受到刺激時，往往也能很快地產生熱情回應。

我們經常能聽到男人說著自己的「性生活問題」，就好像那些問題無解一樣。他們描述女人像是一個「謎」，她們的行事作風「很奇怪」。只要他們一日不擺脫這荒謬的想法，婚姻這張床所能帶來的愉悅，就會降到最低。法國人有一句非常精闢的俗諺：「沒有冷漠的女人，只有笨拙的男人。」那些不快樂的丈夫們所面臨的問題，就出在自己身上。他們太笨拙了。

與人生所面臨的所有問題相比，只要我們拿出同理心、決心和智慧，性生活的不滿足真的算不上難解的習題（儘管多數人都認為這個習題無解）。關於此一議題，市面上已有許多不錯的書籍。如果有問題，不妨去閱讀看看；不僅僅是閱讀，請好好研究一番。但請不要預期自己能如改裝車般，以為只要按圖索驥，就一定會成功。這個世界上並不存在著百分之百能挑起女性欲火的祕訣或成功守則。處理這個問題就有點像是刷牙，實在沒有所謂的絕佳之道。

事實上，笨拙丈夫的最大問題，就出在那過於隨性且粗手粗腳的行為。唯有追求，才能讓我們得到愛。此種追求必須是持續的，六十歲的追求甚至應該比十六歲來得猛烈。沒有一勞永逸的辦法，能讓我們永遠留住浪漫——除了那溫柔、能引起共鳴的奉獻：興趣、注意力和藝術性的表達手段。是的，我用了「藝術性」這個詞。

藝術並非總是彆扭的。而我必須重申一次，這些書也有可能不適用在你身上。只要你不能自然地運用，一切的建議都無法奏效，還可能會讓情況變得更糟。又或者，如果你只是呆板地按部就班、或用看說明書的態度去實踐，這個建議也絕對不會成功。不要將它們視作一種方法來學習。讓它們更像是一種充滿活力的表達。去感受它們。讓你自己和它們融為一體。讓它們成為潛意識的模式。不要刻意去做。讓它們自然而然地發生，直到你感覺自己就好像一直以來都是個藝術家般。

——

每一位丈夫所能獲得的最好建議，就是對那幾個典型的性經驗困境，有更深入的了解：關於這些困境的起因，及因應之道。詳情如下。

艾佛雷特正透過窗戶，目不轉睛地盯著溫妮佛列德。單方面的渴望，就如同他在親密關係上的遭遇。他認為此刻的自己，愛溫妮佛列德更甚於妻子。他對這名年輕女子的了解不深。她不過是他的幻想對象——逃離那壓抑性生活的出口。

幾天之後，艾佛雷特出現在沃倫醫生的辦公室，表示自己不太舒服；他的鼠蹊部有點疼、反胃，還睡不著。他描述了妻子的神經緊張和易怒個性。她簡直是八點檔的女主角。醫生聆聽，並理解他的情況。漸漸地，他越說越多，連關於溫妮佛列德的幻想都說出來了。

沃倫醫生知道溫妮佛列德這個人，也知道她對性事的保守程度，簡直勝於芬尼二十倍。他理解，就如同情緒有問題的人，更容易被情緒有問題的對象吸引；在性行為上表現不出色的男子，往往也會選擇性冷淡的女子作為幻想對象。他讓艾佛雷特面對問題，並跟他解釋，為什麼他情願讓一尊大理石雕像來取代太太。除此之外，他也教導他在親暱行為方面的正確步驟，和那些以此為題的書籍所提到的撩撥情欲方法。

另一場戲，就開始在凌晨三點半。確切而言，湯瑪斯和蒂奧多拉．康拉德並沒有處在爭吵中，只是像往常般進行著永無止盡的爭辯，而這些爭辯甚至吞噬了他們的親密時光。而造成此種情況的原因，可能會讓他們相當意外，因為兩人都不知道，成功的親密關係必須建立在日常的友好上。沒有什麼比情感受到傷害，更能讓一個女子迅速冷卻、或讓男性無能。摧毀婚姻關係的最大殺手，就是吹毛求疵、抱怨、指責和壞脾氣。憤怒就像一把能切斷所有性欲的利刃。

當然，在任何婚姻危機中，男人往往要負起更多的責任。發生在吉拉德和霍坦絲·韋爾斯夫妻間的問題，全在於吉拉德無法讓妻子不被「家庭瑣事」分心。她的所有注意力都用在了家務雜事、滿足孩子跟她父親的需求上。吉拉德覺得自己不過是那些家務事的附屬品。但他又做了哪些努力，好將妻子的注意力拉回到自己身上？他那因為後天培養所導致的羞怯性格，又讓他能做什麼努力呢？吉拉德非常害羞。在母親教養他的過程中，性被視為一件——簡單來說，不應該經常掛在嘴邊的事情。

每當有人直接、大膽且坦白地說起這件事時，他就會立刻臉紅。就本性而言，他也是情欲之神的兒子。他也希望自己的胸膛擁有濃密的毛髮，或擁有超越常人的性能力。

綜觀整個美國，如今依舊殘存了許多清教徒般的思維。不久之前，某家報社刊載了以下這則新聞：

沒有任何一個人會在內布拉斯加的新聞報紙上，讀到內布拉斯加的婦女已經準備好生育孩子這樣的新聞。在我們這純潔的內布拉斯加氛圍下，此種類型的刊物只會被視為一種下流的存在。

這全是謊言。內布拉斯加非常善於做這些事。有什麼比這則新聞更能闡述偽善呢？正如同壓抑會挑起放蕩，將道德倫理放在嘴邊的人，也往往更容易惹上不倫的關係。放蕩者與老古板，其本質上是同源的。

人們往往沒有機會窺探到他人的內心，因此很少人知道自己在性行為中的表現，往往和自己看上去是相反的。舉例來說，下面就是吉拉德那被家務占據、猶如雕像一般冰冷的年輕太太霍坦絲，她的內心剖析——近乎於侵略型的性幻想，深深困擾著她。她總喜歡幻想自己生在一個史前時代，一個在性關係上沒有任何約束的時代。她幻想著自己展現出如同母獅子般的英勇，穿越原始森林。接著，以勝過所有貓類的性感誘惑，換得自己渴望的滿足。然而，在日常生活裡，她的行為舉止總是一本正經。

倘若吉拉德了解情況，放下自己的害羞和妻子的拘謹，並以持續、熱情且嫻熟的表現，向太太表達自己的愛意，被家務占據全部心力的問題，不就能因此消失嗎？但吉拉德不敢這麼做。難道他不夠聰明？難道他應該否定自己的渴望？

關於犧牲，存在著某些最容易讓人冷卻且不愉快的本質。為了避免面對事實和因為失望而導致的憤怒，人們將自己從「血肉之軀」中抽離，成為飄蕩的靈魂，讓自己住在一個熱情發揮不了任何力量的國度中。站在山頂上的他們，在面對問題時，就如同看著山腳下的農人追逐牲畜般。

這種抽離感，讓女性在親密關係中無法得到任何一絲滿足，並因此使她們變得冷感。有太多女性已經習慣將自己真實情感抽離，而或許只有精力充沛的男性，才能拯救她們。有太多時候，她們愛的方式是透過反射，當男人對著她們微笑時微笑，在她們獲得付出的時候付出。而此種追求一致的奉獻，在男性給予的熱情夠強烈時，或許也能仿製出熱情。但請不要被欺騙。一面鏡子是沒有任何溫度的。

——

簡而言之，如果你在這方面未曾接受過任何指導，下面幾點事項，是我們可以透過性教育書籍所學習到的重點：

- 長時間溫柔而熱情的行為，是取得成功性關係的重要因素。
- 婚前的自瀆行為並不會成為婚姻失敗的導火線，但愚蠢的罪惡感卻有可能。

- 當女性沒能體驗到同等的滿足感時，嚴重的焦慮將影響到她的健康。
- 如果一名女性永遠處於被動情況，是不正常的。
- 在性行為上，酗酒所造成的影響是非常嚴重的。過量的酒精會破壞性行為的能力。過快的進展，和問題一直未能解決的長期關係，都會產生傷害。
- 暫時性或長期性的陽痿，都有治療的辦法。而你的責任是去尋找解決之道。
- 我們可以找到許多論述，關於親密的肢體接觸能如何挽救一段不成功婚姻。
- 將個人性格徹底抹煞的無私，只會摧毀性生活。
- 墨守成規的人將是你最差勁的諮詢對象。
- 永遠不要批評或責備親密伴侶在性行為中的表現，除非你的目的是傷害這段關係。我們真正需要的是同理心和幫助。
- 如果你摧毀了伴侶的自信，他／她就無法改變局面。
- 當你在性行為上沒能獲得滿足時，絕對不要表現出傲慢或閉口不談。坦白是必要的。請一直維持溝通，直到問題被排除。
- 期望伴侶知道你的感受，自己卻從不向對方解釋，是不正確的行為。
- 此外，當你說話時，不要擺出高高在上的姿態，這不是現代男人／女人該有的表現。

- 如果你將性生活視為自己的權利，你就錯了。永遠不要將另一半視為你的所有物。
- 不要讓女性的眼淚嚇到你。這是她緩解焦慮和緊張的方法。
- 如果你強行想改善一段性關係，很有可能只會使狀況變得更糟。
- 請記得，人不可能同時受兩種情緒支配；在恐懼和憤怒面前，性欲會立刻退縮。停止替這兩種情緒找藉口，愛就有可能回到你們之間。
- 強烈的觸覺刺激只能透過培養來獲得。越去想像自己變得敏感和反應強烈，你的神經就越能配合你。
- 只有在排除一切無關的思緒和感受後，勃起才能充分。不要在這個時刻下談論當天發生的事情。情緒上的專注是取得成功的關鍵。
- 有半數的性行為問題，可追溯至父母對其婚姻伴侶的舉動所帶來的影響。試著在親密時刻以外的時間裡，以具備同理心的談話來排除這些因素。
- 如果你因為自己的性欲感到羞愧，你只會囚禁自己的欲望。表現出如同聖母瑪利亞般的冰清玉潔，內心卻期望像個妓女，只會對身心帶來毀滅性的影響。這就跟道貌岸然的衣冠禽獸一樣糟糕。
- 如果我們能透過日常生活培養出更多共鳴，在性行為中就能收穫越多。

● 在一個男人完全成熟前，是不可能成為永久的愛人。情緒成熟是非常必要的。在發展自己的感受上，一般男性往往需要一般女性的協助。一般來說，男性會在出於抗拒、或自尊心過強的情況下，拒絕接受幫助。他將自己所做出來的傻事，全都怪到妻子身上。

● 每一個笨拙的丈夫，都有一個性冷感的妻子。就連說話語調這樣的細節，都是展現魅力的一環。即便是最冰冷的金屬，也抗拒不了磁力。古人則使用了麝香和香水，並對服裝相當考究。假如你不想花時間使用香氛，請至少確保不要出現不好的氣味。

● 如果你學不會在親密關係中使用眼神來向對方訴說情意，你的說話能力將永遠不會成功。

● 在你的行為中一定要包括敏感帶的愛撫，否則熱情無法有效傳遞。

● 女性的性欲是有週期性的。而男生的技巧就在摸清楚性欲何時出現，以及該如何挑起性欲。

● 接吻所隱藏的技巧，就跟作畫一樣豐富。缺乏技巧只會顯得笨拙。

● 無論我們多頻繁地討論這些事，請記得依舊維持些許神祕感，並請慎選和你討論的對象。不加思索地在眾人面前討論性事，就像是隨意發生關係般，都會對你那神祕的迷人魅力造成傷害。

- 如果不去維持生活中的浪漫氣氛，就無法保有性行為的魅力。
- 日常性行為的目的，應該是讓伴侶能交換彼此的愛意，而不是為了生兒育女。只不過是人體的構造剛好能達成後者的目的罷了。
- 在關於性行為、動作、姿勢和時間長短上，我們應盡可能地收集大量資訊。這也是醫療書籍之所以存在的原因。但唯有努力保持自己的活力，這些資訊才有可能發揮效果。讓自己成為一個有趣、能夠滿足對方的性伴侶，這樣婚姻關係才會順利。如果拘泥於丈夫或妻子的角色，只會破壞浪漫與性行為帶來的喜悅。
- 性是最基本的需求。否認性需求，會讓一個人成為社會的問題。而不適當的性行為則會對他人造成傷害。
- 性是一種相互關係。永遠不要貪婪地予取予求。而帶著優越感去看待性關係，則是對伴侶的侮辱。
- 最重要的，請記得：白天的行為將影響你當天晚上在親密關係上能否成功。如果你將伴侶視為奴隸，以殘忍、不關心、不尊重、不親切的態度對待他／她，在親密關係中獲得的回應將降至最低。

- 倘若你對陌生人的態度比對親密伴侶的態度還要好，那麼你最愛的或許是自己，接著是陌生人，最後……你也許根本不愛你的伴侶。
- 無論在何種情況下都請記得，為了成功的性生活而努力改變，絕對不是一種淫蕩的行為。就算你的伴侶非常壓抑，這依舊是你的特權。

31

Keep in mind

如果不去維持生活中的浪漫氣氛，就無法保有性行為的魅力。

V

人生低潮

32

如何避免自殺

在某個時刻、某些情況下，我們將會贏得勝利。因此，我們的首要任務就是先戰勝此刻。——生命終有重拾歡樂的一天

倘若你與生命的關係完全是在他人的影響下所成立，那麼這樣的生命關係將會受人性本能中所帶有的缺陷威脅。如果你最基本的情感是透過社交得來，那麼該團體中的每一種流行、每一次挫敗，以及降臨在他人身上的所有事情，都可能左右著你。只有當我們與大自然的事物、地球上的實體——如動物、樹、礦物或無機物，建立起某種程度上的接觸，我們的生命才得以安心立足。

這樣的人，沒有任何事物能打倒他／她。化學家、工程師、植物學家、探險家，在遇到困境時並不會選擇自我了斷——只要他們與這些占據生命首要地位事物的關係為真時。在避免自殺的這件事上，最重要的一步就是「回歸自然」，但這可

不是要我們多愁善感地返璞歸真，而是要我們運用現代科學的智慧，去探究真實。

一旦缺乏此種最基本的連結，生命中的每一種價值，都會面臨威脅。讓我們一起看看生命中的困境，是如何讓一名男子的生活淪為悲劇。我們姑且稱這名男人法蘭克・杜瑞爾，他在股票交易所擔任經紀人，最終結束了自己生命。新聞報導說這是一起肇因於事業困境的自殺；他融資買了股票，但賠光了錢。他必須賣掉自己的遊艇和金碧輝煌的豪宅。人們說，他是市場的受害者。但事實真是如此？如果是，為什麼其他和他一樣經歷過金融危機的人們，沒有選擇走上這條路？

絕大多數的股票經紀人會戲謔地告訴你，他們這個職業名稱真是取得太貼切了。在股票經紀人（broker）的職業生涯中，大概會經歷六到八次的「破產」（broke）。但他們絕對不會絕望，因為他們確信自己會「東山再起」。調查發現，在自殺的案例中，僅有極低比例的人口，其原因和財務危機有關。個人適應不良，才是最主要的導因。

在杜瑞爾還很小的時候，他就是一個容易緊張和激動的人。而他的母親是如此寵溺著他，讓他對於自己的判斷總是有異常的自信。是的，他確實很聰明，這是不可否認的。但高智商是一回事，縝密謹慎的思維又是另外一回事。杜瑞爾熱切地相信自己的聰明才智，思緒總是跳得飛快，並根據衝動做決定。在他那二十二年的工作經驗裡，他簡直是活在瘋狂的狀態下：瘋狂地買進、賣出、花錢、玩樂。

對他而言，只有金錢才是真的。他的眼裡沒有大自然的美、藝術的神祕、音樂的磅礴。他沒有時間看書。他唯一能滿足太太的一件事，就是掏錢。如果你跟他說他病了，他一定是第一個跳出來反駁你的人，因為他認為胃痛、重感冒才叫生病。

只要市場不斷上揚，他就能成功。但當失敗降臨時，生活就變得支離破碎。對他而言，再也沒有任何事情是重要的了。他被巨大的無助感包圍，心底充滿了苦澀的憤世嫉俗。他認為掙回自己的地位和財富，不值得他去努力；但沒有了這些事物，他什麼也不剩。對於這樣一個被所有經歷拋下的男人而言，還有什麼能讓生命重拾歡樂呢？你能明白他為什麼放棄掙扎嗎？

儘管如此，讓他厭倦的到底是生命，還是社會？藍天、太陽和雨滴，真的就那麼糟？難道憑自己能力、從事這份工作並經歷了高潮迭起的冒險，就真的如此不愉快？明明他也一直相信自己必須過著某種程度以上的生活，並接受外在和社會條件加諸在他身上的命運，不是嗎？

如果他能減輕工作職責和婚姻需求的負擔，擺脫社會的迷信和愚蠢的教條，摧毀偽神對其思維的宰制，他還會覺得這件事真的這麼痛苦？到底是什麼讓他如此沮喪？如果他能勇敢地去探索生命，愉快捨棄自己一直以來奉為圭臬的瘋狂教條與愚蠢作風，他還會想要自殺嗎？

——

無論是受到毀滅性環境的壓制，或因為錯誤的責任心而被瘋狂的義務束縛，都會讓我們的靈魂為了不自由而憤怒。自殺是憂鬱症的極致展現，而導致抑鬱的肇因往往來自於生活無法滿足所積累出的憤怒，因此我們可以發現自殺這件事背後所埋藏的報復意味。自殺者企圖懲罰世界、和那些身處在同個世界並和自己有著親密情感聯繫的人，因為他／她認為這是使自己不快樂的原因。

在此情況下的自殺，就成為一種自我滿足的行動。自殺者宣洩不快樂的手法，就跟鬧脾氣的孩子很像，認為如果不毀滅自己，他／她就必須向現實妥協。因此他們選擇結束生命，而沒有選擇從困境掙脫。

此種情緒混亂會造成生理上的衰弱與疾病、使血液中出現有害物質，並讓器官運作變遲緩。而我們也可以發現內分泌系統（尤其是腦下垂體）會因此出現失調症狀。對於此種症狀進行明智的治療，確實有「救治」成功的可能。

在抑鬱的症狀中，神經緊繃的習慣也相當顯著。自殺經常發生在數次的緊繃之後。我們或許可以視其為暫時性的精神錯亂，而且緊張的強度已經強烈到在大腦中紮下了根。如果抑鬱者知道該如何放鬆並等待，那麼這陣衝動就會過去。

在所有導致自殺的原因中，神經質的情緒化是最重要的一項因素。生活期望的落空和性關係不滿足所導致的迷惘，則像催化劑。但由於它們經常躲在經濟崩潰、對現實經驗感到失望等表象原因之下，導致人們忽視了其在悲劇中所扮演的角色。

那些考慮自殺的人，必須仔細思考以下這些事物是如何蒙蔽了自己：

- 可治癒的隱疾。
- 內分泌系統的失調，導致沮喪和抑鬱。
- 遲早會過去的神經緊繃。
- 可改善的精神狀態。
- 可改變的經濟狀況。
- 因為道德妄念而導致的理智混淆。
- 因為唯物主義而導致的精神壓抑。

我們無法脫離宇宙法則而存在。而宇宙法則告訴我們，在某個時刻、某些情況下，我們將會贏得勝利。因此，我們的首要任務就是先戰勝此刻。

抑鬱的人們需要高強度的精神疏通，以協助自己擺脫以下困擾：

- 暗藏的報復心。
- 對義務有不正確的理解。
- 隱藏性的意志消沉。
- 經年累月的絕望感。
- 不合理的內疚感。
- 不成熟的尋死心。
- 不必要的慣性擔憂。

在任何情況下，當你認為生命已經進展到你必須告訴自己「不能再這樣下去了」時，請明白你其實只是認為（儘管你還沒察覺）當前的人際關係和情況，不能再繼續下去了。與其斷送自己的生命，乾脆去度個假。拋下一切壓力，進入一個嶄新的環境。去看看大溪地或薩摩亞。和純真的人交朋友，並學習該如何與「原始部落」的人相處。我們之所以會萌生自殺的念頭，是因為我們本能上知道，自己擁有快樂的權利。既然如此，何不接受天性給你的建議？

請記得羅伯特・史蒂文森[1]曾經說過的：

1 羅伯特・史蒂文森（Robert Louis Stevenson，1850-1894），蘇格蘭小說家、詩人與旅行作家。

無論是誰，都可以背負著沉沉的重擔，直至黑夜降臨。無論是誰，都可以守著極其艱困的工作崗位，捱過一日。無論是誰，都能在愜意、滿足、充滿愛而又純粹的生活中，迎接夕陽。而這才是生命的真諦。

32

Keep in mind

我們本能上知道，自己擁有快樂的權利。既然如此，何不接受天性給你的建議？

33

開不了口的心煩意亂

在生命可能遭遇到的所有困難中，被稱為「自私」的詛咒，是最常見的失敗導因。——埋藏在內心深處的恐懼

你問我，為什麼我們能如此肯定對自私的恐懼，是導致生命被嚴重侵蝕的原因；而我又為什麼堅持擺脫此種普遍流行的瘋狂，是解決多數人生難題的關鍵。我可以告訴你，我們之所以能得出此一結論，不僅僅是因為我們從成千上萬個生命故事中學習，更是因為我們經過了**測試**。以下，請容我仔細解釋。

許多人認為，生活的問題和一個人的精神生活沒什麼關係。他們覺得一個人的思維框架，不會影響他／她所遇上的麻煩類型。金錢問題，是關於財務的；商業問題，則是基於交易；一個家庭的幸福與否，則視其成員能否不愁吃、穿、住而定。就這麼簡單，任何正常人都不會否定這些想法。但當此種唯物主義的推論觀點，忽

視了一個人的思維脈絡是如何影響他在食、衣、住上的分配，又是如何管理家庭和金錢，從而誤解了問題的核心關鍵。我們就必須重新審視了。

我們如何面對生命的態度，決定了我們是一名思考者，還是執行者。任何傷害到我們心靈的影響，都會進而損害我們的力量。多數被我們視為客觀存在的問題，事實上都是主觀且個人的。我們最大的問題，就出在自己身上。或者，換句話說：如果不去掉我們眼中的梁木，我們又怎能拍掉生活惹來的塵埃[1]。

現在，有非常多人在情緒波動不安時，會尋求心理師的幫助。讓我們一起來想像現代諮詢中，最常出現的對話內容。

高爾特先生心情糟透了，「我真的很不快樂。我提心吊膽到精疲力竭。我睡不好。醫生跟我說，我的身體沒有半點毛病。不知道你是否能幫助我減緩來自妻子和兒女給我的壓力。我在家裡簡直無法喘口氣。」他如此表示。

「你被這樣的情況困擾多久了？」心理師問。

「噢，打從我一結婚就開始了。」高爾特回答。

然而，讓他驚訝的是，醫生並沒有繼續追問他的家庭狀況，反而遞給他一份紙本測驗，要求他完成。醫生要他閱讀並仔細思考每一個詞彙，並在那些讓他萌生出焦慮感、擔心或恐懼的字詞下面畫線；並根據自己所感受到的痛苦強度來分別標示是弱、中等、強、劇烈或極端。完成後，高爾特將測驗交回到醫生手上，並注意到心理師對那些被標示為「極端」的詞彙，格外留心。

讓高爾特先生感到痛苦的詞彙有：恐懼、自私、邪惡、家、死亡、罪惡感、夢、晚上、未來、人們、失敗、貧窮、後悔、自殺、丟臉、記憶、錯誤、脆弱、沮喪、孤單、緊張、不確定、無助和氣餒。

幾分鐘後，心理師轉身對高爾特說了：

「作為出發點，請先完整瀏覽這份清單。這張單子聚集了與各種困難相關的詞彙。舉例來說，你所標示的詞彙也許可以展現出你在金錢、伴侶、妻子性格、鄰居或朋友關係上，所出現的焦慮。也可能表達出你在社交場合中的尷尬，或性生活上的不協調，甚至是酗酒問題。」

「而你所勾選的詞彙，顯示了你在自私、罪惡感和死亡上，產生疑慮。你挑出來的感受為不安、不確定和無助，這暗示了你對未來的焦慮；你甚至畏懼自殺。測驗內容告訴我們，你所感受到的壓力，並不是來自於家庭生活。你的問題出在你身

---

1 此處引用馬太福音第七章的內容：「為什麼看見你弟兄眼中有刺，卻不想自己眼中有梁木呢？」比喻在日常生活中，多數人可以清楚挑剔指出他人的過錯，卻往往對自己的錯誤渾然不覺或不願承認。

上。人們總會把錯推到那些挑起自己心底最深不安的表象事物上。」

顯然，高爾特的生活實際上並沒有太嚴重的失調，真正的問題出在他對自己的適應不良。那些被選出來的詞彙，則是用於了解他對自我所抱有的負面聯想。

此外，他們也發現高爾特完全不能容忍玫瑰的香氣。每當他進入一個瀰漫著玫瑰花香的空間時，他就會開始顫抖。在跳舞的時候，如果不小心碰到玫瑰香粉或香水，他的臉色會立刻刷白。他一直不明白，這無害的花香到底為什麼會讓自己的情緒出現如此激烈的反應，直到心理師進行了回溯性分析。

在一點一滴地仔細研究過往經歷後，他們發現高爾特在小的時候，曾經在母親開刀前，被帶到醫院去探視母親。在母親病床旁的小桌上，放著一束香水玫瑰。他非常愛母親，但兩人的關係卻也讓他感到痛苦。在母親臥病在床的很長一段時間裡，只要他不小心發出一點兒聲響，他的阿姨就會責備他是如此「自私」。沒有人告訴這個小男孩，該如何發洩自己的精力。「自私的壞男孩。」是他唯一得到的話。最後，母親在接受麻醉時死亡。而他覺得自己害死了母親，因而產生了內疚。而玫瑰香氣與這個祕密藏在心底的傷口，被連結在一起。它們就像是他受折磨的象徵。

此種心靈上的扭曲，會影響我們與生命的自然關係。成千上萬名心底埋藏著類似此種早年心理傷疤的人們，掙扎著試圖面對每天出現的問題。而解決他們問題的辦法，就是讓他們擺脫那些不恰當的責備所導致的束縛。在生命可能遭遇到的所有困難中，被稱為「自私」的詛咒，是最常見的失敗導因。

—

在所有用於找出我們之所以無法正常運作的測試中，**「自由聯想法」**能讓我們獲得最大量的資訊。這是一種能將我們心底最強大的情感，翻至表面的方法。此方法能揭露那些埋藏在被我們稱之為日常經驗、表象情緒下的騷動核心。

海倫·修威特正企圖使用此種方法。她坐在陽光一點一滴消逝的陰影中。她的眼睛追著天空中的一隻鳥。她指引著手中的鉛筆，以潦草的字跡依序寫下詞彙時，她時不時地會以漠然的眼神，盯著眼前那張紙。她試著將前一個詞彙使她聯想起的下一個詞彙寫下，如同作曲家追著旋律的啟發般。她寫著：鳥、籠子、監牢、家、鳥嘴、鳥、母親、鼻音、憤怒、恨、可怕、西方、門、光、地平線、安全、孤單、亨利、死亡、離開、空虛、生活、詛咒、母親、噢，上帝！

我們還需要進一步解釋這名女孩的苦澀經歷，是如何導致她陷在生活的挫敗中嗎？根據這些詞彙和順序，我們大概可以猜到些海倫的故事，她心愛的亨利，在他那說話總是帶著濃厚鼻音、尖酸刻薄的母親堅持下，被送往遙遠的西方，導致兩人被拆散，而男孩最終病倒並過世，讓海倫的生命只剩下無盡的空虛和「快點，海倫。該上主日學了。瓊斯太太的車子不能在門口停太久。快點換上那件灰色圓點洋裝，這樣看起來比較得體」。

這世界上發生的謀殺案居然只有這麼少，實在太讓人驚奇了。而更令人驚奇的，莫過於我們往往在不明白昔日的情緒是如何持續扭曲我們的生活計畫、約束我們的思維與行動，就試圖評判眼前的狀況。

到底是生命辜負了海倫，還是海倫出於對自我的害怕，以及她那禁錮著一切正常衝動的道德恐懼，導致她的生活出現問題？對海倫來說，為了那些被人們美名為「義務」、實際上只是被神格化的愚行，放棄和亨利愉快地一起生活，就能讓她獲得快樂嗎？倘若她當初嫁給了亨利，如今她和生命的關係，又會是怎麼樣呢？難道她不知道，自己每天因為心智扭曲而遇到的種種困難，其背後的原因究竟是什麼嗎？難道她所受到的影響，並沒有扭曲她的判斷力？毀掉海倫生活的，不正是她抗拒著想要嫁給亨利的欲望，以及認為欲望會讓她變得邪惡的自己？

除了這種簡單的自由聯想，其他類型的文字測試也能挖掘出我們在精神上的極限。其中一個被稱為**「句子聯想」**的方法，也能給我們極大的啟發。個案會被帶到一個安靜的房間中，並以輕鬆的姿勢坐著，眼睛盯著一處，讓自己進入主觀冥想狀態，並將自己聽到的內心聲音記錄下來。在那看似雜亂無章、毫無關聯、也並非刻意寫下的文字中，將會不自覺地出現足以暴露個案想法、且極具意義的句子。

今年五十歲的班·安德魯斯，正經歷著難熬的男性更年期階段，而他那異常波動的情緒也毫無意外地，完全被誤解了。他讓自己坐在窗邊，一旁的桌子上放著蠟燭，燭火忽明忽滅。此時早已過了凌晨。剛被割下的乾草氣味，從樹木後方飄了過來。在遠處的黑暗裡，四處傳來「沙沙沙——」的聲音，躁動不安瀰漫在空氣間。被感受用力壓擠出來的句子，以潦草到近乎難以被辨識的字體，一個一個地爬上筆記本書頁。

我的人生就如同今夜：煩躁不安，內心漂泊不定。我無法停止。太黑了。已經黑了太久了——銀行——時間——在銀行的時間——就像是墓穴——地獄裡的某些洞穴——黑暗——夜晚——無止盡的重複。生命在嘲笑我。生命總是這樣地嘲笑我。還有愛——呸！讓我和蠕動的蟲及荒野的猛獸一起躺下。桃花心木和八點半，和弗蘭德用餐的地方。還有茱莉亞！骯髒！

明天，他又會開始新的一天，再經歷一連串的行為。在過去的某個日子裡，他搬離了市中心；錯誤的家，錯誤的學校，錯誤的朋友，錯誤的工作，錯誤的婚姻；而現在，他必須背負著重擔養育那兩個愚蠢的兒子，以及舉止怪異的妻子。除此之外，什麼事都不能做。而這悲淒的遭遇難道不會讓他的心生病？

他為什麼要繼續忍受？他為什麼不試著找出導致這一切不幸的源頭，反而糾結於眼前的事？因為他害怕這麼做就太自私了。他的頭腦執著於大量的負面形象，並被異常的想法扭曲。

精神官能症是一種病態的妥協。人的自我會變得陰鬱而難以控制，並害怕面對完整的自己。然而，其表現出的行為卻總是以自我為中心，並從各方面來看，都違背了「不要追求自我滿足」的概念。

33

Keep in mind

多數被我們視為客觀存在的問題，事實上都是主觀且個人的。我們最大的問題，就出在自己身上。

34

深入問題核心

導致我們生活陷入問題的，究竟是內在的精神問題，還是外在的環境問題？答案是：兩者皆非。——面對升遷的大好機會，哈丁卻猶豫不決

亨利．哈丁不知道該怎麼辦。當然，他可以選擇退休。外面還有公司等著雇用他。他手上握有公司投入數年心力才逐漸臻於完美的配方。競爭對手絕對願意不計代價，跟他買下這個配方。

但問題是，他有帶走這項資產的權利嗎？即便他只是將配方記憶在腦中而已。不這麼做應該比較有節操吧？上級就是因為信賴他的正直，才讓他得知這珍貴無比的配方。儘管如此，他該如何忘記他所知道的事，還跑到對手的公司去效力呢？

他當然做不到。然而，對方會期望他用盡全力，製作出與他腦中那個配方極為相似的生產程序。他該如何公平對待新公司？而他現在的公司對他又公平了嗎？他

們將他和家人送到了整個美國的另一端，卻沒有給他應有的待遇。他甚至必須賣掉自己的房子。他們這麼做是不對的。

整個晚上，亨利徹夜難眠，一遍又一遍地想著眼前面臨的困境。

對於這類衝突，現代科學已有極多的了解。此種精神狀態會導致人們產生「矛盾心理」（ambivalence）：理性思維與感受的互相抵觸。理智上，哈丁知道洲際染料公司（Intercontinental Dye Company）擁有絕對的權利，將他送到加州。事實上，早在他最初和公司簽訂僱傭合約時，他就已經同意了此點。他也明白這樣的改變，實質上是一種升官。

從理智看待公司決策的理由上，他能理解，也很想去。但他對這件事的感受，又是另外一回事。自從他結婚以後，他從未遠離過母親。他自己並不想承認這件事。他可是一個擁有家庭的成年男子。要讓他承認自己擁有某種情緒依戀，是絕對不可能的。而他也絕對不會把自己對熟悉的家庭環境及老朋友的依賴，視為膽怯的舉動。

被自我懷疑思緒占據的人們，往往會深陷在名為優柔寡斷的迷宮中。優柔寡斷能給予他們慰藉：在付出大量的努力，試圖釐清眼前困境的偽裝之後，他們就能對那些威脅著自己的恐懼，什麼事也不去做。「我不能去。」前一分鐘哈丁還這樣告訴自己，下一秒鐘他又打定主意：「但我必須去，這是毫無疑問的。」

讓我們想像隔天，這名滿臉倦容的男子向一位專門處理此類問題的諮商心理師，尋求協助。這名專家會從何處著手？我們是否可以想像對方使用「鑽探技術」（gimlet technique，即蘇格拉底法的一種現代手法），去質疑哈丁，迫使他發現導致當前僵局的原因？而我們是否可以進一步，想像下面這兩個再明白不過的處境：

一、事實上，這名年輕的工程師獲得了應得的拔擢，透過改變來提升自己的事業成就，而他的妻子兒女可能會因為這樣的改變，稍微有點不便。

二、事實上，他的情感之所以逃避這樣的改變，只是單純基於個人和某些心理因素，並讓自己的思緒被情緒所阻礙。

「你受到非常多的心理失常影響。」心理師會這麼說，「我先將其中幾項列出來給你。第一個是『先入』（prior entry）：一種技術性詞彙，用來描述你腦中建立了一套固定的想法，導致你的思考無法有效運作。在你還是小男孩的時候，你就已經確信自己應該過著什麼樣的生活、做什麼樣的工作。而這些條件包括必須住在父母親附近。另外，你因為所謂的『融合』（fusion），而感受到罪惡感。你思考的重點，並不是搬去西部這件事本身。你將這件事和關於鄉愁的感受，完全混淆在一起。每當你試著思考實際行動，你就會因為這種「無意識轉移」的行為，讓自己的注意力轉而去想著那孤單的感受，以及遠離朋友和當前家庭環境的恐懼。」

「你建立了一系列的『提示中心』，就像是大腦裡的唱片碟一樣。每當你想要理性思考，這些唱片就會開始播放。如果我將你那不斷重複的心智程序製作成圖表，就會看到，每當你的抗拒心態開始躁動，結論部分就會跑出一般性錯誤警告。舉例來說，上司讓你憤怒，因為他們使你必須遠離父母。我不希望使用太多術語或科學詞彙，但正因為你是工程師，所以我希望可以說服你，即便是在分析精神問題上，我們依舊可以維持精準與明確，正如同討論工程程序。」

「在你跟我的每一次談話中，你從來都沒有把因為情緒不安而創造出來的隱性事實剔除，單純去談事件本身的顯性事實。你也從未打破自己的循環性思維方式，找出箇中原因。而有一個再明顯不過的事實，你卻絕口不提。」

「那是什麼？」有些惱怒的哈丁追問。

「你必須賺錢。」諮商師簡潔有力地回答。

「但還有很多工作等著我。」哈丁反駁。

「是嗎？」諮商師挑起了眉毛。「我很懷疑。任何一間競爭對手都會忍不住猜想，你為什麼會如此突然地改變跑道。如果他們還是願意雇用你，自然不是因為你的工作能力，而是因為你握有的商業祕密。你心知肚明。你未來要怎麼做到心平氣和？你是有良心的，我們已經確認過了。當你拿到新公司的聘書時，你難道不會在意之前的老闆知道你是憑什麼得到這個位置的？」

「你說得對。不，我做不到。這麼做太痛苦了。」哈丁嘟囔著。

「我認為你會接受。現在，不要再兜著圈子了，請專心思考這個核心問題：工作，還是不工作，這才是問題。至少，如果你還期望拿到和目前相當的薪水。」

「你的意思是，我的情感拉力不如工作來得重要？」這名工程師忍不住問道。

「是這樣的嗎？你的太太想去。你的孩子也是。而你的父母也不會因為你最終變成了西部人就抓狂。這也是成長的一部分，去西部這件事。」

「我想你又說對了。」哈丁回答後，站起了身子，「我去。」

——

當我們在談論問題時，多半時候，彷彿問題核心就只跟經濟因素相關。真正讓我們日子難捱的，是精神上的貧脊，而不是金錢上的匱乏。既便是身處在嚴重的貧窮下，真正折磨著我們的，是因為我們覺得不滿足。直到哈丁去看諮商心理師前，他經常拿自己的問題跟人討論，並因此將自己心理上的扭曲隱藏了起來。他表現出容易緊張類型者會有的急躁特質。他的憂慮導致自己的本性受到壓抑，就好像自己要被逼出兩種人格般：一個是企圖逃避事實的人格，另一個則如評論家般，坐著嘲弄他內心的恐懼。在面對現實所表現出的脆弱，讓他總想著自己就像是要掉進深不見底的陷阱般。

很少人知道他的膽怯。而他們也以為他內心的猶豫不決，就是他這個人的特質。就連他的太太也接受了這樣的表象，並順著他。就她的情況而言，她其實跟丈夫一樣隱藏了起來，而內心累積過量阻塞的她，每一次試圖解決生活問題，都只會遭遇挫敗。她覺得自己被排斥，並逐漸麻痺。她的懷疑和自我意識，導致她對生命無動於衷，並從而產生了孤寂之感。

在那些使我們無法克服困難的因素中，此種牽涉到生活運作的情緒帶入，是最難對付的。因為此種情緒帶入會使我們分心，並感到精疲力竭。數據告訴我們，多數職業意外事故的發生，都肇因於內心的焦慮。在家裡，緊張使你的太太不小心將奶油潑了出來；你在點煙的時候，不小心燒到褲子。而在思緒上，你開始做不到心理學家所說的「權衡事實」。

在此種情況下，我們會建議個案暫時將問題放下，休息一會兒：看個小說、看場表演、玩牌、進行一些社交活動——在你已經盡自己所能後。但如果你總是背負著這些問題，那麼這個建議又有何效？

有少部分的人會使用「去除依附」的方法，讓自己徹底擺脫壓力，以別人的角度來思考自己的問題：讓自己保持一定的距離，純粹去研究問題本身。當你因為精疲力竭而煩躁時，你很有可能會不停憂慮著自己的事業，儘管問題只是出在此刻的你真的太累了。那些帶著煩惱上床的人們，永遠擺脫不了壓力。

當一個人決心克服自己的心理疾病時，他必須做出重大改變。真正的聰明人不會否認生活的不易，而是承認自己的不安。

在分析人類經驗時，此兩點間經常會出現混淆。而導致我們生活陷入問題的，究竟是內在的精神問題，還是外在的環境問題？答案是：**兩者皆非**。這裡出現了一個顯而易見的矛盾，而此點也讓古今中外的哲學家百思不得其解，並讓經驗的研究變得更加困難。責備個體所帶有的異常性，不過是拖延我們去面對社會的邪惡。過於強調外在環境的責任，又會導致對精神狀態的誤解。真正健全的精神態度，是理解此兩者皆會對我們的困境，造成影響。

當生命遭遇混亂時，我們笨拙地摸索著命運，然而命運也正為惡劣的情況苦惱著。除此之外，那些禁錮我們的力量、使我們無法解決問題的精神狀況，往往是出自於幼年時期帶給我們破壞性影響的事件。

麻煩的外觀就如同「先有雞，還是先有蛋」的問題，唯一不同的地方在於：我們知道何者為先。倘若社會能更理性地運作，而家庭生活可以擺脫道德淪喪，精神上的崩壞將會少得許多。

儘管如此，一旦異常存在，往往會使我們與外在的關係變得難上加難。即便在最理想的情況下，改正依舊是相當困難的。正因為如此，在幼年時期便根據經驗確立自己與家庭的關係的哈丁，才會視升官為一種威脅，而不是勝利。

換言之，在神經質幻想的破壞下，我們無法看清問題的本質，而是透過不成熟的扭曲視角，來解讀問題。寄生蟲般的依賴感，讓哈丁獲得自我滿足，並從而讓自己的思緒受到箝制。

34

Keep in mind

真正的聰明人不會否認生活的不易，而是承認自己的不安。

35

為什麼困難總是如此難熬

在這份清單中，我們可以看到有極高比例的懶惰現象，他們感嘆自己多麼渴望愛，卻缺乏奮力去爭取愛的衝動。——一千份心理困擾調查

在參考一份綜合一千名男女遇到典型困難的研究調查後，我很榮幸地能在本書中將結論呈現給所有讀者。這一千名男女就跟你很像，總是為了生活中的壓力而煩惱著。他們之中有許多人並不快樂，但他們不快樂的程度，倒也沒有超過妳的丈夫、你的妻子或公婆。而他們的問題也相當常見，因問題所導致的恐懼感和憂慮，更是再平凡不過。

因此，在這份紀錄中，我們可以找到關於婚姻問題、人際關係或金錢方面的恐懼、抑鬱寡歡、孤單、憤世嫉俗和懷疑生命。而這些問題很有可能同時出現在單一個案身上，並額外加上了自我放縱、矛盾、自憐、性行為問題、職業適應不良或倦

怠。有些問題是基於兄弟姊妹、公公婆婆、岳父岳母、不適合的夥伴、愚蠢的員工，和各種次要情況所發生，更別提吃壞食物、睡眠品質不佳、內分泌失調和其他千百種可能本來就存在的情況。

找出這些因素及交互關係，就是實用心理學的根基。有經驗的心理師會試著去找出資料所代表的意義。倘若這些資料指出個案在面對問題時，對「自我」出現一連串的誤解，那麼心理師就會如實地將這些內容紀錄下來。他不會隨意發揮。因此記錄下來的，都是最客觀且不尋常的問題。

尋求心理協助的原因（根據一千個案例整理）

1 孤單、以自我為中心、只關心自己……849
2 環境問題、財務問題、財務不穩定感……827
3 自我放縱、享樂主義、需求與欲望的抵觸……621
4 倦怠、唯心主義、思緒僵化、對人生抱持憤世嫉俗感……582
5 懶惰、寄生狀態、偶爾的「酗酒」……527
6 道德上的搖擺、過於投入和焦慮……482

1 核心情結（Nuclear complex），由佛洛伊德提出的概念，表示人對家和雙親的依戀。後來他以伊底帕斯情結（戀母情結）取代這個詞。

這份紀錄明確地證實了：絕大多數的人至少為了一種以上的問題而煩惱。一個人的思緒或許會被單一狀況所占據，但總體而言，我們是被所謂的情意叢（constellation，亦即一群特定且特別顯著的心理失常）所困擾。

沃德・伊凡斯有自卑情緒、性方面的神經衰弱和財務問題。而證據顯示，他的哥哥帶有優越感、婚姻狀況惡劣，還有憂鬱症。米莉・布蘭戴斯覺得自己比別人笨，但她以衝動的形式來彌補，並導致就業困難。她的弟弟法蘭克因為戀母情結而演變成同性戀，而且工作不穩定。他的兩個朋友有酗酒問題，並反覆受衝動驅使，其中一名朋友（女大學生）有自殺傾向。

不同於那些基於實驗室研究所發表的學術論文，這些個案不能憑喜好去篩選。這些都是臨床接觸的案例。也因此這些個案足以代表人類的日常生活。這些個案無法像實驗室研究的控制組那樣，被準確搜集，更像是追求實際經驗的工作坊操作。

這份清單給我們的第一印象，就是人們深受人際關係問題所困擾。在這一千人之中，有近乎一半的人認為自己比其他人差。有超過三百人覺得被誤解，且被同伴不公平地對待。也有將近同樣數量的人，因為沮喪而痛苦、對親密關係感到厭倦、並認為愛情已經走味。八四%的人表示，孤單是自己最痛苦的心病。見到如此龐大的數據，我們不難想見為什麼這個世界上，有如此多不快樂的人。

我們也知道在這些人之中，有六二%的人在嬰兒時期是受到寵溺的，導致自我放縱成為他們性格的主要一面，而這或許也讓我們稍微理解這些情況的由來。他們持續在生活裡，尋找昔日吸吮奶瓶所能感受到的撫慰。心理分析師認為核心情結（也就是對家和雙親的羈絆）會對精神狀態造成極大的影響，此論述確實沒錯。而伯格森（Henri Bergson）格外強調此種依戀的顯著性，也是相當合理的。

在這份清單中，我們可以看到有極高比例的懶惰現象，他們感嘆自己多麼渴望愛，卻缺乏奮力去爭取愛的衝動。在這裡，我們可以看到許多人之所以在長大成人後陷入困境，主要是因為幼年時期被雙親過分誇張的溫柔寵溺，讓他們習慣了依賴的寄生狀態，從而導致日後陷入種種困境。

對於性、婚姻，甚至是戀愛問題的數量，並未顯著地突出，心理分析師或許會有不同看法。他們會說許多情況之所以沒被記錄下來，是因為沒有採用佛洛伊德的辦法，導致許多和情欲相關的因素未能被進一步察覺。但只要我們將所有關於愛、性、家與婚姻問題的數量加總起來，我們就能發現此類問題的數量，遠超過其他問題類型。

在這一千人中，心理狀況失常的總數量為一萬二千二百三十個，意味著單一個案身上出現的情意叢，其包含了約莫超過十二種的憂慮。有些人或許只有四或五種緊張核心，有些人卻會同時出現十八種或二十種，這些數字視個案的不快樂程度而定。精神症狀的發生，往往是因為一群想法的加總、各種悲傷的匯集，以及已經被內化成一種系統的迷信。只要現實一有不如意之處，我們就立刻將自己的渴望塞進這些機制裡。

也因為如此，對於我們在長大成人後所遇到的多數問題而言，問題本質與生活的關係並不大，反而更與我們自身相關。在童年時期，我們是外在環境的受害者，像是母親的溺愛或父親的苛責。當我們因為本質並沒有錯的自私，被雙親打屁股、喝斥著被迫上床睡覺時，我們沒辦法抵抗，只能忍受。此種足以造成傷害的感受（社會法令目前已在此方面做出更多的管制），一直被埋在我們的心底，並發展成後來的負面思維框架。

在這一千名個案中，有超過九成的人認為自己的生活受到嚴重的壓抑。在那些少數不受家庭支配所困擾、也不受婚姻壓力或婚姻狀態所苦的人們之中，絕大多數的人都認為自己生活在毫無趣味的人群裡，未來也很難找到快樂。有些人對人生沒有信心，帶有憤世嫉俗感，並在承認自己仍舊希望找到完美快樂的同時，開始感到悲哀。關於忠誠的問題上，許多人抱持曖昧不明的態度。絕大多數的人可以輕易指出自己討厭的事物，但要他們列出自己喜愛的事物，卻往往很難獲得一張讓人滿意的清單。

透過資料，我們訝異地發現，居然有這麼多人在心理方面是有問題的。而這也證明了我們面臨的多數問題，都是基於妥協而產生。儘管外界確實可能存在困難，但我們之所以會成為這些麻煩或困難的受害者，主要還是因為自身的情緒。

因此，在上一個分析中，這一千名個案的問題，主要出在讓自我妥協而導致的內心混亂，而此種混亂的不安，又以不理性的自我滿足形式，被展現出來。於是他們不去克服困難或解決問題，反而以不配合、好鬥、叛逆的姿態活著，並相信一切都是命中註定的。然而，不懂得人與人之間的互助配合，運氣自然也不會青睞他們。不幸已經成為如今社會的主宰。

唯有放下那些導致我們所有個人問題的丈夫、妻子、母親、父親、兒子、女兒、關於工作，或關於生活環境的妄念，我們才能獲得驚人的成長。

35

Keep in mind

絕大多數的人可以輕易指出自己討厭的事物，但要他們列出自己喜愛的事物，卻往往很難獲得一張讓人滿意的清單。

36

終結悲傷

人們總問：「我要用多久的時間，才能擺脫精神問題？」答案是：「我們不知道。」——如何讓自己重拾笑容？

我們之中鮮少人會為了內心的平靜去努力。我們希望這種平靜可以多到淹沒我們。但我們不願意為了解決問題，去戳破內心的各種傷疤與情結。我們希望自己的心理症狀都消失——在如同過去般，保持被麻痺的狀態下。周圍的環境是如此艱難，只要求我們應該去努力，似乎不太公平。

但抱怨自己的情況，真的沒有意義。倘若你的母親在你還是嬰兒時，就將你拋棄，那麼你就是棄嬰，如此簡單。你為此受傷是事實。但無論這個遭遇公平與否，我們仍舊必須面對這個傷疤。另一方面來看，倘若她的行為導致你出現了某種恐懼症，那麼這也是另一個事實。但你別無選擇，你必須投入更充沛的心力集中改善自己的症狀，否則你未來的人生都將因為這樣的心靈創傷，支離破碎。

人們總問：「我要用多久的時間，才能擺脫精神問題？」答案是：「我們不知道。」時間只是一種假象。擺脫精神問題可以很慢、也可以很快，這全視每個人的精神狀態問題有多深、有多廣。

假如你的闌尾發炎，我們會以現代的外科手術移除，你不用受太多折磨。假如你胃痛，你可以吃藥。但在精神領域，我們沒有類似的麻醉過程，更沒有特效藥，你必須自己想辦法排除心理失常的症狀。而在面對問題上，你也應該拿出同等的決心，以奪回自己的人生。

精神官能症（neurosis）的定義，有非常多種。而其中一個最周全的解釋，就是將其定義為：踏進人類潛意識中消極主義的入口。人的思想會被陰暗的猜忌所侵蝕，並因為揮之不去的恐懼和足以吞噬人心的憤怒而騷動不安。試著去思考的人們，開始陷入各種症狀，最終被情緒壓垮。他的靈魂感到挫折，並漸漸變得麻木。有些時候，被絕望籠罩的他們，會強迫自己把注意力從恐怖屋裡抽離，轉而追求興奮或愉悅。他們不顧一切地逼自己去盡義務，透過外在活動以逃離內心的痛苦。

然而，沒有任何方法可以幫助我們捨棄個人問題。唯有當我們深入探索自我，與偏執的惡魔纏鬥，我們才能為自己找到出路。否則我們只會深陷在困境中，動彈不得。

正如大家所想的，許多人在出於害怕的原因下，不願接受此一事實。即便他們清楚，放任只會讓情況越來越糟，但他們仍情願逃避。當然，沒有搭配積極治療就進行精神官能症的診療，確實可能引發一定程度的風險，而這也成為許多人逃避治療的藉口。然而，唯有透過建立一套良性思維的方法，取代負面思維，個案才能免於讓自己繼續陷在絕望的深淵中。

—

為了處理個案的消極態度，我的父親在看診時總會使用一個技巧，而我認為這個技巧比當前許多臨床實踐來得更有效。這個技巧也算是他的習慣：他會和客戶在絕對的靜默中，安靜地坐一會兒，接著再針對對方的思維框架，進行冷靜而被動的分析，試著找出足以穿透他所謂「消極氛圍」的關鍵點。他會不斷執行這個行為——直到找到對方的關鍵點。接著，父親會突然間從消極的角色，切換到熱情洋溢的積極態度。在經歷這突如其來的轉變後，父親會在個案的腦中，創造一個足以幫助個案以更積極心態去思考的畫面。

那幅充滿活力的畫面，生動地描述了他的個案在排除了負面習慣與擾人的精神狀況後，可以擁有什麼樣的人生。而父親總是非常成功地將這個正向的畫面與個案的負面情緒連結在一起，因此每當個案又開始陷入過去的症狀時，就會因為想起這幅明朗、燦爛的景緻，而得以擺脫陰鬱。透過不斷重複此方法，那扇曾經通往精神官能症的大門，變成通往健康思維的路徑。

此種治療方法可以潛移默化地改變一個人的脾性，使個案不再總是想著負面事物。每當個案又感受到某種異常的情緒波動時，他也會同時想起一些嶄新而正向的事物，而讓生活變得越來越好。

若讀者希望能建立一套正面的原則，在分析自我後，想把那些你所能找到的所有不幸且具毀滅性因素，與另一個健康又充滿活力的行為模式建立緊密的連結，那麼你所需要做的，就是控制好自己的注意力。

就本質而言，此方法就像是「以其人之道，還治其人之身」的手段，反過來利用那些導致精神官能症出現的狀況。當我們找出個案的精神失常「氛圍」，以及根據失常所衍生出來的行為模式和意象後，我們就能利用此種激烈的情緒，去打造具正面意義的改變。

而此一過程，能為第二個程序奠定基礎：打破我們的情結。以截然不同的方式去行動，反抗過去因情緒氛圍及精神衰弱而導致的反應。如果你是一個害羞且喜歡封閉自己的人，請練習和他人相處的技巧，並參與他人的活動。假使戀母情結讓你覺得你應該要待在家裡，那麼請離開家裡，你可以去拜訪朋友一陣子，或找一份能遠離原生地的工作。當恐懼限制了你的活動範圍時，請每天持之以恆地打破一點限制。當我們讓體內長久被壓抑的力量得到釋放時，心理症狀就會因此被突破。

面對問題時，倘若我們出現明顯的緊張感或恐懼，而且身心無法處在理想狀態下，那麼這種個人調適將是非常必要的步驟。解決婚姻問題的最重要關鍵，或許與你自身的情緒狀態有關，而不是婚姻不快樂這件事。至於工作瓶頸，甚至是就業狀況，則或許與你內在的不安有關。

有時候，遇見昔日舊友，發現對方居然還帶著極端的價值觀時，身處在現代心理學框架下的我，往往會感到無比震驚。他們自以為能看清人的本性，並認定有些人就是無藥可救。

我期望這些懷疑論者有朝一日，能親眼見證那些接受治療分析的人，是如何蛻變的。你或許也有過這些經驗，知道重生的感受。你或許曾經試著告訴別人，事情是如何有了一百八十度的改變：樹更綠了，天空更亮了，太陽更溫暖了；人們是如何變得更親切，世界就像是在對你微笑。

就最深的層次而言，精神官能症的治療，就是要求個案重新找回自己人格的完整性，並確保未來再也不會讓這樣的完整性受任何妥協壓抑。此外，我們也需將人格恢復至一個願意配合的狀態，將人格從愚蠢而幼稚的自我滿足毀滅中，釋放出來。

這並不意味著未來就不會繼續出現問題，也不代表我們能徹底擺脫舊有的問題。單憑習慣的力量，我們仍有可能在一段時間後，又被拉回昔日的深淵。但至少我們知道回來的路，出現失控的情況也會越來越少。

36

Keep in mind

當恐懼限制了你的活動範圍時，請每天持之以恆地打破一點限制。

37

離婚的祕密

在情勢逼迫下，我們必須拋棄大量的成見，去思考當愛消逝、婚姻破碎時，我們該怎麼做。——當說好的幸福不再

如果妳是一個平凡的美國人，而且剛好是女性，那麼妳或許沒想過：既然愛情能出現在妳的生命中，那麼離婚這件事其實也不無可能發生。在妳那浪漫的幻想中，並不存在著因為爭執而破滅的愛。妳說「直至死亡將我們分開」，毫不遲疑地唸著自己的誓詞。但作為一名平凡的美國人，妳人生面臨離婚的機率，遠高於任何危險。光是一九六五年這一年，就有四十萬對美國夫婦離婚。

就連在人潮洶湧的街道和開快車所可能遭遇的意外事故率，都沒有離婚來得高。在九對夫妻之中，就有兩對很可能以離婚收場。而這個數字還在成長。統計數據告訴我們，在不到半個世紀內，此數字成長了二一五％。

一九一〇年，離婚率為十二．四％。一九三〇年，離婚率成長到二一．七％。到了一九五〇年，該數字又提高到二五％。我們可以理解為什麼專家學者會擔心此數字再繼續成長下去，可能意味著整個婚姻體制的崩毀。

事實上，此情況所導致的社會危害，遠比法律數字所設想得更嚴重（因為有許多破碎的婚姻並未實際尋求法律途徑）。婚姻幸福的機率是如此低，導致我們對愛和長久親密關係的信心開始動搖。

而這個問題一點也不輕鬆。假設妳是一名女性，妳有三個孩子，年齡分別為四歲、六歲、九歲。當然，妳所居住的家必須是靠貸款買下來、或租來的，因為這樣的設定才符合多數人的生活情況。總之，妳每個月都必須花一筆錢，以保有現在這個家。妳發現妳那在批發公司上班、經常需要出差的先生，對妳失去了興趣。他在外面是不是有別的女人了？妳沒有工作，缺乏養活自己的實際能力。

妳所面對的情況，只是一個牽涉到愛和因為愛所產生需求的問題嗎？當然不是。在現代婚姻架構下，經濟因素就跟心理因素同等重要。但我們當然不能因為愛情與麵包被綁在一起，就不繼續深究。任何在思慮這個問題的女人，都知道只有當她的男人願意維持這段關係，這個家才有繼續下去的價值。強迫的親密關係只會導致疾病、失敗和死亡。為經濟因素而屈從的婚姻，也不可能長久。

因此，在情勢逼迫下，我們必須拋棄大量的成見，去思考當愛消逝、婚姻破碎時，我們該怎麼做。

——

前段日子，我參加了一場宴會。一名最高法院的法官，就坐在我的對面。我們吃了一頓極其美味的晚餐，接著女士們離開了座位。

「你們心理學家經常批評我們這些法官在處理婚姻問題上的做法，那如果換作是你坐在這個位置上，你認為自己的行為會有何不同？」他說。

很明顯，這是一個挑戰。

「我的行為或許會跟你差不多，因為我就跟你一樣，必須受美國的司法習慣所約束。作為研究人類心智的學生，我們譴責的並不是身為單一個體的法官。我們責怪的，是法律體制在婚姻議題上的整體作為。」我回答。

「你的意思是，作為一位受限於傳統與法律的法官，我們無法公平地處理婚姻問題中的個體？」他以更柔和的聲音問。

「我的意思就是如此。我並不認為你們有錯。多數法官——即便是身處在婚姻法較落後的州裡，都已經在法律範疇內盡自己所能。對心理學家而言，真正讓我們感到介意的是傳統的法律思維，也就是不注重人生、愛情與人類本性的態度。」我附和道。

「我很希望，見到整個社會的價值觀能和我們的科學與技術一樣，與時俱進。但幾乎所有地方都用著跟一百年前沒有兩樣的態度，對待婚姻。無論是在化學、機械或……」我將手朝電燈的方向一揮，「照明科技上，我們毫不落後。但在婚姻方面，我看不到一絲曙光。」

「那麼，你想如何改變當前的整體程序，或更明確一點來說，倘若你是離婚法庭的法官，而你可以做任何你覺得妥當的判決，法院也會照你的判決去執行，你會怎麼做？第一步、第二步、第三步？現在你該怎麼辦？」

「第一步，」我接受了他擅自決定的陳述模板並回答道，「我會如外科醫師評估患者那樣，去評估眼前那位淪為社會忽視下受害者的情況。你有認識過任何一位對婚姻做好萬全準備的男人或女人嗎？像是知道自己該去尋找哪種類型的伴侶，又或者該如何配合伴侶的人格特質去做必要的調適？」

「不……沒有。」他誠實地眨了眨眼，「我想我從未遇過這樣的人。」

「那麼，我想我應該移除所有關於個人方面的指責。我們的社會沒能在這些人的生命早期，即時指導他們關於人類本性的知識，導致他們的理解力就如同學習母語般，只是出於無意識與自動地。希望離婚的人並沒有錯；我們不能要求對方負起責任，直到他們學會如何利用智慧去挑選伴侶為止。他們的離婚是基於無知所導致的無可避免後果。」在我說話的同時，我開始朝自己的玻璃杯裡倒水，直到水快要滿出來為止。「如果我繼續倒，法官大人，這杯水就會滿出來。每件事情都有飽和點。而當那些處在不幸婚姻中的人們，覺得自己再也受不了時，就意味著他們已經超過了飽和點。我不會責備他們。我會將基督教的道德帶到法院上，如同耶穌基督所希望的那樣去寬恕他們。」

「你會給他們新的機會？」

「當然。我們對其他事物再嚴苛，都不及我們對待婚姻這般不人道。倘若兩名男子合夥開了一間公司，但兩人個性不合，我們會說：噢，他們應該分道揚鑣。勉強在一起只會阻礙彼此的成功；他們已經失去了方向，就像某些不能一起拉一輛車的馬。如果有人堅持要讓這樣的兩匹馬在一起工作，我們肯定會覺得他瘋了。」

「而這也引導出我的第二個論點，」我繼續說，「我視離婚為必要的手術，一種杜絕感染、防止情況繼續惡化的手段。繼續維持一段不和諧的婚姻，或許是父母對孩子做得最可怕的一件事。心智健全且情緒穩定的單親父母，比兩個總是在吵架的父母好上千百倍。或許終有一天，我們的社會能理智地寬恕那些感情不和睦的雙親離異，以杜絕不幸婚姻對後代造成的嚴重影響。」

「在關於離婚原因的聽審上，你支持怎麼樣的作法？」

「無論如何，都不會和現在法院所進行的審理一樣。」我明白地指出，「我支持斯堪地那維亞對於離婚這件事的態度：只要任何一方提出離婚訴求，我們就應該准許，而不去考量所謂的罪惡感。我接觸過成千上萬件婚姻問題的諮商，而我這輩子從未見過三角關係。這是一種幻想。只有當婚姻關係出現嚴重的問題時，才有可能出現所謂的第三者。真正的愛是一種非常緊密的合作。只要愛還存在，就沒有其他人可強行進入。」

「我不知道你是否也這樣想，但女性往往更擔憂此種離婚。就生理條件而言，男性投入和結束一段婚姻所需冒的風險確實比較低，而我們的社會正努力讓情況變得比較公平。婚姻法就是以此為目標的。」法官以堅定的態度說道。

「我完全同意此點。但我們不僅僅是具有生理特徵的生物——動物，如果你願意這麼說的話，我們還擁有思想。就我們人類而言，離婚事實上是一件關於心理層面的事。如你所說的，女性確實應該受到保護，但強迫一個內心恨著妻子的丈夫，繼續維持婚姻關係，對這名女性來說不會有任何助益。」

「那戒律呢？」法官插了一句。

「戒律！你希望多數年輕人都變得隨心所欲、放縱地亂交嗎？」

「不，當然不希望。」

「那麼就讓我們不要再將婚姻描繪成一種令人絕望且不幸的關係，那種為了孩子幸福及社會和睦、只能繼續容忍失望的關係。你知道是什麼原因導致年輕人做出那些放縱的行徑？」

「不知道。」法官似乎渴望聽到答案。

「就是因為那些鼓吹婚姻是一種義務、一種必須捨棄自我以維護家庭神聖性的人。他們親手摧毀了年輕人對婚姻的想像，讓年輕人不再相信婚姻也可以保有浪漫的愛情和令人欣喜的親密關係。我希望能將愛情歸位。一直到黑暗時期後，婚姻才在天主教會中被神聖化。這是歷史事實。在那個社會及宗教最墮落的時代下，愛情被神聖化了。我希望能將愛重新推回其應有的地位。」

「這也意味著，你絕對不會想要知道是什麼導致一對夫妻離婚？你只會單純地接受？」

「不，我不會單純地去接受——至少在我發現是什麼心理因素導致這段婚姻失敗之前。你曾經聽過戀母情結或自卑情結嗎？」

「當然，這年頭誰會不知道。」法官煩躁地說。

「那麼，一個總是拿妻子和母親比較、希望妻子完全照母親方式去做的男人，就有戀母情結。他的情緒生病了，但他不知道。而那些因為禮教與專橫的父親、導致性本能被壓抑的女性，也是如此。至於自卑情結、過度敏感等情況，也都會摧毀婚姻。」

「即便是本性就很契合的夫妻？」法官問。

「是的，即便是那些剛好很合適的極端案例。我曾經不得不介紹一對夫妻重新認識，儘管他們已經在同一個屋簷下住了十二年。這名丈夫有戀母情結和優越感情結。他的妻子則從小受父親支配，並因為自卑情結而總是表現出卑躬屈膝的樣子。在心理問題的覆蓋下，導致他們其實一點都不了解對方。受到心理情結支配的我們，變得不再是自己，我們的一舉一動也背離了原本的自己。人們經常會用他人陷入的處境，去批判對方。」

「這不是相當自然的嗎？」

「不，當然不是。這是非常無知的行為。倘若你的兒子患有麻疹，你會將他視為一個麻疹男孩嗎？」

「不會。」法官笑了出來。

「而我也不會將一個因為感冒而不斷擤鼻子的人，視為一個本性上就愛擤鼻子的人。對那些潛意識帶有心理情結的人，也應該如此。我會將他們的人格和他們那不幸的行為習慣區隔開來，接著再讓那對面臨離婚的夫妻，去做同樣的事，看看不幸的問題是不是肇因於心理層面。」

「如果他們發現確實如此，該怎麼辦？下一步怎麼解決？」

「如果他們的經濟狀況並不寬裕，我會介紹他們去公立診所；如果負擔得起，我會推薦他們，尋求專門治療情感異常專家的協助。如果在經過一年的努力後，成效仍不理想，我會贊成他們離婚。不過讓我告訴你，我們發現經歷這樣的治療後，很少夫妻維持當初離婚的決定，而且許多人的婚姻變得更幸福了。」

37

Keep in mind

只有當婚姻關係出現嚴重的問題時，才有可能出現所謂的第三者。真正的愛是一種非常緊密的合作。只要愛還存在，就沒有其他人可強行進入。

38

一幅畫的兩面

我們可以摧毀充滿愛的行為，迎來悲傷與痛苦。我們可以忽視愛的原則，活在孤單之中。我們也可以遵循並引導愛的表現，來獲得快樂。——當婚姻出現第三者

總有某些問題，是別人不適合貿然給予建議的。如果你給了建議，反而像是對他人健全心智的侵犯。事實上，這也是臨床心理學上非常重要的宗旨：**向個案解釋原則，而不是告訴對方該怎麼做**。智慧是強逼不來的。

瑪莎．馬里費爾德陷入了窘境：問題導致的問題，糾纏著她。她深深愛上一名有婦之夫。「令人絕望的是，他結婚了。」她說，彷彿這是一個無解的難題般。

她該怎麼辦？她們家是一個作風極為嚴謹的家庭，祖上歷歷代代都是秉持著節操至上這樣的信念。就在某個五月的下午，瑪莎突然覺得自己再也受不了內心的煎熬，她必須把這個問題徹底解決。她應該和唐諾私奔嗎？看來這個問題，她只能和

貝蒂討論了。她口風很緊，為人也很正直。

「我無法回答妳這個問題，瑪莎。」貝蒂堅定地看著對方，「我甚至不能跟妳說，換作是我、我會怎麼做。在美國，有許多女性跟妳一樣面臨同樣的問題。她們必須根據自己的信念，去解決這樣的困境。」

「妳是說妳幫不了我？」

「無論是我、或是誰跟妳說，『追著妳愛的男人去吧』、或『不要去，留下來』，妳未來都一定會恨我們的。而且說實在的，就算我說妳不應該這麼做，妳可能會更義無反顧地離開。但如果我說妳應該去，妳也只會變得更猶豫不決。那些關於人生重大抉擇的建議，往往只會讓我們更迷惘。」

「那麼，我必須獨自想出這個問題的答案？」

貝蒂點點頭，「當妳真的開始**思考**，仔細設想未來，撥開蒙蔽著判斷力的欲望時，妳很快就會發現，其實妳一直知道該怎麼做。這是一個探究自我價值觀、以及明白自己擁有哪些情感的探索之旅，不是嗎？」

「我愛他。」瑪莎坦率地說。

「我知道，親愛的，但這世界上有非常多種愛。倘若妳今天只有十六歲，而他不過是某個高中男生，那妳也不需要如此辛苦地去思考這份愛到底有多真誠。」

此刻，又是一個關於新道德的論述，一個遠比繁瑣的陳腔濫調更嚴峻的大哉問。**什麼是最終極的善**？**人的欲望本質是什麼**？**一份愛能多深刻**？

說到底，瑪莎這個問題的答案是：永遠不要妥協。如果一份愛要求妳必須妥協，那麼這就不是愛，而是單純的性欲。而她的答案，同樣也埋藏在**不要追求自我滿足**的原則中。親密關係埋藏在每一個真誠的舉動中。而真正的愛戀才能讓我們活出自我。生命的力量和愛情的深度應該是一體的。

如果瑪莎內心早已知道該怎麼做，那麼貝蒂確實可以在不明確點出對方該怎麼做的情況下，用一些事物來幫助瑪莎找出自己的結論。她可以讓瑪莎察覺，自己是如何對於她的存在「傷害到另一名女子」，而感到心煩意亂。她也可以幫助瑪莎跳脫當前的框架，不要執著於為已發生之事負責的想法。她還可以試著讓瑪莎明白，唐諾——她深愛的男人，無法單方面地令妻子重拾開心。光憑意志力和手段，是永遠不可能獲得真愛的。而這樣的犧牲，也不可能讓任何人幸福。

關於愛，我們懂得並不多，除了那種從體內湧現、並企圖傳遞給他人知道的欲望外。而我們也是透過經驗，才學到什麼時候應該要展現出悲憫。寬宏大量也同樣如此。那些否定自我的人，最終只會剝奪自己一切的權利與希望。而那些試著讓自己發光發熱的人，才能真正讓別人一起發光發熱。

我們無法讓任何人開心，除非對方有這個意願。唯有當對方願意接受時，你的努力付出，才能讓他／她獲得快樂。而我們也不可能幫助任何人走出傷痛——唯有當他／她真的看破時。我們那過於熱情的關懷，只會讓對方受傷。

總有一天我們會明白，自我犧牲只是邁向侵略型人生的第一步。

永遠不要竊占他人的問題，並稱此種霸占為美德。剝奪他人成長的行為，就跟奪走他們的食物一樣不正直。痛苦能淨化一個人。悲傷能洗滌靈魂。奪走他人的困境，就如同心靈上的搶劫。

因此，瑪莎的任務是專屬於瑪莎的。如果她的愛是真的，那麼這就足矣。如果神是愛，那麼她的奉獻就不可能是錯的，而是一種真正的奉獻。

在我們關於愛的信念中，存在著極為驚人的反宗教意識和高漲的欲望。我們或許可以說，愛若不是混亂的，就是井然有序的。倘若是場混亂，就沒有所謂的邪惡、沒有所謂的道德根基、也沒有任何理由可以說服我們不能表現出野蠻。但倘若道德是可能存在的、倘若真有所謂的神聖秩序或宇宙法則，那麼是非對錯的觀念，就應該是放諸四海皆準。

倘若瑪莎和唐諾的愛是真的，那麼瑪莎就不可能因為這份愛、甚至是奪走唐諾，而傷害到唐諾的妻子。她的行為只會讓處於敵對位置的妻子，從不完整的人生中解放出來。因此，當貝蒂說出「這是一個探究自我價值觀的問題，不是嗎？」時，她點出了問題的重點。唯有摸清這份愛的本質，才能解決瑪莎的困境。

——

而這幅畫的另一面，則是一幅關於痛苦的寫照。伊莎貝拉．布萊恩早在幾個月前，就發現丈夫與瑪莎的戀愛，也完全知道和理解丈夫之所以改變的原因。她和唐諾之間出現了問題。而這些問題早在瑪莎出現之前，就已經逐漸成形。

在她心底，她是清楚的。但在多數時候裡，苦澀的憤怒和洶湧的嫉妒，使她無法想到這些。她氣第三者的存在，而憤怒占據並侵蝕著她的肉體。

在人類所存在的各種妄想中，認為自己親手奠定了自己的道路、主宰了自己的人格，是最為瘋狂的一種妄念。每件事情的發生，就跟自我是與生俱來般，一樣自然。真正主宰一切的，是大自然。人格和命運都是她的傑作。她給予我們愛和恨，嫉妒和敬愛。我們所握有的權力，不過是選擇讓哪一種衝動來主宰自己罷了。

就如同瑪莎，對伊莎貝拉而言，眼前的問題就像是對她健全心智的測驗，看她能否健全且堅強地迎接挑戰。她可以讓恨意占據自己，啃食掉最後一絲愛意；她也可以讓充滿報復欲望的嫉妒，吞噬掉自己對於親密關係可能性的最後信任。或者，她可以用更出色、更高層次的方法，來解決問題。她選擇了後者，而這也代表了她性格上的沉著。

「之所以會發生這一切，或許是因為我們倆人的婚姻問題已經病入膏肓。」她對自己說，「我願意盡自己最大的努力，來改善情況。我願意把此種痛苦，視為生命告訴我必須為愛去努力、為了維持婚姻中的親密關係而奮鬥的警告。對愛情而言，這場婚姻已淪為一個可悲的替代品。我會試著讓這份愛成真。我不能讓嫉妒影響了自己的行為。無論我有多麼地憤怒或嫉妒，無論我如何渴望復仇，我也絕對不能讓這些情緒主宰了我的一言一行，或扭曲我的決定。我知道這些只會導致毀滅。而我不能被它們毀滅。」

在嚴格審視自己那野蠻的傾向後，伊莎貝拉找到了自己的方向，並知道該如何透過積極的行為來改變處境。「我的行為必須和那些出於嫉妒所做出的行為，完全相反。」她下定決心。因此，她沒有讓自己被原始的衝動占據，反而決定試著跟瑪莎當朋友。她們變成不錯的朋友。而那讓人煩惱的戀情，也消失了。

——

當我們願意拿出健全且堅定的精神時，有百分之六十的機會，這些問題都能成功解決。如果這場外遇只是一時的意亂情迷，那麼其註定失敗。如果是一個徹底的錯誤，那麼丈夫和「小三」自然會察覺。但如果這是一個非常嚴重的事，而且三人都明白這件事的嚴重性與真實性，那麼我們就只能以合宜的態度，採取最睿智的手段。

新戀情取代舊戀情的事並不少見，而這往往是因為那段婚姻關係並不是真的符合宇宙秩序。至於新戀情？或許是，也或許不是。

在這樣的困境下，我們需要、或應該處理的，是人類最深沉的衝動。愛並不如許多人所想得那樣簡單或溫馴。將愛禁錮，愛就會死去。限制愛，只會造成恨。強迫愛，愛便消失不見。我們無法憑意志去愛，更不可能給予約束。我們能做的，是引導愛的展現。而愛的來去，將視我們的人生願意敞開多寬的門去迎接它，還是將其拒之於門外。

——

如今的我們明白了吸引和排斥的法則，就跟地心引力一樣絕對。有些人能和睦地聚在一起，有些人卻會引發爭執。這無關好壞、對錯，而是關乎同感或反感。如果我們心中的愛意增長，我們就能持續回應；當我們心中的恨意滋生，我們就會停止回應。這是人之常情。

我們可以摧毀充滿愛的行為，迎來悲傷與痛苦。我們可以忽視愛的原則，活在孤單之中。我們也可以遵循並引導愛的表現，來獲得快樂。比起人類小小的自我，愛更像是天地間的潮汐或閃電。

我們可以獲得愛，並試著理解此種激烈情緒的深度。我們也可以壓抑愛的存在，以不健全的型態活著。我們更可以濫用愛的力量，將其扭曲成肉欲和侵略性的欲望。愛不是任何一個人的所有物。在進入或離開一個人的生命、帶給人們快樂或絕望上，愛所使用的方式就如同生命的降臨或消逝般，那樣自然。人們一次又一次地試圖讓自己凌駕於大自然之上，卻一次又一次地發現，在生命力量的面前，我們是如此渺小。

這也是為什麼我們可以用法律來約束婚姻，卻束縛不了愛。對任何一個人來說，沒有愛或失去愛的婚姻，遠比孤單來得可怕。

就此觀點來看，與生命中的所有問題相比，在處理此類問題上，唯有對人格基本法則的全然尊重，才能帶來成功。倘若你因為這樣的困境而選擇委屈自己，放任自己沉浸在自我滿足與憤怒威脅中，問題只會逐漸加深。只有拿出更勝以往的合作心態，以雙方的利益為優先目標，問題才有解決的可能。

最後，在任何一段婚姻關係中，雙方都應該自由且平等的存在。倘若雙方都希望繼續保有自身的自由與平等，就不應該出現侵略性的依附行為。卸除我們自身的期望後，最真誠的事物就會現身——而這才是我們必須尋找的目標。

這並不是關於你、或我在這個情況下該怎麼做，而是在順從生命的意志下，我們該怎麼做。真正睿智的無私，絕對不是讓自己臣服在他人的期待之下，而是找出最好的可行之道。

38

Keep in mind

將愛禁錮，愛就會死去。限制愛，只會造成恨。強迫愛，愛便消失不見。我們無法憑意志去愛，更不可能給予約束。我們能做的，是引導愛的展現。

VI

人生財富

39

吵架的新方法

提出第三種方式原則，就是聰明的新調適方法。——路易絲陷入僵持不下的爭執

故事發生在一座山中小屋內，主角有路易絲・高德溫、她的奶奶，和路易絲的未婚夫麥克・塔布。麥克想帶路易絲去野餐，但路易絲拒絕了。她想要參加附近舉辦的一場舞會。他們兩人各有自己的動機，但兩人都不想聽對方解釋，再加上雙方急著實現自己的目標，導致他們根本無暇聽進對方的話。

除此之外，在他們爭吵的時候，兩人總喜歡用「沒錯，但是——」來打斷對方發言，放任自己腦中那不完整且充滿預設立場的想法，脫口而出。儘管麥克列舉了一大堆去野餐的好處，卻沒有說出他之所以認為應該要去野餐，是因為他的母親也會去，而且正等著他，所以他覺得自己有義務出席。

儘管麥克絕口不提，路易絲卻本能地察覺到他母親對這件事情所造成的影響。因此她故意興奮地說，舞會上有一名富有的金融家，麥可應該去認識對方。這讓麥克產生妒意，並表示他一點都不想見對方。於是路易絲下定結論，麥克根本不願意為了讓她過上好日子而努力出人頭地——這句話點燃了戰火。

雙方都以自我為中心、驕傲、不客觀、不坦白，而且在某種程度上有些不誠實。隨著吵架越演越烈，兩人都開始覺得有些丟臉，並厭惡這樣的自己，偏偏他們的一舉一動，卻又好像很討厭對方般。面對這樣的情形，我們該怎麼做？以下是七件必要的原則：

讓吵架更有效的七大原則

一、停下來。不要說話並聆聽對方，直到對方要求你做出回應。

二、提出協議：給雙方一定的時間（像是五分鐘或十五分鐘）來表達自己。過程中，另一方不可以發表任何回應，只能聆聽。在發言時，把想說的都說清楚。

三、有某些原因是你在爭吵時不想面對或沒有說清楚的，趁現在將那些來不及或因為恐懼而沒提到的原因，都交代清楚。

四、盡力讓自己維持客觀，無論是在說話還是聆聽的時候。

五、設定一段時間，讓雙方有機會能對他人的發言表達看法，在這段期間內，也不允許打斷他人發言。

六、倘若進行完以上的步驟後，還有爭議未能解決，雙方先分開一個小時，讓自己能冷靜思考。不要陷入焦慮或憂愁。

七、在獨處時，寫下另一方的所有觀點，並盡可能公平客觀地去思考。

幸運的是，路易絲的奶奶是一名睿智的女性，她同樣地喜愛麥克和自己的孫女。在兩人正吵得不可開交之時，麥克突然想到可以試著拉攏奶奶。而路易絲也答應和奶奶解釋這件事，因為她有絕對的信心，奶奶肯定會幫她。

但奶奶是一位非常聰明的長者。她知道只有傻子才會介入別人的糾紛，畢竟這麼做就太傻了。「分開來，好好想想。」奶奶這麼說，「然後各自來找我。如果你們願意主動告訴我，自己在這件事情中，做錯了哪些事，我會非常樂意幫助你們。」

我們不需要更詳盡地描述她是如何溫柔地讓這些年輕氣盛的孩子知道，自己是如何企圖主宰另一方，更不需要點出她是如何讓這對情侶明白，沒有什麼比相處融洽更重要的事了。

「何不採取第三方案？如果你們一起搭船出海，不也很有趣嗎？」她提議。

「這個點子真的太棒了。」麥克同意，暗自高興自己不需要退讓——無論是對他的母親或對路易絲。

「我喜歡這個提議。」路易絲附和，她偷偷開心著這樣的結果。

提出第三種方式（未討論的答案）原則，就是聰明的新調適方法。請記得此點。這是面對爭論時的最佳解決之道。

儘管如此，在此點之外還有其他需解決的事物，因此當你獨自一人時，請仔細思考自己是否犯了以下錯誤：

- 是否拒絕給予對方足夠的時間，來陳述自己的想法？
- 當對方在某些方面成功地說服你時，你是否拒絕承認？
- 沉浸在「以牙還牙」的情緒中？
- 當情況對你不利時，是否開始將不相關的事情扯進來？
- 只因為某些想法引起你情緒上的不滿，而故意挑毛病，並拒絕講道理？

- 因為壓抑的怒氣而開始胡言亂語，又因為試圖掩飾自己的失言而繼續滔滔不絕？
- 在還搞不清楚自己真正的想法前，就試圖把這個想法說出來？

我們應該牢牢記住：我們不可能同時顧及十個論點。倘若你為了展現自己的聰明才智，為了同一個論點不斷跳針，一開始先說一點、接著又突然跳到下一點，那麼你只是在浪費大量時間，去做一件本可以在一個小時內完成的事。

請養成習慣對自己說：「事實到底是怎麼樣的？」重新整理思緒。針對自己的觀點進行「是非題」式的分析。在那些冠冕堂皇的說詞之下，往往隱藏著潛在的動機和最隱晦的推力，而這些才是導致問題發生、並使我們受到蒙蔽的原因。

舉例來說，麥克是個相當普通的年輕人，但他很喜歡與人爭執，而這是因為他的哥哥過去經常嘲弄他的緣故。而路易絲有一點點的恐懼症傾向，她非常討厭懸崖，這也是為什麼她非常不想去山上野餐的原因。我們往往只需要更誠實地面對自己，以及帶著試圖找出真相的關愛同理心進行更深入的分析，事情就可以有極大的改善。

在多數的爭吵中，我們喜歡將自己神經質的價值觀，投射到親密伴侶身上，因為自己心靈上的挫敗去責備他們，並用那些陳腔濫調來模糊焦點。因此以下某些常見的責備模式，非常值得我們思考。

我們被指責、或用於指責他人的常見理由

- 因為你不同意對方的看法，或對方不同意你的看法。
- 因為堅持自己的意見。
- 因為衝撞了衰敗的道德觀。
- 因為沒講清楚的想法。
- 因為原始的衝動。
- 因為你此時此刻「做不到」。
- 因為你的實踐程度、你的思考速度。
- 因為你們的本性和感興趣的事物不同。
- 因為你內心深信不疑的原則。
- 因為你生來就是如此。
- 因為你必須再仔細想想。
- 因為你們的需求出現歧異。

- 因為內心的渴望。
- 因為你的能力比較好或比較差。
- 因為不幸的事和其伴隨而來的後果。
- 為了滿足自我，認為其他人都是錯的，只有你是對的。

喜愛爭論的人總為了不重要的瑣事爭辯，而那些爭吵的輸贏根本無關緊要。請列出十五項你們爭吵後所得到的結果。你認為這些結果是有意義的嗎？何不學著利用「讓步」的方式，來贏得爭執？

■何時何地都適用的「讓步」建議：

- 釐清自己的目的，並貫徹始終地以此為出發點。
- 忽視那些並不會危及到你論點的無關緊要挑釁。
- 放棄那些不重要的點。
- 確保你們討論的內容，是你確實願意讓步的事物。
- 一次又一次地回到你願意讓步的點上。
- 先不要提起自己最基本的目標，忍住並等待。

與此同時，你越是沉默，你所凝聚的力量就越強。而下列這些事情則完全不值得我們去糾結，並應該置之不理。

不值得花時間糾結的情況

- 多數的批評和責備。
- 人們意外犯下的錯。
- 所有的冒犯，無論是無意或有意的。
- 因為無知而導致的行為。
- 因為缺乏效率而導致的表現。
- 所有神經質的人會做出的行為。
- 出於不耐煩而提出的建議。
- 別人擅自加在你身上的義務。
- 沒有人可以解決的問題。
- 因性格不同所導致的結果。
- 人生中不可避免的失去。
- 每個人的不完美。

- 生命就是會遇上許多麻煩；而你們正在吵的情況也是這些麻煩的其中之一。

如果出現上述任何一種情況，請中斷一切的討論，並讓自己平靜下來。不妨參考新英格蘭老農夫的規矩：

- 要說就說些友善或有趣的話。
- 用最舒適的方式坐著，不要正襟危坐。
- 做一些帶有善意的小動作。
- 坐著並思考天空到底有多麼寬廣。
- 讓自己明白，你並沒有如此重要，因而不需要總是提防他人。

有一句俗語說得好：「贏了爭論，輸了朋友。」我們無法用說服的方式，來逼朋友配合。我們或許可以將這句俗語改成：當你贏了爭論，卻輸了一切——當你讓爭論背離初衷時，最終只會輸掉你所追求的目標。漫長的爭執只會讓贏家感到精疲力竭，並因而再也無心去實踐自己最初的目標。

微笑永遠比責備好，效果也往往更出色。當爭執中出現笑聲時，往往能化解僵持的敵對心態。在快樂的面前，只會剩下困惑與笨拙。學會如何用笑聲化解敵意。爭論和填字謎一樣，都應該是用來消遣的。因此不要讓它們背離了本意。請試著讓自己學會用遊戲的態度，來看待一場爭論。確保辯論的內容輕鬆、有趣且充滿包容力。當交談對象開始使用人身攻擊或不耐煩時，請離開現場。撤離和易怒都是個人問題，也應該留給個人去解決。

說到底，如果我們不要放縱自己追求自我滿足，一開始就不會陷入爭執。只有當我們拒絕接受一切妥協，我們才能保有冷靜。只有當我們學會在個人衝動與互助關係中，取得平衡，理智和合作的精神才能維持下去。

39

Keep in mind

微笑永遠比責備好，效果也往往更出色。當爭執中出現笑聲時，往往能化解僵持的敵對心態。當你讓爭論背離初衷時，最終只會輸掉你所追求的目標。

40

充分休息的必要

你是否曾經看過一匹聰明的馬或驢子爬上一條小徑？牠們會非常頻繁地停下來。等到呼吸恢復順暢後，再繼續向上爬。——正視現代人停不下來的忙碌病

艾文斯．史崔克蘭皺著眉頭。這場面談跟他想像的不太一樣。最近的他實在太緊張了，因此他想尋求外界的協助，而剛好有一位知名的法國專家到美國訪問。長年在紛紛擾擾的紐約擔任企業律師的工作，讓他付出了不小的代價。

「工作太辛苦了。沒有人可以長久承受這樣的壓力。」他對妻子說。

但當那名經驗豐富的醫生這麼跟他說時，他卻覺得自己被冒犯了。他原本希望對方能「讓他恢復正常」，這樣他就能繼續過著那違背本性的生活。但醫生沒有這樣的魔法。

「我必須繼續堅持，醫生。」史崔克蘭解釋，「但我已經筋疲力竭了。我根本

睡不著。我覺得頭昏腦脹。我的心臟——」

「是的，是的。」醫生點點頭，「我非常理解。你們美國人的生活步調太緊繃了。你就像一輛多頭馬車——而你的心臟，自然也必須跟著亂竄。」

史崔克蘭讓自己接受質疑，「但是醫生，一直以來我都把自己照顧得挺好。我知道該怎麼做。」

「那麼你所謂的良好照顧，是怎麼執行的呢？」醫生詢問。

「呃，我最近得了幾次感冒，還有些便祕的情形。加上最近總感覺很疲倦，相當沮喪。因此我盡量避免讓自己吹到風，禮拜天的早晨也會躺在床上多休息，定期使用通腸劑，如果流鼻水，就吃點藥。」

「那麼你的胃呢？胃有沒有不舒服？」醫生微笑接著問。

「但我有吃那些可以預防胃酸過多的東西，」史崔克蘭辯解。

「那你有沒有使用水蛭或什麼咒語呢？」醫生溫和地繼續追問。

「我幹嘛那樣做？」他的病患嘟囔著，開始察覺到醫生嘗試表達的重點。

「照你的做法，它們大概也會有用。你讓自己的身體變得笨重而遲緩，你沒有運動，沒有深呼吸，還經常在外面待到三更半夜，或以為待在家裡就叫休息；這就跟生長在朽木上的菇類一般。我想既然如此，一百多年前的方法或許能讓你回歸正常作息——一百年前呢。現在，你需要提高自己的內分泌。你必須吃些維他命。這些是現代的方式。你還必須避免過勞的情況，讓自己的神經系統休息，別把大腦煮熟了。」

「煮熟我的大腦？」

「沒錯，你有沒有見過一顆蛋被慢慢煮熟？看著那透明的蛋清慢慢變成白色？那叫凝固作用。當你感到精疲力竭、身體不適，血液中缺乏氧時，大腦就會開始凝固。然後你的思緒就會變得有些混亂。」

史崔克蘭留意到醫生眼中閃著的狡黠神色，還有輕輕的笑聲，但這並不足以緩解他的焦慮。

「你是說我有時候會亂抓狂？」他緊張地追問。

「每個人在非常疲憊的時候，多少會有一點這樣的情況。但只要得到適當的休息，這樣的舉動就會消失。你為什麼要逼自己工作得這麼辛苦？」

「養家活口。」

「那為什麼要那麼晚還待在外面？」

「我太太說那是我們唯一可以享受到的兩人時光。」

「你必須讓她明白你有多累。」

「我做不到，醫生。我不希望那麼自私。」

「這並不是自私，而是聰明。你跟我說，你幾年前曾經崩潰過。而你一直持續那些有害無益的行為，而這些行為不可能不傷害到你自己的神經。」

換句話說，一個人不應該玩橋牌玩到深夜，恣意地尋歡作樂；隔天早晨再衝到辦公室，興高采烈地努力工作；然後再活力十足地開車返回位於郊外的家，在擁塞的高速公路上與死神調笑；或不知節制地參與社交活動。突如其來的情緒失控，很有可能導致此人各方面的生活分崩離析，而他也自然不可能期待在這樣的失控下，還不會陷入精神崩潰的狀態。

當我們擺脫了妥協，我們也同時擺脫了精疲力竭。這樣的人會直接拒絕過勞，也不會放任自己追求自我滿足，讓身體為了大腦的妄念而受苦。那些懂得尊重自己神經的人，才是真正有勇氣的人。

史崔克蘭深信這名醫生可以幫助自己，因此他開始使用日光燈、做運動、攝取健康的食物，並確保內分泌系統運作正常。此外，他也改變了生活型態。為了維持健康的生活，醫生還給了他一些關於當代科學對於用腦過度（brain fag，也稱腦力衰竭）現象的理解資訊。

避免用腦過度的五種方法

一、用腦過度是因為供給腦部的血液不足，導致身體就像被止血帶束緊，出現不適的緊繃感。請停止過度勞累、過度急迫、過度憂慮、過度調適的行為，並在發現自己又開始緊張時，立刻停下來，深呼吸三分鐘。

二、此症狀往往肇因於人們不願意停下來，聽從自己的直覺與心底的判斷。請等一等——在你開始行動前，請先等一等，給自己一點思考的時間。

三、此症狀的成因可能是衝突、對目標的混淆、因為反對意見而導致的緊張。停下來——將情況的優缺利弊列成一張表，看看正、反方哪一方的論點更有力。再根據這張表來行動。

四、此症狀肇因於有害的負擔。在吃飯時，請細嚼慢嚥。吃完飯後，也不要立刻奔跑。

五、此症狀的出現，是因為氧氣不充足。問題越困難，請越頻繁地走到窗前喘口氣。我們的大腦就跟汽車馬達一樣，需要空氣才能運作。

當你覺得「無法放鬆」時，不要硬強迫自己。請想想那些能吸引你的事物。找出那些能讓你舒緩而安心放鬆的方法。然後去執行。

如果無論如何，你都無法放慢腳步，那麼請為自己的思緒設立一個紅綠燈，以避免想法亂成一團。以十五分鐘為間隔來設置它們。每十五分鐘就稍微伸展一下，休息一分鐘。請將這個行為培養成絕對的習慣。

你是否曾經看過一匹聰明的馬或驢子爬上一條小徑？牠們會非常頻繁地停下來。而牠們會等到呼吸恢復順暢後，再繼續向上爬。如果你不能讓自己也做到這樣，那麼你就無法期待自己跟一匹驢子一樣健壯。

40

Keep in mind

當你覺得「無法放鬆」時，不要硬強迫自己。——在你開始行動前，請先等一等，給自己一點思考的時間。

41

健康的睡眠，健康的身心

身體的匱乏絕對比銀行帳戶的匱乏來得嚴重。學會如何關上耳朵並入睡。——飽受失眠困擾的德斯頓太太

德斯頓太太睡不著。她已經整整一年睡不好了——從燈關上的那一刻起，白天的各種瑣事就會開始盤據她的腦袋。

她的工作看似永遠都做不完。三餐以令她無比煩躁的規律發生著。她想要好好閱讀新書，卻總是沒有時間。她的思緒開始變得遲鈍。而她的先生卻覺得她就跟她的母親一樣無理取鬧（這是非常嚴重的控訴）。

「但我總是很累啊，喬治。有太多事情等著我去做，讓我無法專心。」他的妻子這樣對他說。

「只有當妳可以去做的時候，再做；如果做不來，就放掉。」喬治嘟囔回應。

「但我只是想盡我的責任。我跟塔吉太太可不一樣。你難道想吃她做的晚餐嗎？」

「一點也不。」喬治立馬回答，情緒煩躁了起來。「但這不意味著你需要在睡夢中也不停的煮飯。」

「但每個細節我都需要留意啊。」他的妻子嘆了口氣。

「難道我的工作就不需要了嗎？倘若我這件事情花了半個小時，那件事情又花了半個小時。你覺得我的下場會如何？」他質疑道。

「是的，但至少你的工作有分門別類的系統或方法可以幫助你。」

「那妳也可以組織好自己的生活。妳已經一個月沒有彈琴了。妳做了太多沒必要的事了。」

「你不能強迫我，眼看著整個家裡亂糟糟的！」德斯頓太太帶著女性特有的焦慮感，如此反駁。

「當然不是，但我也不想要你成為奴隸。想個辦法吧。」

聽進這個建議後，德斯頓太太驚奇地發現自己那雜亂無章的「自我犧牲」，根本是多餘的。更讓她驚訝的是，她又開始睡得著了。

倘若她能秉持著永遠不要讓自己妥協的信念，她就不會讓瑣碎的家事干擾到她的生活。現在，許多家庭婦女深受這樣的被害妄想所困擾，為了自我滿足而強迫自己承擔過量的責任，並導致自己因為過勞和失眠的症狀，而出現身體上的不適。

有失眠症狀的人們，就意味著他們生病了——精神上的疾病。這些人大多是假性無私的受害者。這些人被剝奪了應有的休息。高品質且平穩的睡眠，那種能一直睡到令你的身心終於都感到清爽的睡眠。對心理恢復而言，這是非常重要的。

「近期關於睡眠的研究指出，生理上的放鬆不僅可以讓身體恢復健壯，此種睡眠狀態也能讓心理層面獲得修復。神祕主義告訴我們，在睡眠期間，我們的靈魂會與「另一個世界」接觸，並會因為來自天界的力量不斷匯聚，而獲得養分。但無論如何解釋，深層的睡眠對成功來說，是絕對必要的。這是出於原始本能與必要的自私。

—

除非你的睡眠狀況總是非常良好，否則你或許會需要藉由一套入睡的儀式，來幫助睡眠。在我必須授課的那段期間裡，經歷了一整天令人勞累的講課與寒暄後，我還要讓自己在夜間火車的臥鋪裡順利入睡。倘若我睡不著，我的身體能撐多久？

所以，我讓自己成為一名火車睡眠專家。倘若我的方法能讓我在嘈雜的臥鋪車廂，酣然入睡，那麼我想這個方法也絕對適用躺在柔軟床鋪上的你。

如果你發現自己不太容易入睡，請使用下列三到四種的方法。如果還是未能改善，請採用五至六種。倘若你是長期失眠患者，那麼請照著每個步驟去做。我從未聽過有人在使用這些方法後，依舊失眠的——只要你能準確地知道何時、以及如何去實行。

確保進入睡眠的八種方法

一、**喝一杯熱的飲品**：市面上那些打著能幫助你入眠噱頭的產品，其效果最好也就跟一杯熱牛奶差不了多少。你難道沒想過牛奶與睡眠之間的關聯嗎？「噢，我的寶貝，你已經喝完一瓶了，是時候該睡覺了，讓我來唱歌哄你入睡吧！」當我們喝著熱牛奶時，就像是重新建立起人生中最快樂一年的習慣。

二、**按摩身體**：從你的頭部開始，按摩自己的頭皮。按壓脊椎的最底端。接著，搓搓你的脖子，透過將頭抬起的方式來拉伸脖子。動作不要太大；請輕輕且溫柔地拉，只用一隻手，並把手放在後腦勺。接著，按摩肩膀。現在，搓揉你的胃；稍微擠壓胃部，想像胃液在裡面流動著。覺得想睡了嗎？如果有睡意，請停止動作並上床。如果沒有，雙手握拳放到身後凹背處，上下移動以放鬆你的脊柱。現在，按摩你的屁股和大腿，接著是疲憊的雙腳。

三、**嘆氣、打呵欠練習**：要睡覺時，嬰兒會發出咯咯的聲音、笑聲、唱歌等各種聲音。鳥會低聲鳴叫；所有的動物——除了傻乎乎的大人以外，都會做出類似的行徑。請開始規律地嘆氣。接著是打呵欠。時不時地就為自己那滑稽的過度緊張感笑一笑。感受床鋪的觸感；多麼舒適。再多嘆幾次氣。張大嘴巴，打呵欠，直到耳朵的壓力被釋放出去。假如你無法自然地打呵欠，請刻意讓自己呵欠。

四、**伸展與扭轉運動**：朝各個方向伸展與扭轉。讓上身躺在床上，將膝蓋朝著左、右翻轉。現在，扭轉你的背部；再次拉伸。扭轉全身；踢踢你的腳。如果你已經結婚或和別人一起睡，請先躺到床上，反覆扭轉動作，直到你的神經放鬆下來。然後再跟你的伴侶說你接下來不會再繼續吵了。

五、**輕柔地按摩眼部**：請非常輕柔地按壓眼睛（當然，請閉上眼睛）。按著眼球，直到眼球感受到手指的重量。現在，非常緩慢地加重力量，並揉揉眼睛。

六、**做愉快的夢**：假如你已經有一個非常吸引你的夢，那就用那個吧。如果沒有，請試著想像出一個能讓你感到平靜、鬆弛、滿足、慵懶的地方；像是被月光照亮著的南方沙灘。海洋的浪花。聞著花香。接下來的細節就憑你個人的喜好去強化了。每天晚上都使用相同的夢境。你可從沒聽過哪個「夢中情人[1]」失眠的吧。認為自己不可能睡著的想法，一點道理都沒有。你可以的，只要你有一個舒適的夢境，並且不要擔心那一點點無傷大雅的小想像力。

七、**試著深呼吸**：假如你在那令人昏沉的波浪中飄了一陣，此刻卻依舊無比清醒，那麼請開始深呼吸；透過你的鼻子，進行長且緩慢的呼吸。不需要太長，濃厚、充滿睡意的呼吸聽上去就像是海浪，拍打著沙灘。躺下來聆聽海浪的聲音，聽著、聽著、聽著、聽者——直到你像個孩子般熟睡。

---

1 魯德亞德．吉卜林（Rudyard Kipling）的短篇故事《Brushwood Boy》：一個男孩從很小的時候開始，就會一直夢見同一個夢，在同一個地方會有同一個女孩，而這名女孩就這樣在夢中跟著男孩一起長大。有一天，男孩終於在現實生活中，遇到夢裡的那個女孩；而這名男孩並不知道，其實這名女孩也總是夢見他。最後兩人互相確認心意，並快樂地在一起。

下一個練習，是針對特別頑固、喜愛唱反調，想要證明別人的方法都是無效的人。儘管如此，這個練習依舊仰賴他們願意執行的配合度。

八、**精神性耳聾**：創造一個心理上的情境，想像自己聽不見。將此種情境深刻地置入大腦深處。對自己說：「我要掛掉電話了。我要關掉收音機。我再也不要聽見任何聲音。」重複這個過程。讓自己沉浸在其中。每天晚上進行這個練習，連續三十天。不要妄想這招能在你失眠的第一個晚上就奏效，因為當你的潛意識拒絕入睡時，我們唯有透過訓練才能克服這個問題。儘管如此，大約一個月以後，你就能學會如何關上耳朵並入睡。

為了讓自己能在晚上安然入睡，請記得在白天的時候，消耗掉的精力不能多過於你所能生產的精力。不要讓自己過度疲勞。我們的任務並不是透過無止盡的努力，來殘害身心。讓你這麼做的原因，不過是愚昧的無私。身體的匱乏絕對比銀行帳戶的匱乏來得嚴重。

在上床睡覺前，請務必消除腦中一切的煩惱雜念。倘若你有問題無法解決，到自己的書房去，坐在那裡直到你想清楚為止。在床上輾轉難眠就跟尿床一樣，都是不成熟的行為。無論是心靈或身體，我們都需要良好的「訓練」。

41

Keep in mind

深層的睡眠對成功來說，是絕對必要的。這是出於原始本能與必要的自私。

42 疾病與健康

盡自己所能治療病痛，但不要因此長期活在對病痛的恐懼下。——看待疾病的正確態度

摘錄自一名醫師的信：

如今社會大眾需要了解的一件事，就是功能性（functional）疾病和器質性（organic）疾病的不同。儘管如此，我們並不驚訝人們總是混淆此兩者；有許多醫生甚至也都沒能清楚地區別兩者差異。

除此之外，在「真正的神經失調與腺體失調症狀」和「純粹由想像所導致的陰鬱」間，也有非常大的差別。精神狀態對於身體的影響，是如此潛移默化且難以察覺，許多時候，充滿活力的精神遠比任何藥物更有效果。關於家庭醫生的種種優

點，有太多值得我們去提。由於這些醫生對於病患的認識時間非常長，也非常清楚對方的生活，因此他們總能針對病患做出極為精確的診斷。

不僅如此，當他們帶著友善的微笑來到病患的床邊，執行那熟悉的看診步驟時，他們帶來的撫慰往往能給予病患勇氣及信心。我們確實可以嘲笑此種信仰療法，但是當我們把這種帶有益處的好感從治療方法中移除後，藥物所帶來的療效也減去了大半。無論藥物是多麼地強大，或看診的醫師經驗又有多麼豐富，信心就是無可取代的。

對於那些為了自己、或為了家庭成員而開始關注精神健康的人來說，這段文字所傳遞的訊息非常重要。我們絕對不應該質疑現代醫學的療效，以及其無與倫比的進步為人類健康所帶來的保障。但我們也確實應該重視這名睿智醫生的論點。

當家中出現疾病時，你的目標就是克服它。你需要應付的處境為何？而你對病患所做的行為、或所說的話，又會產生什麼樣的效果？每個醫生一定都面臨過無數次這樣的情況：家中只要有一名緊張兮兮或歇斯底里的成員，其對病患所帶來的負面效果，總能輕易打敗好幾位醫師的努力。換言之，將那些討人厭的三姑六婆趕得越遠越好。

經年累月下來，我認識許多美國優秀醫師，因此我必須警告讀者，倘若家中有人生病時，請避免出現下列的錯誤行為：

- 不要拒絕專家的建議，直到為時已晚才急著衝去尋求協助。
- 不要接受瘋狂的療法，並在療法失敗後譴責一切的藥物。
- 不要相信那些關於疾病的無稽迷信。如今仍有許多古老愚昧的迷信流傳著。
- 不要忘了，當家中有人生病時，其生理上的衛生絕對比平時更需要注重。而病患攝取的食物，往往扮演了關鍵角色。這方面，醫生懂得會比廚師多。
- 正確的思維態度就跟良好的身體照料同等重要。倘若在醫生離開後，整個家就陷入一團混亂、或成為陰鬱的深淵，那麼藥物的療效將大受影響。
- 多數的生理疾病都會產生心理及情緒層面的影響。而這些特別被稱之為功能性疾病。過去所謂的「神經衰弱」、結腸炎和許多類似如此的失調症狀，在治療方面還須仰賴心理態度。除了接受醫生給予的藥物外，也應該聽從醫生的建議，並將其放在心上。
- 如果醫生表示你的症狀有絕大部分屬於疑病[1]，不要因此大發脾氣或換其他的醫生。有太多人都是因為自身的恐懼與負面態度，才導致身體出了問題。

● 請確認自己不是為了獲得關注，才出現病狀。在美國，這已經成為普遍的室內活動。

請想像以下的畫面：瑪莉．史丹頓因為結腸炎而躺在床上。范斯醫生正在跟她的母親談話，試圖讓她明白：眼前這名怏怏不樂的年輕女孩，對於她那自憐自艾、及渴望獲得關注的個性而言，這名母親是如何扮演了推波助瀾的角色。范斯醫生強調，瑪莉習慣去想著總有事情會讓她不開心。她的態度已經出現了問題。

「我沒記錯的話，妳姊姊是一名基督教科學派[2]的信徒？」他試探性地問道。

「是的，為什麼提起她？」

「我在考慮要不要將妳的女兒送去那兒住一段時間，」醫生回答道。

「為什麼提出這個想法，范斯醫生？你這麼做是為了什麼呢？」史丹頓太太非

---

1 疑病（hypochondria），過分擔心身體而認為自己生了病。

2 基督教科學派（Christian Science），一八七九年創立，其創辦者認為，既然上帝是絕對的善與完美，那麼罪、疾病和死亡都與上帝無關，因此都不是真實的。這個物質世界是虛幻的，真正的真理和存在都是在精神層面上。因此疾病可以透過信仰、祈禱獲得治癒。這樣的結果就是導致教徒有病痛時，往往只靠著祈禱而不尋求醫療協助。

常驚訝。

「這樣一來，她就可以受那些拒絕承認疾病存在者的影響。我並不是否認病菌、或任何一切身體疾病的存在，我只是希望讓妳姊姊那樂觀的態度感染妳們。」

對於健康問題而言，這是一個極為重要的觀點。我們應該知道自己對哪些食物過敏，但絕不能因此過於狂熱。改善自己的便祕問題，但不要去遷就它。盡自己所能治療病痛，但不要因此長期活在對病痛的恐懼下。處理好感染，不要讓它蔓延成一種恐懼。

如果讓你生病的，其實是你自己，為了康復，你必須勇敢地去戰鬥。詢問你的醫生，請對方告訴你十種可以放鬆、讓你深呼吸並冷靜、保持樂觀態度的方法。請對方協助你，讓你的注意力全部集中在如何獲得健康上。如果你向對方表示想了解這些事，多數醫生都會告訴你，這麼做是非常有助益的。

「心靈之於身體」與「身體之於心靈」的交互作用，確實是非常重要的。在面對疾病時，絕對不要讓自己的過度擔憂（無論是為了任何人或任何事），導致病況加重。在這個時刻下，就是你該放手的時機。許多疾病會讓我們感到抑鬱，不要因此就認為自己有抑鬱的傾向；有些不過是暫時性的。拒絕讓自己被沮喪打倒，你就不會變得鬱鬱寡歡。

請用理性且冷靜的態度和自己說話。透過自我暗示的方法來告訴自己會如何好起來，你就會看到自己逐漸好轉。**打敗疾病的唯一方法，就是擁有健康的態度**。找出那些可以讓自己鬥志昂揚的方法。讓自己待的地方，充滿活力。

除此之外，當生病的是其他人，請務必記得負面的同情就如同毒藥。只要對方在場，絕對不要提起任何關於疾病的事，或病人症狀所面臨的危險與悲傷。

因神經或腺體所導致的功能性失調，就跟因為受傷、感染、傳染、病菌所引起的器質性疾病，同樣嚴重。而信念、堅強和一點點的快樂，將能帶來不容小覷的治癒效果。

還有一點非常奇特：渴望成功者，往往比較少生病。這或許是因為這種健康的生活態度，給了他們一層防護。認真追求自己目標的人，通常比較少妥協。而他們也沒有時間追求因生病而獲得的自我滿足。

42

Keep in mind

面對疾病時，絕對不要讓自己的過度擔憂（無論是為了任何人或任何事），導致病況加重。打敗疾病的唯一方法，就是擁有健康的態度。

43

為錢所苦

為了追求財富而迷失自己，或許是最糟糕的自我滿足。——更多的財富能帶來幸福嗎？

許多年前，能模仿鳥叫的偉大藝術家查爾斯．凱洛格（Charles Kellogg），透過一個巧妙的實驗，證明了美國的民族意識是如何以錢為重。凱洛格堅信我們人類總是只聽自己感興趣的，並忽略其餘所有不在乎雜音，他在嘈雜的街道上，故意扔了一個一角硬幣到地上。行人們停下了腳步，開始搜尋那枚銅板。而他本人卻相反地，能在別人都聽不到的情況下，在川流不息的喧鬧車流間聽到蟋蟀的叫喚聲。

當別人跟你說，他正在為錢苦惱時，他說的其實跟自己所想的並不一樣。他害怕的是無法保有購買力。倘若他對自己的能力很有信心，他就能開心地擺脫這樣的煩惱。

讓我們想像一下，一個當你工作過度、患了感冒、全身上下都不舒服的日子。床硬得就像是躺在花崗岩上。你試著讓自己睡一會兒。但你的眼睛不肯乖乖閉上——兩眼執拗地望著桌上的信封。

「帳單、帳單。為什麼它們連一個生病的人都不願意放過？」你怒吼著。

你躺在那裡，思索著生存所必須負擔的成本；這就是你在做的事。你的日常工作沒什麼特別的意義。艾賓頓醫生當然可以輕鬆愜意地叫你應該多休息，並拿肺炎作為不休息的下場來威脅你。反正你很快就會收到他寄來的帳單。躺在這裡不但讓你損失了一百美元的醫療費，還讓那些本來可用在工作的時間溜走了。

就像要特意打斷你內心的牢騷，艾賓頓醫生走了進來，下午的視察時間到了。他紀錄了你的脈搏，測量了你的體溫，而這一切小題大作的手續只讓你更加心煩。然而今天很反常地，醫生做完檢查後，他沒有匆匆離開，反而坐了下來。

「孩子，你有任何特殊的請求嗎，像是怎麼安排喪禮之類的？」他問。

你嚇得從床上彈起來，「你難道不覺得我會好起來嗎？」

「剛好相反，非常不幸地，你康復得太快了，快到對於你未來的健康有不良的影響。這也是為什麼我想跟你談談。如果你願意待在這裡幾個禮拜，我們就會強迫你休息。然而，現在的情況就是，或許再一天左右，你就又可以回歸到那步調緊張的日子裡。但你不可能維持那樣的生活節奏太長時間，不可能以那樣的方式活得太久。你必須放慢腳步。你為何不讓年輕的合夥人，多分擔一些公司裡的事？」

「當然，然後讓他去賺那些本來應該歸我賺的錢。醫生，我有一半的症狀都是出自於財務壓力。看看這些帳單。我必須償還它們，但此刻的我不知道該怎麼去還。」

「你也不知道該怎麼樣活，這才是真正嚴重的問題。你根本不需要花那麼多錢。」

「可以麻煩你把這件事告訴米莉嗎？」你輕哼答道。

「我沒辦法。這是你的任務，而你應該聰明地去做這件事。這不是米莉的錯。問題的源頭是你。」

整整一個小時裡，這名上了年紀的醫師苦口婆心地勸你。你有哪些預算？你們是如何將家庭開銷控制在收入之內？你的孩子是否明白生活的成本？在預防不必要的支出上，大家各自扮演了什麼樣的角色？他察覺到了你的抗拒。

「在這個問題上，你的自我占據了很大的原因。」他強調。

「你不願意好好整理自己的財務狀況。因為這麼做會傷到你的自尊。你情願讓自己顯得很大方——然後又為此煩躁。但這樣是行不通的。這是美國人的生活模式，更是許多人之所以中年早逝的原因。我並沒有要你學習蘇格蘭人那樣簡樸，儘管這麼做確實是你當前所急需的。我不過是想要強調，既然你很擔心財務狀況，你就應該試著去解決財務問題。如果壓力不會殺死人，那麼我根本不會去管你想怎麼做。然而壓力確實會，而我的建議遠比藥物更有效。家庭應該是民主的。而我不過是希望，你能理性且聰明地去應用那些自己再熟悉不過的方法。請看這裡，我還有最後一個建議，倘若你還是不能接受，那麼我就不再插手，任你自生自滅。你是否願意安排一場由你自己、妻子、孩子共同出席的會議，並列出關於開銷與你個人健康的問題？」

「但是將自己的問題拋給家人，實在太自私了。」你反駁道。

「如果你認為這叫自私，那麼死於無私精神，並留下孤立無援的他們，絕對更自私。」

「你希望我如何安排這場會議？」

「你聽上去似乎不太肯定自己到底想不想這麼做。但我還是回答你的問題吧。在你們所有人都圍繞著一張桌子坐下來後，請要求每位家庭成員列出他們認為必要的每月開銷項目。」

「我的孩子們也要？」

「當然。如果你永遠不給他們機會，他們要如何學到關於收入與支出的概念？將你們四個人所列出來的清單集中在一起，並根據重要性依序排列。將清單最下面的十個項目刪掉，因為就你們目前的情況來說，那是比較無力負擔的部分，或者在全家人討論過後，以投票來決定。」

——

這個方法的成功，我見證過非常多次。倘若這個國家想要繼續維持民主，那麼自治的概念就應該從家裡做起。有許多家庭主婦和小孩，對於家庭收入並沒有清晰的概念。而在多數的情況下，開誠布公地討論，就能改變對方的觀念。而且，這麼做甚至能改變一家之主的態度，使他／她能更成功控制收入與支出的平衡。

當家庭中的每位成員能將自己的開銷控制在四分之一內，那麼你在抓預算的時候，就無需擔憂。我們不應該活在被奴役的恐懼之中，也不是活在野蠻時代。大野狼來了，已經淪為一種比喻。然而我們尚未擺脫經濟上的神經緊繃。

正如同許多醫生所觀察到的，美國人的金錢瘋狂，是導致如此多男性患有高血壓的一個原因。此症狀在美國人之間之所以如此普及，和我們對財富的渴求有很大的關係。因為這樣的欲望，美國人或多或少失去了生活的樂趣。我們創造了華而不實的生活標準，並迫使自己為了華美而豪奢的生活奔波。

有一件事是非常肯定的：當我們為了賺錢而讓自己妥協時，錢就成為了一種禍害。事實上，為了追求財富而迷失自己，或許是最糟糕的自我滿足。

43

Keep in mind

不知道該怎麼樣活，才是真正嚴重的問題。你根本不需要花那麼多錢。

44

如何致富與享受財富

當你能和財富攜手合作時，它自然會給你回應。——投資金律與生活的平衡

負責我們家暖氣爐的工人，是一名來自義大利的男子。曾有那麼幾個月裡，他和太太只能依靠他替我們家清暖爐的微薄收入過活。現在，日子好多了。

我有一個鄰居，他掌管一間大企業。他花錢總是非常大手筆，但他賺到的錢遠超過他所花的錢。他妥善管理自己的財富。

至於那些不滿意自己必須負擔的稅金、被逐漸高漲的物價追著跑的你和我，仍舊緊張著自己的收入或許會有一天，跌落到無法負擔當前生活型態的位置。我們必須保護自己的存款。

曾有那麼一次，我認為自己最好尋求財務「專家」的建議。所以我向一名保守

的銀行家諮詢理財問題。他推薦我購買某幾支股票。作為一位無比謹慎的男子，我又向一間大型信託公司詢問了投資理財的建議，對方也給了我相似的建議。接著，我還向一位在證券交易所工作的朋友打聽。對於我所得到的建議，他抱持肯定態度。現在，我手中共有六百張這支股票。而這支股票當前的售價為一股兩美分。

倘若我要給別人關於投資的意見，我覺得應該從這點開始：「永遠不要聽信銀行家、投資顧問或股票經紀人的話。你可以徵詢他們的意見，但做決策時一定要務實。」我用了八年的時間、透過無數人的經驗和自身的經歷，來確認這則建議的效果；現在，我非常肯定。那些以管理金錢維生的人們，其思考的方向總是跳脫不了金錢的框架。但關於財務，沒有辦法只講道理。

錢並不能代表一切，但也確實代表了某些事物。你的思緒應該著重於其所代表的意義上。我們確實正在經歷一場社會變遷。勞動問題正在增加。

你銀行裡的那名保守財務顧問或許不在乎人生充滿了意外。但無論他相信與否，這就是**事實**。

那麼，對於你的問題來說，何者才是關鍵？有效的自私？當然，如果你指的是為自己的所作所為全權負責。以下是關於投資型態與安排金錢的方法分享。

常見的投資型態

- 不動產
- 商品與食品
- 銀行存款和保險
- 股票和債券
- 私有企業
- 政府債券

安排金錢的三種方法

- 投機性：賺取價差
- 冒險性：全部投進去
- 長久性：長期儲蓄

而你選擇哪一種方式，視你需要哪種程度的保護而定。不妨聽聽彼得．波林是如何改變自己的投資策略。過去，他很喜歡投機。他並不是喜歡冒險，只是想要趁著價值上漲的時候好好賺一筆。他一直如此，直到市場崩潰。

現在，彼得改變自己的策略。他認為投資方法應該配合自身的收入和義務，並且需視國家的大環境與產業穩定性而定。所以現在他手中有：

一、一點不動產，位在稅金較低的區域。

二、囤積了一點商品與食品，以應付上漲的物價。

三、銀行裡頭有點儲蓄。

四、握有一些較穩定的股票。

五、投了一點錢在經營方針較保守的私有企業。

六、少量的政府債券。

成果如何？他的焦慮顯著降低了，而他在公司中的表現明顯提升；為此，公司還加了他的薪水。

許多年前，一名財務專家曾經說道：「如果你為投資擔心，就意味著你的投資分配不夠有效。」這確實是金玉良言。如果你因為自己的存款而擔心，請了解，這是因為你的投資不夠聰明。儘管你在投資多樣化方面可能做得不錯，但你的心理狀態上卻沒有做到同樣的準備。有些人或許可以給予你不錯的投資建議，但對方未必能顧慮到你的個人特質。在投資上，無論是理性或感性層面，我們都必須顧慮到。

只有謹慎地約束，才能避免心理緊張過度擴散。經濟壓力所導致的精神疲勞，是半數婚姻失和與父母親之所以面臨困境的主因。我們應該面對問題、承認問題。利用一段時間，好好審視財務問題。面對你的恐懼。理解你的恐懼。和你在乎的人討論自己的恐懼。接著，將這些恐懼收好。不要讓它們一點一滴地竊占你的生活。

跟一些朋友談談他們在金錢上所面臨的困擾。仔細研究關於此方面的資訊。聽聽他們的失敗，直到你開始也有些緊張。在你達到飽和點後，請將你的注意力轉移到生活行為中。

緩解各種緊張情緒的其中一種辦法，就是放下對該事務的過度關注，並採取完全相反的舉動。丹・史特林一直因為別人欠自己錢的事，悶悶不樂，而他最後決定跳脫這種情緒，並對自己說：「為此煩惱不會帶來任何好處。我應該想想可以如何幫他們還錢。」

他開始行動，針對那些欠他最多錢的人，展開一連串他認為對他們生活會有幫助的行為。第一名男子，是二手家具店的老闆，他推薦許多人去那間店，並讓那些人帶著自己的名片。第二個人是農夫，他安排住在城市中的朋友和對方直接購買雞蛋。第三個人是音樂老師，他介紹了一些學生過去。他盡自己所能，去提高那些債務人的償還能力。經過一年左右，他收回了所有的欠款。

只有當我們能確保自己的生活品質時，這樣的投資才叫好。那些不會輕易讓自己妥協的人，也不會輕易浪費自己的收入。追求財富的危險，就埋藏在那些只是為了追求自我滿足的誘惑中，並賠上自身能力得已實現的可能。當你能和財富攜手合作時，它自然會給你回應。天助自助者。

44

Keep in mind

永遠不要聽信銀行家、投資顧問或股票經紀人的話。你可以徵詢他們的意見，但做決策時一定要務實。

VII

成功法則

45

帶來成功的習慣

想像自己躺在臨終的病床上，回想這一生並問自己：「倘若我能重新再活一遍，哪些事是真正重要的？」——找到你的天賦與職業

因為不擅長的事物而摔一跤，其實是件好事。要不是我們笨手笨腳地出錯了，這個社會或許會繼續要我們為這件事做牛做馬。因此，無論是哪件事，只要當你覺得再也無法繼續做這件不適合你的事時，請帶著喜悅和感激之情，來看待此事。

當你見到一名無精打采、顯然缺乏企圖心和精力的年輕男子時，請不要立刻判斷對方是一個軟弱的人。不妨想想：當你必須應付不擅長的事物時，你不也總是感到特別的疲憊嗎？沉悶就像是一種警告，警告著我們不應該繼續過這樣的日子。

你說，這個理論太理想，我們是為了填飽肚子而不得不工作，為了活著而不得不求溫飽。我同意，而且我還可以補充：在這個偽文明的世界裡，我們鮮少去關注

一個人的特質與工作是否合適。我們可以在完全忽視一個人的性格下，要求他去從軍，或加入勞動力的行列。如果他失敗了，那只能說很可惜。這就是過去一貫以來的態度和當前的作法。

無論是誰雇用了你，都是出於一個自私的理由。你的工作表現必須高於對方付給你的薪水。因此，如果你能展現出更高的活力、表現、警惕與效率，你就越有機會保住這份工作。所以在找工作時，不妨問問自己：「我對工作的渴望，已經超越我對活出自己人生的渴望了嗎？我是否可以同時擁有兩者呢？」在這些問題之上，是關於適不適合的探討。

世上有兩種人：工作者，和那些認為自己想要工作者。工作者努力地讓自己成為不可或缺的存在；而那些只是想要工作者，則以自己的角度來理解「想要工作」這件事。這並不是否認了我們整個社會對於工作所抱持的不正確心態，但卻界定了在經濟條件限制下，我們每個人的歸類。

我們可以發現，有些人儘管並不懶惰、也沒有沉溺於自我放縱，卻因為自身的天賦特質，陷入了特別辛苦的處境。然而，無論一個人有多麼特殊或獨一無二，我們都必須面臨抉擇：要工作，還是要追求自我。倘若你要的是安穩，就必須不計代價以安穩作為自己的出發點，根據經濟需求去改變外顯行為，同時保有自己的信念與內在的健全。只要我願意，我可以在白天的時候搬八個小時的磚，晚上又為了社會公益而奔波。我可以工作，並同時保有獨立自主的思維。我不需要因為社會的停滯不前而一起退化，也不必然需要像銀行家那樣貪婪。

倘若我所選擇的領域未能讓我一展長才，這也不意味著我就必須與社會衝撞——無論我的思維是多麼超前。在當前的社會裡，所謂的好運，要看我們如何有效地在社會中發揮自己的人格特質而定。

■解決多數失業問題的祕訣，由四個步驟構成：

一、讓自己適應當前的社會。

二、拒絕妥協。這意味著保有個人內在的觀點與信念，並持續努力強化。

三、無論你的工作是什麼，都請全力以赴，讓自己成為一個有用的人，讓這個社會需要你的付出。

四、擁有業餘興趣、或不以賺錢為目標的活動，讓自己的煩躁與創作力得以抒發，並能藉由這些能力的實踐，來逐漸改善自己的經濟與社會狀況。

當人們無法取得這些面向之間的平衡時，往往就會招致失敗；而失敗的原因往往是因為適應不良或過度適應。只要我們繼續基於社會習慣、把「妥協」視作不可避免且可以原諒的行為，扭曲的情況就會繼續存在。被精神頹喪所困的人們，將繼續因自己的無所作為蹣跚前行。

——

長期以來，諾伯特・威爾斯一直為他的前途感到困惑與不安。他不知道自己該做什麼。每個人都講著「這是大好機會」、「那裡還有空缺」，但諾伯特實在無法肯定。經常失敗的他，對任何事情已經不抱任何期望。儘管如此，還有幾件事是他確定的：他喜歡說話，也喜歡人們；到處走動能讓他感到開心；固定上、下班對他來說很難受；對他而言，改變和多變的環境似乎是必要的。他的父親總為了他無法固定做一件事，而責備他。

因此，諾伯特向一名職涯發展顧問求助，而對方建議他將自己喜歡和不喜歡的事情，組織成一個心智系統，找出一種諾伯特或許可以成功適應的生活型態想法。

「讓我們來看看。」顧問若有所思地說著，「你不喜歡一成不變的事，但享受無止盡地與人爭論。這是一個很好的暗示，表示你想要說服他人，而且傾向傳播訊息。你很喜歡結識各式各樣的人，這能讓你振奮。現在，讓我們想像你試著把這些當成自己的工作，這樣不是挺有意思的嗎？」

「當然，但我需要賺錢啊。」

「那麼，如果讓你帶著目標去跟別人聊天，會讓事情變得比較無趣嗎？」顧問繼續追問。

「當然不。我敢肯定，這意味著我在對話中，將面臨更高的挑戰。」

「很好。現在，你喜歡說服人，你喜歡教其他人，你喜歡抱持動機或目標去行動。那麼，你有想過當保險業務員嗎？」

「沒有，從來沒做過。」

「那麼讓我們仔細想想看。這份職業能巧妙地運用你的天賦。何不想想如果你從事了這份工作，你的一天會是什麼樣子的。每天晚上都花點時間去思考，幫自己釐清這份工作到底符不符合你喜歡跑來跑去、和人交談的興趣。」

在關於職業問題的思考上，共有三種處境：第一種是還在學校的年輕人，思考著怎麼樣的工作才是理想的；第二種是已經畢業的人，但仍舊不知道自己想做什麼；第三種，也是最多的一種，則是和諾伯特一樣的成熟大人，為了賺錢去做與個性完全不符合的簿記員。

調適的原則，同樣適用此三種情況：讓工作去適應人，而不是讓人去適應工作。事實上，這也是唯一可以帶來成功的永續之道。

現在，幾乎每一所大學都有提供方法，來判斷你的能力傾向。離你最近的大學心理學系會告訴你，你可以接受哪些測試。

寫下一篇關於你十年後，你希望自己成為什麼樣的人。當然，我們不可能只是靠著空想，就讓命運變得完全如自己想像。儘管如此，知道自己的期望、定義自己的目標，是開啟連鎖反應的第一步。在寫下這個故事時，不要只著重在自己所期望的，還要同時描述你是如何克服命運的阻撓。

有一件事是可以確定的：任何一個願意追隨自己興趣的腳步、磨練自身智慧、一心一意、懂得培養興趣者，他／她在生活與社會成就上，永遠不會失敗。準備好迎接成功，因為你不可能失敗。

想像自己躺在臨終的病床上，回想這一生並問自己：「倘若我能重新再活一遍，哪些事是真正重要的？」臨終之時對你而言非常重要的事，就算是放在此刻，也是同等重要。

此外，請盡快閱讀由威廉．詹姆斯（William James）所寫的《生命力的蓄勢待發》（*On Vital Reserves*）。至少讀個十遍。尤其注意他對於重整旗鼓再出發的觀點。接著，在你人生第一次嘗試失敗後，持之以恆努力，等待第二次機會的來臨。

下列的評估指標並不是就業指導，而是系統性思維的指標百分比示範：

100%—天才
90%——異常優秀
80%——優秀
70%——超於常人
60%——略優於常人
50%——平均
40%——略遜於常人
30%——遜於常人
20%——弱
10%——極弱
0%——無

接著，請根據你對以下各項指標的天分或興趣，紀錄下自己的百分比，最後再將主要的天分集結成一項能力。

性向測驗分析：

數學…………□%
醫學…………□%
政治…………□%
軍事…………□%
社會…………□%
機械…………□%
化學…………□%
電氣學………□%
宗教…………□%
教育…………□%
商業…………□%
文學…………□%

詩詞…………□%
藝術…………□%
建築…………□%
科學…………□%
法律…………□%
音樂…………□%
農業…………□%
戲劇…………□%
家政…………□%
心理學………□%
批判…………□%
工藝…………□%

範例：布朗的五項才華

1. 戲劇……90%
2. 文學……80%
3. 心理學……80%
4. 藝術……70%
5. 批判……90%

他的整體性向為：戲劇批判—82%

請列出你最突出的五項才能

1. ______□%
2. ______□%
3. ______□%
4. ______□%
5. ______□%

你的整體性向為：

前述所提，只是一個非常精簡的職業平衡範例。常見的職業項目超過五百多種，更有上千種特殊差異。前面的二十四種，只是職業傾向。

45 Keep in mind

任何一個願意追隨自己興趣的腳步、磨練自身智慧、一心一意、懂得培養興趣者，他/她在生活與社會成就上，永遠不會失敗。

46

接受失敗

不要被第一次的失敗擊倒。該行動的時候，不妨來一場冒險。——擺脫懊悔與愧疚感，才能成長

你是否曾經注意到，那些心懷悔恨者，對於自己在人生上的虧欠總是無所作為？他們持續讓自己扮演毀滅者。只要我們的道德教條繼續放任他們那具掠奪性的多愁善感，他們就可以一輩子這樣下去。

重點在於：懊悔會讓人憂鬱、沉重、負面。這種情緒會摧毀人的能力，讓他們無法順利施展自己的力量。就此點來看，懊悔是純粹的惡。當懊悔帶來的陰鬱只是為了自我滿足，當懊悔誘發的歉意只是出於自虐，我們沒有任何理由去容忍。

因此，我們應該學習接受錯誤。錯誤總會發生。讓我們以嶄新的態度來面對，並觀察這猶如奇蹟般的改變。

四年前的克萊拉·艾特沃特鮮少露出笑容。她的眼神總是充滿悲傷。她的心中埋藏著一股罪惡感，而這些罪時不時地戳刺著她的良心。愧疚感的喧囂，讓她迷失了自己，導致更常犯下錯誤。

在這樣的生活方式下，只會誘發瘋狂與接連不斷的錯誤。可怕的錯誤引發其他的錯誤。罪惡感啃食著我們。認定所有不幸是一種懲罰的我們，捨棄了自己的勇氣與力量。

然而，有一件事是不容置疑的：當你為了自己做的某件事而感到羞恥時，你就無法作出有效的改變。那些暗自認為自己高人一等的人們，總在錯誤發生時，被鋪天蓋地而來的悔恨淹沒。「身為這樣一個出色、絕頂聰明的人，我怎麼可能做出如此不完美的行徑？」然而，我們其餘的人都知道，錯誤經常發生。我們無時無刻都在出錯——再耐心地去修正錯誤。

地獄就存在人的回憶裡。在那個反覆煎熬著悔恨的情緒漩渦裡，因為自己沒有付諸行動的懊悔，往往比做錯事所造成的痛苦來得濃烈。因為無論結果為何，勇往直前的衝勁在某種程度上，也能給予我們保護。

眼前的錯誤已經夠讓人心煩的了，我們又何苦要將過去的悲痛強加在自己身上？儘管如此，每當我們開始因為煩惱而充滿悔恨時，我們就是這樣對自己的。有些人背負著半個世紀的重量而活，並為了這些重擔咒罵每一天。那些將時間浪費在譴責自身衝動的人們，從每一次的困境中搜集起苦澀的果子。

下面，是我們經常犯下的錯誤清單。

應該避免犯下的十二種錯誤

- 我們從不停下腳步，去思考自己真正想要的。
- 我們不敢說出自己的目標。
- 我們匆忙行事，沒有停下來「感受」自己的行為。
- 我們無所作為：根本不敢付諸行動。
- 我們為了第一個錯誤而驚慌失措，就好像錯誤有多麼重大。
- 我們因為忽視事情的真相，而不停擔憂。
- 我們變得情緒化，會人身攻擊，總是對人不對事。
- 我們被義務的幻象所迷惑。
- 出於對問題難度的恐懼，我們將困難誇大。

- 出於各式各樣的原因，我們扭曲了眼前的情況。
- 我們看著問題本身，而不是解決的方法。
- 我們遺忘了冒險——征服的冒險——所帶來的快樂。

失敗為成功之母。沒有人能在不犯任何一點錯的情況下，就樹立起傲人的成就。**傻子才會認為有所謂的一百分**。倘若你不敢挑戰現實，現實也會來挑戰你。不要被第一次的失敗擊倒。該行動的時候，不妨來一場冒險。錯過機會有時比欠缺考慮，還要糟糕。考慮得太久、太多，某些時候也會成為問題。**猶豫不決者只能被他人支配**。

祕訣就藏在行動裡。能思考的時候思考，但不要忘記行動。說穿了，倘若你什麼事都不做，又有什麼事需要你去改正。如果你希望在人生這場戰役中，取得最終勝利，那麼你就必須遵守平均法則。那些因為順境而耀武揚威、因為逆境而卑躬屈膝者，很快就會因為這樣的起伏而頭暈目眩。當你一帆風順時，請收斂好自己的傲氣。把握好自己的平衡，成功就能穩穩攙扶著你。

當我們認為自己在無私行為上表現得不夠充分，並因此感到羞愧時，我們往往會陷入一個陰鬱的循環中，躺在床上憂傷地想著自己的困境，卻不懂得停下來仔細思考這一切的成因。只有當我們對過去那個犯下錯的自己，抱持信心，我們才能從過去的失敗中，記取教訓。倘若你是一個願意不斷犯錯的人，那麼你就能透過每一次的不完美，學到更多。倘若被自卑打倒，我們只會不斷地重蹈覆轍，反覆徘徊在過去的汙點上。

沉浸在此種自卑心境下的人，很容易就會開始貶低其他人。我們會將自己的自卑情結轉移到親密伴侶的身上。只有當我們懂得放下，我們才有辦法解開這糾纏人類已久的詛咒。永遠不要讓任何人拿著你做過的事、或說過的話，使你感到愧疚。人們總愛互相責怪，正因如此，我們更應該謹慎，不要在他人心上留下任何不安。

在某種程度上，這是埋藏在普遍失敗下最關鍵、也最常被忽視的一個錯誤。請注意這種錯誤是如何藏身在以下的事物中：

七十二種導致失敗的行為

- □強迫他人
- □剝削他人
- □讓別人感到內疚
- □魯莽的自信
- □推卸責任
- □不讓別人有表達自己的機會

- □用大吼來迫使別人接受
- □別人還沒表達完意見，就開始挑毛病
- □不願意配合別人
- □讓親密伴侶背負過重的負擔
- □以輕視的態度表達想法
- □開始胡言亂語
- □認為別人都是任性的
- □用外表來判斷別人
- □不尊重自己的孩子
- □利用血緣關係謀取利益
- □鬧到別人不得不來阻止你
- □在錯誤的時間點提起不恰當的事
- □承擔過多的責任
- □過於專斷獨裁
- □用壓力使他人膽怯
- □僵化的道德觀
- □視問題為永久性的
- □將自己的偏見神聖化
- □想依賴他人地活著
- □找替罪羔羊
- □認為小孩能挽救婚姻
- □因為男人的天性而責備他
- □成為一個「不完整」的人
- □害怕去體驗
- □失去冒險的動力
- □過於關注結果
- □屈服在沮喪之下
- □認為悲慘的工作總會過去
- □依賴運氣
- □沒有留後路

- □不籌備計畫
- □忍受某種情況過久
- □用錢的標準來衡量人
- □認為另一半是自己的「所有物」
- □對親密伴侶沒有禮貌
- □在爭執中開始發脾氣
- □以高人一等的姿態和同儕相處
- □試圖使人印象深刻
- □沒有解釋就期望別人能理解你
- □在女性面前帶著優越感
- □遇到男性就試圖照顧對方
- □用自己的恐懼來影響孩子
- □因為受了傷害而進行報復
- □傲慢且不坦率
- □不去思考原因就接受建議
- □過於拘泥字面意思，只在乎邏輯
- □沒有一絲幽默感
- □因為別人的脅迫而心煩意亂
- □不知道何時該撤退
- □試圖面面俱到
- □沒能集中自己的注意力
- □預期得到一定的結果
- □認為人都是文明的
- □堅信社會的習俗與標準
- □認為理想應該要被理解
- □根據生命的現況去評斷生命
- □認為命運不可違逆
- □應該採取行動的時候，沒有行動
- □不敢扭轉局勢
- □任由事情惡化直到變成一場危機

□沒有維持目標的集中
□不在乎趨勢
□對已發生的事抱持抗拒
□不在乎即將發生的事
□在雞還沒孵出來前，就不停數著牠們
□讓一開始的失敗絆住自己

想妥善利用這份清單，我們就必須從中找出自己的缺點（或讓親密伴侶來勾選），**接著試圖改變這些行為**。許多人在發覺自己犯錯之後，自尊心瞬間暴漲，並因為自己所引發的窘境而感覺受到侮辱。他們表現出來的態度，就好像這一切都是因為別人的愚蠢所導致的。處在此種情緒之下的他們，也往往不願意給予同伴一個機會，看看問題可以如何解決。只有那些不糾結於自尊心受損、懂得立刻分辨眼前情況優缺利弊的人，才能贏得他人的配合，並進行改正。

請寫下你為什麼犯錯的原因，並拿來與更好的方法比較。倘若事實就是如此，也毋需多說。在任何情況下，請放下自己的恐懼和憤怒；這些情緒不會帶給你任何好處。

就各種角度而言，這是成功處理問題的基本態度。克服困難的第一步，往往就是放下自己的抗拒。許多人犯的錯，就是過分關注問題本身，而忽略了該如何去克服問題。捫心自問：「這個問題為什麼會存在？只是為了惹怒我嗎？還是為了讓我成長並成熟？」每一件事情的發生，自有它的原因。

為了說服自己接受事實，不妨回顧過往所遇到的問題，是如何對你造成影響。問問自己，你難道情願自己從未經歷過這些成長？接著，再試著想像當下的痛苦處境能如何幫助你成長。此外，牢記下面這份清單也會給予我們極大的幫助。

處理問題的十大方法

- 永遠不要抗拒問題的出現。每個人總會無時無刻遇到各式各樣的困擾。
- 對那些導致問題的人，保持親切。溫柔的接受，能減緩困難的衝擊。
- 盡快去熟悉問題。熟悉令我們更容易洞察事物。
- 試著找出自己應該從眼前這個令人困擾的經驗中，學到什麼。
- 痛苦就和快樂一樣，能使我們成長。許多問題永遠無法克服，但使我們成熟。
- 試著去思考當前的處境是如何有趣、浪漫，甚至是令人莞爾一笑。
- 問問自己，你真的如自己所想的那樣心煩意亂嗎？
- 試著找出當前窘境中有趣的那一面。總會有的。

- 總是試著與那些造成你困境的人、事、物做朋友。
- 無論發生了什麼，請記得：善良是無堅不摧的。

46

Keep in mind

倘若你是一個願意不斷犯錯的人，那麼你就能透過每一次的不完美，學到更多。

47 如何應對危機

我們必須用更優秀的自己，隨時準備好面對明天的問題。面對人生的訣竅，可以總結為一句話：學習傾聽自己的聲音。——人生危機解密

在應對危機上，只有一種有效方法：**坦然面對，正面迎擊**。任何其他包含妥協的方法（類似逃避，或只能作為權宜之計的退縮），都會招致失敗。就算置之不理，也無法讓你躲掉災難的降臨。

許多年前，有一群男人面臨了一場危機。其中一位深知堅定才能帶來力量的男子，大聲疾呼：「如果我們不能團結起來，就會被一一擊垮。」帕特里克・亨利[1]明白做決策的原則；多年後，一名船長被敵人要求投降，並交出自己的船。但他沒

1 帕特里克・亨利（Patrick Henry，1736-1799），美國著名政治家，美國革命時期的重要領導人，留下「不自由，吾寧死」的演說。

有放棄這場仗，他掉頭朝往敵人驅逐艦的船尾靠近，從安全的位置纏住了對方的船。約翰・瓊斯[2]知道在深思熟慮後，下定決心、出其不意迎擊的重要。

歷史記載了成千上百件人們以無比的膽識和力量，在危急關頭迅速採取行動的故事。絕大多數的人們依舊深信，此種勇敢的決策，往往是出自於本能的反應。然而，研究告訴我們並非如此。魯莽的勇敢能締造成功，往往也能帶來失敗。英雄並非基於一時的衝動。**英雄懂得準備**。歌德認為天才是「能無止盡地承擔痛苦」。對於那些因無心之舉而得來的成功，我認為其或許稱不上偉大。沒有人能因為純粹的運氣而經常成功。

漢尼拔（Hannibal）選擇從庇里牛斯山後側偷襲羅馬人、入侵義大利的行為，有損於他的英勇嗎？漢尼拔全副武裝、帶著大象翻越阿爾卑斯山脈的故事，成為歷史上最了不起的戰役之一，而他那充滿想像力的策畫、時機的掌控、果敢堅決的態度，在在顯示了他是一名了不起的英雄。

在如今這個被科技主宰的世界裡，我們需要喚醒人們對於最偉大機制——人腦的崇拜。我們必須重建起對於人腦能力的信心，並見證人腦在受過訓練後，可以如何協助人類克服往後的困境。

你是否曾經質疑過自己的能力是什麼？你在一場車禍中受傷了。一名路過的車主停下了車，趕過來幫你。她輕柔迅速地為你包紮好傷口。她是一名護士。在她一邊動著雙手、一邊想辦法讓她自己鎮定下來的同時，她正在用自己的能力，去幫助受傷的人們。而她必須先讓自己學習、成長，她才能展現出如此無私的行為。同樣地，你也必須找出、強化並運用自己的大腦，才能作出同樣的行為；當你釋放、加速、並釐清自己的想像時；當你找出、改善並使用自己的判斷力時，你其實就是在使自己完備，並活出自我。

此種利他主義和自我犧牲不同。這是自用（self-use）。那句了不起的名言：「凡犧牲生命者，必要得著生命」[3]，指的並不是草率地將自己的力量扔進水溝。美德並不存在於善良之內，而是存在實現善良的能力之中。弱小者無法持續為他人付出。我們無法在脆弱之餘，又行善事。

由此可知，生活的藝術就藏在保有自己的活力之中：察覺該如何引導那股活力，也是我們長久以來一直在學習的事。當嬰兒時期的我們，用充滿活力的肺放聲大哭、索求滿足時，學習就開始了。我們的第一種體認——感知，讓我們知道自己

2 約翰・瓊斯（John Paul Jones，1747-1792），美國海軍軍官，曾參與獨立戰爭，為知名的海軍英雄。
3 摘錄自馬太福音第十章三十九節。

是否餓了、冷了或尿布是否濕了。我們想要舒適。在察覺到可以從父母、護士、家庭中獲得幫助後，體內的自我開始發出需求的訊號。這是正確的，而且應該持續到我們足以打理自己為止。接著，我們的自我必須根據他人自我的需求，來進行調適，而這趟漫長的學習之旅也從此展開。

此種根據世界來調適自己的行為，就是演化、並逐漸掌握智慧的過程。當我們朝著目標前行時，我們必須認識到真正能締造快樂的能力，就是讓所有人獲得與自己期待相符的自由。唯有如此，我們才能免於成為那個小小的自我主義者，不再像個鬧脾氣的孩子。

面對危機的幾點原則

唯有停下來思考，你才有機會將想法付諸行動。讓自己成為征服的工具。人類之所以要不斷累積智慧，唯一目的就是——使用。面對人生的訣竅，可以總結為一句話：**學習傾聽自己的聲音**。將所有擾人的偏見與思維扔到一旁，放下昨日的羈絆。智慧就埋藏在我們對於當前處境的思緒之中，就存在於看見、聽見、碰觸、審視的思維中。

不知道有多少次，我們總是這樣想著：如果這裡、或那裡能有所不同，我肯定就能創造奇蹟。這樣的想法確實不假——要是我們能拋棄這樣或那樣的個人習性、捨棄所有使我們變脆弱的自我主義，那麼我們確實能獲得成功。處理危機的第一步，就是從自己下手。

對於心胸開闊者而言，處處都有值得留心之處。然而對於一個思維僵化者而言，警笛就是警笛，轟隆聲就只是轟隆聲。他的大腦並未接受到這些訊號背後的意義。他之所以失敗，就是因為自以為的務實而忽視實際狀況，在各種事情上力求效率，卻沒能注意到事件背後的含義。

人們渴求指引。眼裡關注的往往卻都是自己。儘管處處有玄機，但自我主義者卻視而不見。祕訣其實很簡單：摘下自己的驕傲，就如同摘下那不合適的眼鏡。比起社會習俗或個人見解，現代科學絕對能給予我們更好的視野。而這點是成千上萬名壞脾氣的年輕憤世嫉俗者，必須謹記在心的。對於生而在世的必要能力而言，沒有任何一個人可以無所不知、無所不能，我們必須明白此點。

觸及現實，是進行調適的首要條件。我們不能只看著人生的表象，我們應該用心挖掘。這也是為什麼總是拘泥事物本身的人，永遠無法掌握事物的原因。最傻的人，就是知道事實、卻不明白箇中原因的人。

懂得觀察徵兆者，才能引導事情的發展。真相並不只是存在事實中，更存在於所有事實的發展傾向、潮流、動態和演化中。人生永遠不會靜止。昨日蛻變成今日。動機是推動事情向前走的力量。而我們如何應對這股動力，將決定我們的成功與否。

古人建議我們三思而後動。現在，我們必須加上額外的一點：**思考前，請先去感受。缺乏情感的智慧，將同樣缺乏力量**。我們可以用數年的時間來探索無窮的理論，卻找不到任何一個足以喜愛的。先有渴望，才有成功。熱情是目的的發動機。

沒有目標的人，雖活著卻猶如死去，或甚至不如死。在進步的道路上，擠滿了漫無目的的人類們。不要在他們身旁停下腳步。再一次，去感受，感受每件事物。捨去了情感後，人也沒有了動力。行動與熱情本質上是一體的。

是什麼讓你對自己的處境充滿憤怒？找出讓你感到焦躁的原因。下定決心，攻擊這些點。但告訴自己，成熟的熱情才能帶來穩定的冷靜。只有不成熟的憤怒才會氣急敗壞，惡言相向。就如同小男孩般的吵架，總是充滿了威脅的言語和尖叫。成熟的憤怒是平靜的；如同死亡般寂靜。它不會讓我們有爭吵的衝動。它讓我們懂得評估。它沒有展現自己的欲望。它只是搜尋著可做的行動。好好地利用、而不是濫用自己的憤怒。面對憤怒，應以判斷力來引導，以智慧來教化。但請仔細聆聽憤怒的聲音，因其知道何處該進攻，又該如何變強。

每個人的心底，都住了一個英雄和一個懦夫。無論是何者，我們都能與其產生共鳴。而我們與何者為伍，將決定我們的個性，我們應學著去愛其所厭惡的。當我們懂得利用憤怒來對抗懦弱時，勇氣就會隨之而來。

在任何情況下，都不要成為一個活死人。在聽聞某些沉默而強大的偉人事蹟後，有些人被那種冷酷無情的莊嚴所吸引，讓冰冷漠然的情緒霸占自己的感受。默默的努力和低調的成功，跟興高采烈或微笑並沒有抵觸。

有些人會刻意擺出深思熟慮的樣子、那種漫長而刻意的思考狀態，而這些有時卻只是假象。偽天才需要進入那譁眾取寵的靜默儀式，才能讓自己相信，自己是聰明的。真正的判斷力，總是迅速如閃電。真正的強者能在電光石火間做出反應。將你的數小時濃縮成數秒。聰明而遲鈍者，實際上與愚者並無不同。

靈活你的筋骨，讓你的思緒活躍起來。問題越嚴重，就越需要你起而行。永遠不要呆坐著，放任自己沉浸在陰鬱中。站起來，四處走動，伸展四肢，進行幾次的深呼吸。當一輛車在爬坡時，往往需要更多的汽油。當大腦飛快地運轉時，你需要更多的血液。良好的推理，事實上更像是機械工程的工作。因此，別忘了，只有傻子才會靜靜地躺著，以為自己確實在思考。行動能讓我們的智慧運轉起來。

換句話說，讓自己就像個聰明人般動起來。當你追尋著聰明人的腳步時，別人自然會把你跟他們歸為同一類人。

然而，這並不意味著，你應該要跟著群眾橫衝直撞。這個世界上有太多人儘管不停動作著，卻如同狒狒般毫無目的。我們無法靠倉促來獲得智慧。無意義的行動跟失去動機是一樣的。

因此，我們只能帶著特殊目的去行動。先起一個頭，再去觀察事情的發展。當事情開始運作後，生命自會施予其創造的力量。先自助，而後生命助之。起而行，並集中自己的注意力。讓你的行動「看上去」就是在解決問題。

當你褪去身上的重擔時，你就能走得更遠。

導致失敗的十二大原因

- 相信金錢是絕對的，因而無法承擔行動的代價。
- 過去與現在的抵觸，自相矛盾的結論，讓已故的先祖成為人生的絆腳石。
- 因對立的策略感到困惑，並因此停下腳步。
- 懦弱地認為，疾病就是不可抗拒的命運。
- 認定情況是無法改變的錯覺。

- 每當面對「困難」，就會習慣性地妥協。
- 因為不同的價值觀所導致的理念衝突。
- 快樂與成就原則互相抵觸。
- 源自於親密關係基本問題所導致的僵局。
- 人際關係中，因發展立場相反所產生的壓力（即兩人的作法背道而馳）。
- 因為錯誤地接受有害環境對自身造成的影響，而導致停滯不前。
- 因恐懼和道德焦慮所產生的阻礙。

永遠不要任由一件事整天困擾著你，卻不讓自己試著作任何改變。

面對問題，不好的八項錯誤假定

- 認為對自己重要的事，對別人來說也同等重要。
- 認定別人就跟自己一樣，因某些情況受苦。
- 想像全世界和命運都在與你作對（背後一定有某些「陰謀」）。
- 打從心裡認定，不會有解決方法，也不會有答案。
- 認為自己和其他人都不能擁有自我的權利與偏好。

- 將自己放在宇宙的中心——無論是認為自己更好或更壞。
- 認為世界是文明的，而不是一個披著文明外衣的夾板。
- 認為真理已被確立，是非黑白是絕對的，而不是相對的。

■十二種會導致生活產生問題的價值觀

- 認為全世界都欠你。
- 相信有迅速發財的方法。
- 拒絕培養務實的工作習慣。
- 因為沉迷玩樂，而過於疲憊。
- 認為自己沒辦法學會良好的睡眠習慣。
- 為自己持續遭遇的困境去責怪他人。
- 認為命運在與你作對。
- 只想等好機會降臨，而不先主動嘗試。
- 比起克服困境，更在乎能否安逸。
- 讓別人主宰你的人生。
- 擔負著別人的重擔。

- 因為愛的誘惑而失去了理智。

■ **被誤稱為自私的行為**

- 選擇自己的職業。
- 選擇自己的婚姻伴侶。
- 選擇自己想要結交的朋友。
- 選擇自己的信仰。
- 找到最適合自己的環境。
- 運用自己的時間。
- 表現出最平常的反應。
- 保護自己的隱私。
- 決定自己的責任義務。
- 衡量自己的標準。
- 自己決定是非對錯的標準。
- 拒絕一切不正直的妥協。

當然，如果只是閱讀這些清單，而不從自己的人生中找出這些問題的痕跡，並試著去改變身處的情況，都只是毫無意義的閱讀。無論在何種處境下，你至少能做到將問題侷限起來，防止問題主宰你的人生。只要你願意，你就能做到。只要你能停止糾結，你就能做到。只要你能針對需要改變的地方，好好計畫，並選擇看似可行的方法，你就能做到。有些時候，儘管我們沒能及時避開問題的糾纏，但總有些行為是我們可以採取的。記得，**新的一天就意味著新的機會**。

發現自己慢了一步，該怎麼辦

- 願意坦然面對自己犯下了錯誤。
- 明白人非聖賢，孰能無過。
- 好好思考：倘若你能即時洞燭先機，你又會怎麼做。
- 利用還來得及做的行為，來平衡已發生的危機。
- 擬定修正方案，找出自己可透過哪些行為來彌補情況。
- 放手去做——盡可能將計畫的效用發揮至最大。
- 不要期望自己可以得到完美的結果。
- 接受自己必須要付出比原本更多包容與耐心的事實。

- 不要因為自己過去的猶豫不決，而怪罪命運。
- 下定決心去做，直到你逐漸改善整個困境。

成功克服問題的八種方法

- 專注當下。
- 盡自己的力量解決問題。
- 坦然接受結果。
- 面對問題時，不要將自己帶入。
- 傾聽「直覺」的指引。
- 讓自己的智慧運作。
- 善用你的五感；仔細觀察。
- 行動，並永遠保持初衷。

面對劣境的十二點建議

- 問題越奇特，解決的方法就越需要獨特。
- 極端的問題，需要極端的解決之道。

- 在你親自證明之前，不要假定問題是巨大的。
- 生命中的問題就如同數學難題，需要我們仔細運算。
- 找出最可靠的人與最可靠的事物。
- 不要認定那些造成你困擾的人都是故意的，或甚至認為對方將你放在心上。
- 不要因為別人的無心之過而責備對方。
- 不要因為捨不得指責對方，就不去譴責對方做的惡行。
- 無論問題針對的目標是誰，都請面對問題。
- 請記得，天使並不住在我們家附近，更不住在我們家。我們都是人類。
- 請用同樣的憐憫心去對待生病的軀體和生病的心智。
- 多數的問題都是因為無知和誤解所起。在你做出進一步的行動之前，請移除這兩者的影響。

解決問題的祕訣

一、請熟悉問題的每個面向。讓自己沉浸在問題的每個面向上，就如同身體上的浸淫般。去看、去聽、去碰每件進入你腦中的事，將自己的想法具象化，就像是觸手可及般，甚至讓對話活靈活現。

二、現在，試著在被你具象化的處境中，找出各個面向的關聯性。去觀察某個人、事、物是如何影響其他的人、事、物。

三、開始進行自由聯想，在記憶的素材間進行自由的移動，並以此聯想出更重要的事物。接著，試著理性的回顧，也就是透過控制或邏輯關聯，從過去的經驗中尋找可用的指引。

四、將所有的素材組織成一個群組，並將其系統化。

五、實驗性地將某些結論公式化，並進行比較。這麼做能幫助我們找到答案。

除此之外，最重要的就是不要讓自己錯誤地認為，未來再也不會遇上任何問題。我們必須用更優秀的自己，隨時準備好面對明天的問題。

47

Keep in mind

永遠不要任由一件事整天困擾著你，卻不讓自己試著作任何改變。

48

我決定簡單的生活

練習如何處理問題，能讓我們變得更睿智。
——二十三個清晰思維的極簡練習

面對問題時，有一個非常基本的原則經常被大家忽視：**在我們下定決心以行動來扭轉局勢之前，不要花太多時間漫無目的的想問題**。這也是醫生治療疾病、外科醫生透過手術來處理傷害、工程師解決機械故障的方式。此行為的目的，是告訴我們採取最直接了當的行動，例如叫救護車、拿藥、給予行動上的幫助或支持，而不是因為事件陷入混亂。

秉持這個重要原則後，客觀科學精神則告訴我們下一步，應該是接受事實，並維持對這件事的客觀態度。我們之所以喜歡看電影、閱讀小說與冒險故事、如痴如醉地盯著旅行紀錄片，就是因為我們想聽聽看別人是如何度過難關的。

永遠不要在不留退路的情況下，做決定。也絕對不要在非必要的時候，選擇接受次要的替代方案。然而，你確實可以列出所有替代方案，隨時準備好，就如同我們存在銀行的存款。

練習如何處理問題，能讓我們變得更睿智；透過面對問題，而不是轉身就逃，則能幫助我們學會危機處理。喋喋不休地講著自己的牢騷，不可能讓我們、或其他人得到需要的幫助。**堅定不移的決心、苦幹實幹的雙手和緊閉的嘴，才能締造奇蹟**。請思考、設計出一連串的行動，再針對這些行動進行分析。細細審視這些行為。只要你能先找出這些行為的弱點，別人就少了挑毛病的機會。

這讓我想起了我的**九柱球[1]技巧**。每當我想要說服他人解決問題時，我就會要求對方在腦中先想出九種可行方法，再利用批評，分別給予這九個方法撞擊（類似用保齡球撞倒球瓶的方式）。經歷這個過程後，人們往往更願意相信自己確實擁有解決問題的能力。而我會選擇在經歷最猛烈的撞擊後、依舊屹立不搖的那個方法。透過此過程，我發現許多乍看之下不怎麼出色的方法，最後反而走得最遠，而這也讓我得以解決更多問題。

1 英國一種古老的遊戲，類似保齡球。

多數事實的真相，就如同天空；儘管籠罩著整個地貌局勢，卻也不會撼動大山一分。在解決問題方面，有一個看似微不足道的實踐智慧，其效果卻遠勝於所有偉大哲思。**面對問題時，我們應該務實地問自己：「哪裡錯了？為什麼會發生這樣的事？我們該如何修正？」這就是有條不紊的智慧**。

「我何時該動手？該從何處下手？誰能給予我幫助？」則屬於基本範疇。只有當你知道自己想要什麼，並搭起一條通往目的地的階梯，你才有可能達成目的。你必須用著至少如同環境壓向你的速度，盡快找出自己的目標。在任意時機點下，你所能把握的事物，都視你在不斷改變的環境中，能拿出多少的專注力、洞察力、技巧和決心所定。

最重要的，不是學會少數幾種有效的方法，而是培養出一套有條不紊的思維習慣。舉例來說，你想要追求滿足？那就製作一張衡量表來協助自己達成目的。

■滿足／煩躁衡量表

面對各種情況，總有某些事物能帶給你滿足，也總有某些事物總讓你煩躁。你對這些事物的反應是非常主觀且自然地。而你所喜歡的，別人不一定喜歡，這是對方的自由。在多數情況下，我們都能找出足夠喜歡、或討厭的事物。請搜尋並挑出讓你獲得滿足的事物，並試著去強化那些事物。盡量避開或捨棄那些會使你煩躁的事物。不要讓這些事物毀掉你的快樂。你或許很享受獨處，但你的伴侶更喜歡接觸人群。那麼你應該允許伴侶參加社交活動，但同時告訴對方，不要讓其他人打擾到你的獨處時光。

熟能生巧

我們越常做一件事，就越容易把一件事做好。因此，當我們越頻繁去接觸問題中使我們感到膽怯的事物時，我們就會漸漸地不再怕這些事。

請從那些讓你感到不安的事物中，挑選出你認為比較容易處理的幾點，並頻繁接觸它們。維持這樣的行為，並逐漸加深、加寬自己所接觸到的不舒服點。透過此方法，你就能循序漸進地克服不安的強度。

破除迷思

絕大多數人的思維之所以存在如此多愚昧的觀點，主要是因為人們在未經思考的情況下，常不自覺接受他人的影響。人們總是見獵心喜地將一大堆毫無道理的建議，灌輸到那些面臨問題的人耳中。能擺脫那些讓人鬱悶的事物，自然是令人無比欣喜，因此每當有人詢問我們的意見，我們總是毫不猶豫地趁機發洩所有不快。

為了遠離這樣的心理荼毒，請把針對情況進行慎重考慮後所得到的結果，徹底和其他人的胡說八道區隔開。但在你實際測試想法的不同面向之前，也請不要貿然行事。

停下來思考，領悟

讓我們頭痛的大半原因，主要是出自於混亂、固執，或愚昧的思維。缺乏務實基礎的理論，是導致如此多人被問題糾纏不清的主因。

請經常停下來思考，你正朝著哪個方向前行？正在做些什麼？又是誰總讓你表現得像個橫衝直撞的大猩猩？仔細思考是一件簡單、卻極為重要的行為，更是維持聰明人生的必要習慣。

蘇格拉底法

這位古希臘哲學家很懂得如何讓人心煩意亂，但也不至於像那些說要來拜訪你、接著就從早賴到深夜不走的人，那麼使你暴躁。蘇格拉底總是不斷挖掘別人的想法，試圖看清他人腦袋的思維。而對於自己的想法，他也採用了同樣的手段。

在我們認為確實動腦思考過的事情之中，有將近百分之三十的事情，確實如我們所思考的那樣；其餘的百分之七十，則不過是情緒偏見影響下的產物。我們的想法與欲望，很懂得如何跟我們玩捉迷藏。因此，我們必須克服內在因素，否則只會讓自己和其他人被愚弄。

動筆寫下

如果你剛好是個天才，那麼這個建議對你來說，可能沒什麼用。但假如你剛好不是百年難得一見的絕頂天才，那麼你最好不要嘗試光憑腦袋，就要把問題想個透徹的行為，而且——尤其不要在晚上十點後這麼做。

以簡略的文字，寫下你所想到的全部事實。只需要大略紀錄即可。接著，依照某種順序排列這些事實，舉例來說：將重要的事實放在一邊，不重要的事實放到另一邊。進行完這個步驟後，請想像找出五個非常不同的人，以他們將如何去思考這個問題的方式，重新陳述問題。模擬這五個人時，請至少包括一名你討厭、或立場與你不同的人。最後，再以這份嶄新的心態和寫下來的白紙黑字，去解決問題。

搜集事實

多數時候，我們之所以無法成功處理問題，往往是因為我們對眼前事實的掌握不夠充分。請養成下列的習慣：列出所有已知事實，列出你無法肯定的事實，再思考該如何搜集所需事實的方法。把「搜集所需資訊」成為你行動的第一步。當你已經掌握了六〇%的所需資訊時，請著手去做。剩餘的資訊將會隨著我們的一步一腳印，漸漸浮上檯面。

掌握更多事實

有一件事總讓人感到非常困惑：在美國，很少人記得我們擁有圖書館這樣的公共設施，一個收藏了各式各樣百科全書、參考資料、字典、地理學、教科書、表格，與各種能幫助我們擬定「務實思維」的資源。

許多年前，有三個男人決定尋找一個適合居住的地點。第一名男子搭上第一班火車，去了目的地一趟。接著他回來了，無功而返，花了二百八十五美元的旅費。第二名男子利用整個夏日的時間，到不同的州進行考察，但這麼做卻讓他更迷惘，還是拿不定主意。第三名男子去了圖書館，閱讀了地理資訊、百科全書，研究了地圖、氣候簡報和農業型態。他寄信到該州，詢問了更詳盡的資訊。於是短短幾天內，第三名男子得知了其他人花了大把時間，也未能得知的事實。附帶一提，那封信花了他一．八七美元的郵費。我之所以知道，因為我就是第三名男子。

自由聯想

每個人思維的最美妙之處，就在於這些思想所具備的啟發性。儘管每個人的智慧或許稱不上出類拔萃，但各式各樣想法的集合，確實能激盪出不容小覷的火花。

在面對問題時，最常犯下的四個錯誤：

一、衝動、不加思索的行動。
二、全憑直覺、未經證實的「預感」。
三、將合乎邏輯、但不夠充分的想法付諸實踐。
四、什麼都不敢做。

接納自己的直觀印象，將所有「預感」攤在桌面上，並開始仔細思考——冷靜且合乎邏輯。這才稱得上理智的沉思。

配對比較

人們經常犯的錯，就是以混亂而毫無章法的思緒，思考問題。舉例來說，一名女孩試著思考在所有異性朋友中，她最喜歡誰，以及為什麼。那麼，她是否進行了系統性地比較，像是將亨利的想像力與約翰的創造力進行比照呢？她沒有。她只是茫然地想著他們。

當我們深陷在問題之中，也不知道該朝哪個方向前行時，請將那些相似的行為動機列下來，並進行比較。接著，再計算分析自己支持和不支持的想法，好做出後面的決定。

捨棄的絕妙藝術

有太多時候，我們在人生的旅途上，背負著過重的行囊，牢牢拖著那些我們不再需要的事物。當問題發生時，請將一切減少到足以滿足最低需求的程度。想想哪些價值觀是可以拋棄的、哪些努力已經不必要了，甚至是有哪些方法能降低你所預測的困難度。我曾經認識一名女子，她認為未婚導致她很大的不快樂。但在她放下了「自己是一名大齡剩女」的想法，以及了解到某些已婚朋友所面臨的難處後，她的困擾消失了。

活性因子

在每個情況下，總有一件事、一個人、一個處境，是導致問題產生並持續擴大的源頭。這就是活性因子，也是我們必須找出來的最重要因素。只要我們能找出來，並對症下藥，我們就能掌控問題。

戰爭的活性因子，往往是經濟上的貪婪。倘若我們能找出此點，並以堅定不移的決心處理，世界上就不會再有戰爭發生。問題之所以會不斷滋生蔓延，並不是因為人們心中的恨，而是我們的愚昧與懶惰。

解決問題，思維計畫的七步驟

無論思考什麼樣的問題，我們都應該依照一套極為重要的步驟：

第一步：衡量並搜集該處境下的影響或事實。

第二步：找出導致問題的原因或力量。

第三步：試著找出特定問題下的原則和共通基礎。

第四步：記錄並評估同樣身處在這個困境下的人們。

第五步：列出與問題有關的地點和事件。

第六步：標明困境、人或事所帶來的最重要影響。

第七步：決定採取行動的時間點。

調適的重要性

這個世界上不存在完美的答案、百分之百的正解，也不可能不勞而獲、沒有邪惡只有善，更不可能百戰百勝。我們不可能總是對的，因為人無完人。我們只能盡自己之力、做到最好，也就是根據對、錯來調整。有些時候，我們必須刻意執行一些小錯誤，以避開更大的錯；或選擇用小小的惡來達成更大的善。為了嫁給你所愛之人而哄騙父親，絕對勝於因為不敢欺瞞家人而選擇不嫁給你愛的人。

從生活獲得更多

許多人會以妥協的角度去思考自己的人生或困境，只因為他們試著一口氣處理所有可能性。然而這麼做，是無法為你帶來成功的。請將你的所有目標，寫在一張紙上。再將你所受到的限制，寫在另外一張紙上。不要對這兩張清單上的內容進行修改。確保清單內容要盡可能詳細。接著，再用第三張紙列下平衡點：衡量過自己的不利條件後，你認為自己在這一季之內，可以達成幾項目標。每一年逐步提升你的平衡點。

靈活地借用

許多時候，用我們的手、腳、力氣和言語來執行某些事，是相當不必要的舉動。現代科技的存在，就是讓我們可以利用工具完成工作。你不會用手去耙花園裡的土；你可以使用犁。因此，請使用類似的道具來幫助自己達成某些需求。

很久以前，一名富翁的姪子決定搬到美國中西部定居。臨行前，富翁這樣建議他：「時不時地就借點錢，並在債務到期前一天還清。」「為什麼？」姪子問。「讓別人知道你信用良好。如果你不這麼做，別人根本不會察覺到這件事。」

「彷彿」的哲學

我們的行為舉止，會影響我們的感受與思維。我們會為自己的行為找理由；也會為了計畫的實踐，而萌生下定決心的力量。倘若你的行為舉止像個傻子，你很快就會覺得自己真是個傻子。冷靜的態度和堅定的行為具有感染力。在其感染下，你會以沉著的態度去思考，並以無比的勇氣去行動。請模擬一個人格特質方案，用來描述你希望「遇到困難的你」會怎麼樣行動。接著遵守這個方案。並且記得：當你「假裝」自己真的**想要**某些事物時，這些事物就很有可能**成真**。哈維洛克・艾利斯在《生命之舞》（*The Dance of Life*）中指出，這是人類幻想為人生所帶來的真實意義。這也是漢斯·費英格（Hans Vaihinger）在他那本偉大的《彷彿哲學》（*The Philosophy of "As If"*）中所要表達的信念。

讓憤怒擊敗恐懼

當恐懼讓正在處理問題的你感到心煩意亂時，請轉而去尋找問題中，讓你感到憤怒的點。讓自己被憤怒籠罩，直到你的怒火開始熊熊燃燒為止。或者，試著去想一件麻煩事。釋放一切的好奇。如此一來，恐懼就會被消滅。我曾經認識一名女性，她在感情上曾被一名差勁男人傷害。在她開始好奇地挖掘這名男子的本質，及探索他到底是怎麼樣的人之後，這名男子對她的吸引力突然消失了。強勢的情緒往往會壓抑過另一個較不強勢的情緒。

改變的力量與可能性

這個世界上的所有人、事、物，都是會變動的。很有可能在二十年後，你的丈夫就沒那麼愚鈍。他變成熟了——逐漸地。此刻我們必須解決的問題，並不是你到底能不能容忍他，而是他有沒有進步的可能。不要拿對方和你心目中理想的樣子比較，這麼做只會使你抓狂。觀察對方改變的速度。改變的測量結果將是你評估其他事物的基礎。

鑽石與泥土

在南非，人們不停地挖著鑽石。為了挖出那顆不比手指甲更大的小石頭，細細翻開成千上萬頃的土地。礦工聚精會神地摸索著鑽石，而不是盯著泥土發愁。為了得到那顆珍貴的鑽石，他們願意挖開覆蓋在鑽石之上的所有泥土。然而，在日常生活中，人們時常忘了這樣的原則，並因為塵世中泥土遠比鑽石來得多的事實，陷入悲傷。當麻煩來臨時，不要因為那些負面事實而膽怯。保持正面以對，並挖掘問題。問題的真相是如此珍貴，就算要翻開千斤的泥土，我們也甘願。

善用組合

當你面對問題卻毫無頭緒時，不妨根據每一個面向，刻意想些相反的事物。接著，結合相反的事物，看看能激盪出什麼火花。這個方法總能喚醒我們的智慧，舉例來說，我曾經想要當一名肖像畫畫家，但我也想要能填飽肚子。於是，我結合了「香腸」、「鞋套」、「不重要的事」、「閣樓」、「抱怨」和「畫肖像畫」這些詞彙。結合的結果讓我感到痛心。我立刻決定，我再也不想為了替香腸製造商的太太畫肖像畫，而浪費時間帶著鞋套，並做著瑣碎而不重要的事，即便對方願意在我作畫時聽我抱怨。

永遠不要停止測試

人類這幾個世紀以來的重大發展，全都有賴於實驗。你我都明白此點，卻很偶爾才會不經意地想起這點。面對問題時，我們鮮少會想到應該要拿出睿智、安全且慎重的實驗精神，反而任由自己陷入煩躁與惱怒之中。

持續地測試，一點一滴地改變情況。試試看這麼做，這件事或其他人會給你什麼樣的回應。看著自己一塊塊地摸索、拼湊問題的全貌，並見證事情的改善，是一件讓人感到非常快樂的事。

尋求幫助

我曾經認識一名股票經紀人，他相當有錢，但他的錢並不是從工作中獲得的，而是透過一個非常簡單的方法。該方法只需要花一些郵票費、一些信紙和信封，還有一點時間。這名男子每天都會花些時間，寄出幾封郵件，請求不同的人在不同的事物上，給予他些許幫助。那些收到信件的人，並非總是他認識的，也並非每個收件人都知道他是誰，但平均得到的回覆率卻非常高，高到就好像總有人願意為他做些事情般（而他也會順便幫對方）。每日五封信，是他為自己訂下的額度。我曾經收到兩封信，而他請求的內容是如此簡單且合情合理，所以我都答應了。後來，我認識了他，於是我問他怎麼會這麼剛好想到要寫信給我。他向我解釋了他的小祕密，而現在——在他的允許之下——我將這個祕訣傳授給你。顯然，他的方法確實奏效，因為在我的幫助下他出了一本書，還登上了暢銷書榜。而別人也以別的方式，在幫助著他。他的方法之所以能發揮效果，就在於這種幫助並非單向的。他也總是準備好幫助他人——當你需要他時。這便是《聖經》中：「你們祈求，就給你們」的活生生實證。

48

Keep in mind

請經常停下來思考，你正朝著哪個方向前行？正在做些什麼？又是誰總讓你表現得像個橫衝直撞的大猩猩？

49

自由，新權利法案

唯有自由的意志，才能成就自由的實現。——良性自私與邪惡自私

當瘋狂已經無所不在地包圍著我們時，我們必須替自己擬定一套新的保護措施。請抬頭看看環伺在你周圍的世界。在你的家庭中，某些成員強烈地反對著你，關於你作為家庭成員一分子，你應該如何過日子的態度。舉例來說，你認為對於一個懂得自重的人而言，某些基本人權是絕對不能放棄的。但你的姑姑、或某些親戚，卻完全無視於你對個人隱私的要求，更屢屢踐踏你的人格。

又或者，你很不滿意年輕人所推崇的自由。你希望自己的孩子能懂得尊敬長輩，然而他們卻做不到。倘若你是一位作風老派的人，你或許會認為你有權在任何時刻走進女兒的房間，無論她的年紀有多大。「她還是孩子啊，不是嗎？」你這樣

說。如今的家庭生活就像是一爐大鍋菜，燉煮著充滿矛盾的行為權利與家庭義務。

同樣的瘋狂，也出現在政治檯面上。儘管美國的情況不如歐洲那樣顯著，但各式各樣的自由浪潮恣意蔓延，或策畫著該如何讓自己上位。貿易工會成員變得跟過去的企業家一樣，充滿侵略性。

少數者——像我們這般的可憐少數——懇求一個更為理智的解決之道，一個介於無情暴動和僵化制度間的中庸之道。極端只會招致毀滅。如果我們無法做到家庭內的自由，那麼一個國家的自由自然是不可求的。唯有自由的意志，才能成就自由的實現。家庭內部的共產主義意味著人人的財產共享，導致個人的權益遭到侵踏。而家庭內的法西斯主義，則將所有人的權益置於一人之下——家庭中那個最貪婪且殘酷無情者，縱容個體掠奪群體。

鮮少被實踐、卻確實存在的民主（儘管在家庭中更為罕見），能在基於整體權益的情況下，賦予個體權利；在不破壞社會規約的前提下，滿足個人需求。

這是來自我們先祖輩的信念。現代科學研究者，也同樣支持這樣的理念。生物學家、人類學家、社會學家、心理學家都知道，並理解每個人的健康與活力，不僅對於自身是重要的，對於全體社會——由無數個「自我」所組成的團體而言，也同等重要。

一旦缺乏對於基本人權的理解，我們將很難帶著決心與活力，去應付日常生活中的困難；更無法深刻地理解，為什麼具建設性的自私才是達成更睿智無私的必要前提，又為什麼個人犧牲（就是你的情況）不僅僅會傷害到自己的幸福，更會損害整體社會福祉。

在祖先相信「乾淨即為邪惡」的那個時代裡，使用藥物變成了一種挑戰，挑釁著那個根植於當代道德觀的無私之舉。第一位醫生被關進了黑暗冰冷的地牢，做著自己的工作。現在，人們正在為心智的健全與權益而奮鬥。我們確信人類的生物性權利是不可被侵犯的。我們也知道個人的本能與生生不息的欲望，是構成生命所必須的。我們還知道每個人擁有絕對的權利，選擇自己的個性。

現代科學界定的良性自私

- 為了延續後代的生物性衝動。
- 為保護自身所做出來的自發性行為。
- 執行本能行為的功能性過程。
- 展現個人力量的本能反應。
- 保護人格健全性的情緒推力。

- 實踐人生使命的推力。
- 強化本能的理智行為。
- 凸顯精神意圖的潛意識反應。
- 強調個人差異的人類衝動。
- 防止個體被整體吞噬的自我認同感。

就日常生活而言，此清單明確指出我們擁有獨處的權利，享有庇護之地：房間、常去之處、休養場所或露營等，使人格得以不受任何委屈。食物、衣物和居所是人最基本的權利，為滿足此目標，社會舉措與保護他人是必要的，唯有這麼做，自由、平等、博愛才能成為奠定互助精神的關鍵因素，社會得以獲得安全、安定、快樂與公平。

因此，我們應努力去維護人際之間的愛、性與自由，用「穩健」的個人來組成家庭堡壘，這必須是我們每個人的核心思維。

良性自私的範例與本質

- 確信對自己而言有益的事物，最終也不可能傷害到他人。

- 確信自己的義務就是盡力而為。
- 給予自己時間思考、決定和策畫。
- 保護並培養自己與生俱來的能力。
- 永遠追隨自己所愛之事物。
- 永遠不要停止成長、發展、進化的腳步。
- 尊重自己的本性，接受自我。
- 保護自我，使其遠離一切妥協和汙染。
- 愛人如愛己，並明白做到「一致」的意義。
- 只能因為愛而踏入婚姻，無論這麼做可能會傷害到誰。
- 明白自己擁有選擇的權利。
- 拒絕接受過時的外在教條。
- 反抗並忽視所有邪惡的自私。
- 堅定地反抗刻板印象。
- 拒絕接受邪惡無私的迫害。
- 做自己——徹底地、誠實地並總是如此。

美國當前的政治自由，奠基於大憲章（Magna Carta）之上，沒有大憲章，就沒有如今捍衛著美國的憲法。如今，我們需要新的大憲章：捍衛個人自我的權利法案。

新權利法案應該包含的項目

- 當人受高壓而被迫做出某些行為時，擁有拒絕的權利。
- 在不受傳統壓力下，發展出個人對於善惡信念的權利。
- 積極展現個人特質面向的權利。
- 在社會不會受到傷害的前提下、可無視各種「規約」以展現自我的權利。
- 以我們整體所作所為、而不是單一行為來受到評判的權利。
- 個人性格的責任不該被歸在自己、而應該被歸之於祖先的權利。
- 「根據自我性格」成長、拓展的權利。
- 生活在可（適度）滿足個人需求環境下的權利。
- 根據個人體質攝取適當食物的權利。
- 根據個人資質傾向選擇工作的權利。
- 休息和休養個人身體的權利。

- 快樂的權利：玩耍和重拾個體活力。
- 保有空間的權利：為了呼吸和行動。
- 自由的權利：過自己想嘗試的生活。
- 愛和實現性行為的權利。
- 順從延續後代本能的權利。
- 順從本能、保護後代的權利。
- 獲得庇護、遠離自然傷害的權利。
- 讓身體獲得保護與溫暖的權利。
- 盡可能避免傷害與疾病的權利。
- 為滿足饑渴而飲水的權利。
- 改過自新與保有自尊的權利。
- 所有身體機能都應屬於自己的權利。
- 根據自身信念去思考與感受的權利。

在理解這些當代之於生活藝術的闡釋上，我們應清楚認知到，所謂的良性自私，並不包含以自我為本位的自私自利行為。在這個新思維脈絡下，並不意味著混亂，也不應該去考量他人的否定。當然，我們不該讓自己容忍他人自我放縱的要求，或當別人無理地要求你犧牲時，你卻因為恐懼而不敢讓對方失望。但在實踐此種新生活態度上，也不能存有任何一絲具侵略性的貪婪。

我們的自私，應以保護和培育自身能力、使自我得以成長茁壯為出發點。同時，必須堅信對我們而言有益的事物，最終也會為他人帶來益處。給予自己時間去思考、去決定、去發展。藉由尊重自我本能、保護自我不受他人侵犯的手段，去追尋更崇高的目標和更廣闊的自我實現。愛人如己，謹記耶穌曾經直接了當地告訴我們，當愛自己。

追隨耶穌的腳步，你就會懂得如何拒絕非理性的過時習俗，摒棄一切對於自私的無視，用堅強的態度去迎戰既存的教條。拒絕所有出自於邪惡無私的壓迫；無論誰會因此受折磨，也只能為了愛而結合。即便在親密關係中，也依然堅定地做自己。

我們也需明白，對於個人力量的忽視、濫用或否認，都會導致我們的性格被弱化，並最終成為生命的掠奪者，而不是生命的給予者。因此，我們必須起身抵抗邪惡的無私。

想克服原始的貪婪、展現出良性自私的舉動，我們就必須具備開放的心胸，也就是明白我們有權要求他人考量我們的性格，正如同他人也有權要求我們去考量對方般。這樣的人拒絕自我放縱，更明白一切具毀滅性的行為都只會招致不幸的後果。

如果我踐踏了他人的權益，那麼我將提心吊膽地擔憂著他人的報復，再也無法擺出若無其事的樣子。

此外，相較於為了讓少數者得以發揮自身能力，而縱容並允許其掠奪性的行為，更好的做法或許是讓我們錯過這些少數者的天賦才能。出於本能，我們總是向外界尋求認同，但為此目的而踐踏他者、或為自身利益而剝削他者，都是殘忍的行為。

——

所有的掠奪行為——即便憑藉著如今常見的商業之名，都是邪惡的。美化自私的行為，以追求更好生活品質之名來掩飾侵略的罪惡，或拿自身的罪責怪他人、尋找替罪羔羊，都是再簡單不過的事。而此種追逐私利的人，往往不願意安於自己應得的；對於自己的每一分付出，他們都會索求著無止盡的回報。倘若他們幫你一次，就會認為自己餘生都可以拿此做要脅。你肯定聽過那些利用子宮的辛勞來代替個人努力、並希冀自此之後都能予取予求的女性。

當貪婪占了上風，人的行為就會成為占有欲、嫉妒、控制欲或虛榮的產物，而不是出於有益的自私。自我主義當道，他的欲望將永遠都無法滿足，而他的個人欲望也總是必須置於最優先地位。他隨心所欲，甚至希望每個人都能順從他的心意。他可以粗心大意，而你卻必須小心翼翼。一旦遭遇反抗，無生命的物體就會成為他出氣的對象。當球漏掉時，球桿就會被他折斷，任何不順他意的事物，則會成為他發洩的對象。而這些以腐爛的屈從為食的人們，根本不願意費力去贏得自己想要的。他們只想要別人的屈服。

貪婪總是無比狡猾地隱匿自己的行蹤；沒有人能比貪婪更懂得如何掩飾目的。而這些人也往往老將關愛和美德掛在嘴邊。

邪惡自私的例子

- 一面高喊著「自我犧牲」，卻一面展現占有欲。
- 永無止盡地談著「否定自我」。
- 總是和別人講著該怎樣做才是「對所有人都好」。
- 將別人的義務轉嫁到你身上。

- 企圖透過別人的生命活出你的意志。
- 索求的比給予的多。
- 嘴裡喊著民主，卻從不身體力行。
- 深信階級地位，以及縱情於鋪張浪費的權利。
- 為了獲得特殊恩典而向上帝禱告。
- 為了滿足個人虛榮而企圖贏得競賽。
- 在衡量事情上，只考慮自己的自尊而不是真相。
- 不接受互助的精神。
- 不求付出就希望獲得回報。
- 用侵略的行為來取代互助合作。
- 出於自我保護的想法而拒絕作出善行。
- 從事一份工作，是出於對金錢的考量，而不是對社會有無益處的考量。
- 驕傲自滿。
- 拒絕接受宇宙法則，浸淫在自私自利之中。

將滿足「邪惡自私」與「良性自私」的行為做比較，結果更具啟發意義：

誘發邪惡自私的推力

- 恐懼、憤怒、反感
- 性欲、征服欲
- 父母的掌控欲
- 占有、逃避
- 排斥、好戰
- 一意孤行、驕傲
- 使人痛苦的自我貶低
- 嫉妒、恨、羨慕、貪婪
- 復仇、支配
- 虛榮自負、狹隘
- 自我主義、懷恨在心
- 占有欲、渴求權力
- 無政府主義和獨裁

誘發良性自私的推力

- 謹慎、勇氣
- 欣喜、驚奇
- 溫柔、培育
- 好奇心、基於愛的性行為
- 合群
- 配合
- 熱情
- 具建設性、善於運用
- 玩耍、尊重、關愛
- 自我防衛、榮譽
- 尊重、包容
- 獨立、互助
- 民主和自由

必須明白的是，在當代思維所教予我們的新觀點中，一切的受苦都是為了明確的目的，而此一目的不能包含任何的貪婪、嫉妒、羨慕、報復、恨意和口是心非。唯有當我們學會如何為了良善的自私與互助，捨棄邪惡的自我滿足與虛偽的無私後，我們才能不再受痛苦折磨。

意識的拓展將是推動進化的最佳手段。我們不應該克制原始本能，而是應藉由成長來突破。當我們看穿敵意與對立的愚蠢後，我們自然會捨棄這些行為。急躁與惡意消失了。當心靈上的覺醒取代了往日的任性時，傲慢與頑固自然也會跟著改變。

因此，睿智的人不會做出強迫他人的事，也不會將掠奪的本性扭曲成善行。他們明白這需要透過成長來克服。而人們也唯有透過成長，才能脫離野蠻。正因如此，說教沒有任何意義。與貪婪者交往時，必須謹慎。倘若你無法脫離對方身處的環境，請考量自己必要的需求。將你的目標轉化成堅定的信念，想出至少六種不屈從的方法。接著，無需做更多爭辯，冷靜、堅定且不屈不撓地實踐自己的目標。**不要浪費時間和自私自利者解釋你的目標**。

當自私成為人類本性中不同面向衝突下的產物，沉默或許是我們最好的策略。我們本性中的某些部分期待自己是良善的，卻也有某些部分總是充滿惡意的淘氣。某些時候，惡魔會占上風，讓我們那陌生而又悲傷的自我，只能若有所思地凝視著月亮，為自己的狂怒充滿悔恨。

只有當我們真正明白何謂寬宏大量，展現性格中良善一面的行為，人生的意義才能彰顯。有太多人為了掩飾貪婪，喋喋不休地將善行掛在嘴邊，行善的目的也只是為了做給別人看。

我們都認識那種對於生活規畫一竅不通、總是為別人奔波的人。這些人看似過分地好，行事也總是如此善良。但是請等一等，或遲或緩，你或者他人，總要為此人的行為付出代價。未來的他只會一無所有，因而需要從你身上獲取資源。

邪惡無私的範例與本質

- 出於虛榮心而去做好事。
- 監視並監督每個人的道德行為。
- 幫助弱者，卻又同時以剝削弱者為生。
- 為了追求歸屬感而加入人道主義的行列
- 利用不義之財，作為成功的踏腳石。
- 為了後代的舒適，踐踏社會福祉。
- 以貪婪的父愛和母愛來滿足自我。

- 不讓他人親身承受個人行為所導致的後果。
- 不讓他人經歷必要的痛苦以換得成長。
- 支持自己並不真心相信的教堂或組織。
- 為了別人的舒適或享受而過度工作、甚至送命。
- 為了取悅他人而執行「違背生命」的行為。
- 否定自我，並讓自己淪為徹頭徹尾的累贅。
- 用自以為是的崇高來壓迫他人。
- 堅持任何有違社會利益的習俗、信念或教條。
- 出於社交宣傳的目的，崇敬上帝。

觀察周遭許多無私的人，你會發現有些人的無私不過是一種膚淺的行為，因為自己內心的空虛，而不加思索地接受他人的教條。他們的無私不過是對善意的嘲諷，對美德的忽視。他們以神聖為名，束縛自己的衝動，壓抑體內的欲望，阻礙自身心智的發展。你認為生命應充滿活力的態度，使他們震驚。我們談論的活力、我們對大自然力量的崇敬，都叫他們害怕。他們傾盡全力，想要約束我們、限制我們，試圖消滅我們的熱情。他們痛恨你所展現出來的「熱情」特質，亦即「神在其中」（God within）的本質[1]。

最糟糕的無私，往往出自於對自我的恐懼。奇怪的是，儘管長久以來，此種態度總是導致人類的疾病與死亡，人類至今卻依舊未能看清。自然是如此清楚地告知我們萬物運作的原則。任何抗拒自身力量的生物，都會因此患病。唯有順應自身的創造力、明白該如何發揮，以及在何處發揮，生命才能成功。無論在任何時刻下，打壓、禁止或限制都是無用的手段。

正因為此，受到壓抑的人格只會走入失敗，而這樣的無私者最終也只會淪為他人的負擔。那些自我犧牲的人生故事，再再顯示了邪惡的無私是如何導致了所有人——包括其自身的犧牲。他病了，必須得到照顧。他失敗了，必須有人替他分擔。而他變成了生命的毀滅者。

相反地，培養並開拓自己的人格特質、讓自己擁有充滿活力的魅力，則不需要依靠剝奪他人來達成。依賴者的存在，反而讓他們磨練出自身的能力。而捨棄犧牲自我此一選項的他們，更憑藉自身能力，成為帶來成長與獲得安定的催化劑。提倡過時無私意識的人，喜愛自我否定這樣英雄式的行為。他們尋求的是誇耀型的殉道行為、那種規模大到足以滿足內心虛榮的事。對於其他瑣事、小善行或日常義務，他們往往不屑一顧。一旦他們做了，他們也絕對會叨叨唸唸一輩子。

有別於此種不恰當的自我主義，下面是良性自私的簡單介紹：

關於良性自私

- 永遠只做對生命有積極意義的事。
- 永遠都做到推己及人。
- 在真理面前放下自我。
- 遵循積極的不抵抗行為，以良善征服惡。
- 永遠不要為了家人，而損害人類最大利益。
- 面對日常生活時，拿出最完整且充滿創造力的自己。
- 奉獻自己，致力於取得工作上的勝利。
- 面對社會服務，要毫不猶豫地去執行。
- 遵循並促進合作精神的實現。
- 堅守並遵循互助的原則。
- 既願意為他人而死，也應該願意為他人而生。

1 熱情（enthusiasm）此字在希臘文中的原始意義為「god within」。

- 永遠不要依賴非自身勞力所換取的個人收入而活。
- 拒絕接受階級、身分和地位所賦予你的特權。
- 將民主作為生活的基本，並努力宣揚之。
- 願尊重隱私、自由、平等和思想自由，即便你的對象是孩子。
- 尊重每個人的選擇權。
- 永遠不會為了獲得特殊恩典，而向上帝禱告。

簡而言之，我們的新權利法案就是拒絕一切的自我妥協，而且必須同時做到拒絕那些殘酷的自我滿足。缺乏合作，人類就無法享有權利；缺乏健全的人格，互助精神就難以發揮；缺乏此種愛與智慧的結合，所有的成就都無法實現。

49

Keep in mind

做自己——徹底地、誠實地並總是如此。給予自己時間去思考、去決定、去發展。追尋更崇高的目標和更廣闊的自我實現。

50

生命中的一席之地

只要我們日復一日、年復一年地堅持，我們所追尋的事物就會循著我們的生活方式浮現。——讓生命擁有豐富且多彩的活力

人生有可能從四十歲才開始，這視我們如何定義人生。許多時候，死亡也是從這裡開始。讓我們假設你是一名剛跨過「致命年齡」的女性、那個許多我們祖父母輩不得不穿上喪服的年紀；你的孩子已經結婚並搬到遠方定居，你的先生已經過世並留下了一筆保險金給你。你過去的經歷並未讓你培養出什麼能力，你的勇氣已經枯竭，你的反應開始變慢，你還必須面對財務上的不確定性。

生命就是這樣開始冷漠的嗎？倘若不是，對於高齡者而言，他們又該如何面對未來？答案就在這三個行為中：

一、回顧
二、反省
三、展望

在你人生中最美好的時光裡，你最關心哪些事物？你喜愛美麗的大自然嗎？那麼現在就去吧。運動、鍛鍊，為你的身體灌注年輕的活力。你喜歡藝術、音樂或機械？你熱愛旅行？追隨自己的目標，即便這意味著你只能在地圖集上探索世界，或利用口琴吹奏歌曲。復甦是生命的法則。

根據自己對往日的回顧來分析現在。深入自己的內心。哪些渴望是一直存在的？勇敢追尋這些渴望。每一天，都消滅一、兩件讓你不悅的事物。找到兩、三件能讓你滿足的事情。堅定地朝著更快樂的生活方式前進。

最後，規畫未來。在你老年的時候，你希望能享有哪些樂趣？成熟的果實往往比青澀的果實更為甜美、多汁且飽滿。人生也是如此。只要你願意，往後的日子將是人生中最甜美的日子。

發生在梅迪福爾德太太身上的故事，正是許多人所經歷的典型轉變。一切來得很突然。在返回加州的旅途上，她為了拜訪蘇珊姑姑，短暫的停留一陣子。蘇珊和她的女兒佩蒂住在一起，是一位典型的寄人籬下、卻又愛抱怨的人。她沒有自己的人生可言，只能依靠孩子們不甘願地分給她的生命而活。五十六歲的蘇珊，已經成了一個眼中滿是絕望、且無事可做的老太太了。

「我絕對不要成為只能賴著他人而活的老人。」梅迪福爾德太太暗自對自己發誓，「絕對、絕對、絕對！從現在開始，我的朋友、興趣、活動只會越來越多。我會活得多采多姿，豐富到我根本不會畏懼孤獨。」

老年時期的生活，會依我們青年與中年時期的生活而定。只有那些能讓人生每一刻都開花結果的人，才能收穫人生的歷練。他或許會捧著一朵花，仔細端詳其花瓣，又或者將一隻撒嬌的貓輕放在腿上。倘若他無法明白現實中的逆境能為自己帶來什麼益處，那麼他也無法理解命運女神之吻或英雄成就所帶來的狂喜。

如果我們無法徹底享受並超脫那些超凡之事，那麼最偉大的榮耀與最珍貴的愛情，也只會淪為束縛我們的監獄。如果我們無法做到在任何情況下都懂得用盡全力、追求人生之樂，那麼我們自不可能透過無趣的日常工作、或死氣沉沉的家獲得幸福。

我們必須懂得如何在不幸的際遇下，找出足以茁壯心靈、使其得以戰勝人生挑戰的養分，唯有這麼做，才能幫助我們擺脫錯誤的工作，或放下令人疲憊的婚姻關係。陰鬱的反抗或怯懦的臣服，無法帶給我們任何滿足。憤世嫉俗者和逆來順受者，只能被命運奴役。

如果當前的問題實在沒有即時的解決方法，請繼續尋找。人生不可能一步到位。我們必須懂得一次次的進步，並知道「我唯一能做的就是容忍」絕非人生困境的答案。那些堅信妥協為解藥的人，才是最不幸的人。如果我只是安詳地將手放在胸前，等著他人來解救我遠離困境，那麼我只能一輩子無止盡地等下去。

麻煩總是纏著那些死氣沉沉的人生不放。只要我們深信一切的災難都是出自於上帝之手，那麼這些災難就會真的成為上帝的旨意。只有動起雙手的人，才能免於淪為一場災難。

——

該如何面對如今社會施加在人們身上的壓力？答案非常簡單：勇敢。敢於在不斷流淌的生命中，努力地活著；唯有如此，才是真正的活著。為自己的容忍設下極限，並將此做為自己的調適極限、人格的邊界。無論對象為何物，「誓死堅守」，絕不允許越界。無論是什麼樣的試煉、義務或重擔，只要當你認為這些事物已經企圖侵犯你的靈魂時，請毫不猶豫地拋棄它們。

讓自己擁有看著天空中的雲朵、浸淫在音樂中、發現機械的樂趣，或和志趣相投者一起歡笑的時光。只與那些能使你靈魂茁壯者相交。不要死於靈魂的枯萎。如果讓自己被日常瑣事和義務消磨、僅能透過偶爾的縱情聲色來獲得舒緩，那麼這樣也只是如行屍走肉般地活著。有太多的人沉浸在工作與逃避中：用工作來維持生活，用逃避來忘卻一切；喝著酒精或在夜晚中縱情聲色，以獲得短暫的抽離。

對所有人而言，我們最重要的需求莫過於找出內在的目標，一個埋藏在內心深處的信念或熱誠，而這樣的信念與熱誠將成為我們意識中的庇護所、讓我們得以重拾力量的聖殿。

在每一位偉大的畫家、作曲家或詩人心底，都有這樣一個神聖的場所。科學家和工程師也不例外。它們存在於人的心底深處，為生活帶來新的方式，給予人們意義去努力。倘若我們的意識能追隨著這樣的信念，並從內心深處獲得力量，為更棒且更聰明的生活方式而奮鬥，在面對生活的困境時，我們就懂得如何讓自己恢復生氣、重塑生活並找出繼續堅持下去的力量。這正是許多人所缺乏的關鍵醒悟。

然而，若我們不懂得尋找自我，我們便不可能獲得這層突破；更不可能在人生的旅途上，保有一處心靈的避難所。無論你必須做出多少調適，永遠不要放棄自己對於存在的內在判斷。在這其中，就埋藏著做出調適的力量。只要我們日復一日、年復一年地堅持，我們所追尋的事物就會循著我們的生活方式浮現。

調適必須、也唯有從自身做起。當我們能勇敢且堅信不移地說出：「永遠不要讓自我妥協」，從這一刻起，力量將如同海克利斯在母親子宮內成長茁壯般，源源不絕地湧現。當我們願意將所有的自我滿足、羨慕、無情而不成熟的情感、嫉妒和貪婪放到一旁，用科學精神去追求自私的藝術，並視此舉為對大自然的順從時，這股力量將永遠存在我們體內。

在探索自我認同上，此種充滿創造力的頓悟能為我們帶來奇蹟。隨之而來的，將是基本性格力量的復甦，那種推力足以讓我們打破自我主義的禁錮，並獲得源源不絕生命力。就好像過去那個人的掙扎、抗拒與困惑突然消失般。而這激勵人心的一刻，是所有經歷過的人都無法忘懷的一刻。

許多人用改變宗教信仰來譬喻這樣的時刻。對於第一次經歷這樣時刻的人而言，最顯著的感受就是，他們終於看清生命的本質；而隨著他們對於現實有了真正的認識，他們也終於能重拾自我意識的核心。他們的人生或自我，再也不會被分離。他們再也不會以舊時的價值觀去思考或行動，而是透過嶄新的精神意識去看待萬物。生命將如同一場冒險，在他們的眼前展開，而他們已無所畏懼。

50

Keep in mind

成熟的果實往往比青澀的果實更為甜美、多汁且飽滿。人生也是如此。只要你願意，往後的日子將是人生中最甜美的日子。

自私的藝術

快樂有理，自私無罪！別再讓「過度妥協」控制你的餘生，美國心理學權威給無私好人的 50 個自救箴言

The Art of Selfishness

作　　者　大衛・西伯里（David Seabury）
譯　　者　李祐寧
主　　編　林玟萱
　　　　　郭峰吾（三版）

總 編 輯　李映慧
執 行 長　陳旭華（steve@bookrep.com.tw）

出　　版　大牌出版／遠足文化事業股份有限公司
發　　行　遠足文化事業股份有限公司（讀書共和國出版集團）
地　　址　23141 新北市新店區民權路 108-2 號 9 樓
電　　話　+886- 2- 2218 1417
郵撥帳號　19504465 遠足文化事業股份有限公司

封面設計　許晉維
排　　版　新鑫電腦排版工作室
印　　製　成陽印刷股份有限公司
法律顧問　華洋法律事務所蘇文生律師

定　　價　520 元
初　　版　2019 年 6 月
三　　版　2023 年 11 月

電子書 EISBN
978-626-7378-24-3（EPUB）
978-626-7378-23-6（PDF）

國家圖書館出版品預行編目（CIP）資料

自私的藝術：快樂有理，自私無罪！別再讓「過度妥協」控制你的餘生，美國心理學權威給無私好人的50個自救箴言／大衛・西伯里 著；李祐寧 譯. – 三版. -- 新北市：大牌出版, 遠足文化事業股份有限公司, 2023.11
432面；14.8×21公分
譯自：The Art of Selfishness
ISBN 978-626-7378-22-9（平裝）
1.應用心理學 2.利己主義

177　　　　112018228